关键人

The True Story of How
the Global Elite Was Duped by
a Capitalist Fairy Tale

[英]西蒙·克拉克
Simon Clark

[英]威尔·劳奇
Will Louch
著

风君
译

中信出版集团 | 北京

图书在版编目（CIP）数据

关键人 /（英）西蒙·克拉克，（英）威尔·劳奇著；风君译 . -- 北京：中信出版社，2024.8
书名原文：The Key Man: The True Story of How the Global Elite Was Duped by a Capitalist Fairy Tale
ISBN 978-7-5217-6640-0

Ⅰ. ①关… Ⅱ. ①西… ②威… ③风… Ⅲ. ①企业管理 Ⅳ. ① F272

中国国家版本馆 CIP 数据核字（2024）第 104419 号

THE KEY MAN by Simon Clark and Will Louch
Copyright © 2021 by Simon Clark and Will Louch
Simplified Chinese translation copyright © 2024
by CITIC Press Corporation
ALL RIGHTS RESERVED
本书仅限中国大陆地区发行销售

关键人

著者：［英］西蒙·克拉克　［英］威尔·劳奇
译者：风君
出版发行：中信出版集团股份有限公司
（北京市朝阳区东三环北路 27 号嘉铭中心　邮编　100020）

承印者：嘉业印刷（天津）有限公司

开本：787mm×1092mm　1/16　　印张：25.75　　字数：299 千字
版次：2024 年 8 月第 1 版　　印次：2024 年 8 月第 1 次印刷
京权图字：01-2024-3107　　书号：ISBN 978-7-5217-6640-0
定价：79.00

版权所有·侵权必究
如有印刷、装订问题，本公司负责调换。
服务热线：400-600-8099
投稿邮箱：author@citicpub.com

目　录

作者的话　// III

导读　// V

序幕　// XVII

第 一 章　卡拉奇男孩　// 001

第 二 章　熠熠生辉的绿洲　// 017

第 三 章　"现在由我们统治"　// 029

第 四 章　伟大的表演者　// 041

第 五 章　卡拉奇电力公司　// 061

第 六 章　"阿拉伯之春"　// 077

第 七 章　影响力投资　// 095

第 八 章　"Abraaj 是一个邪教组织"　// 117

第 九 章　"土耳其人总是要喝牛奶的"　// 135

第 十 章　现金危机　// 151

第十一章　织梦者　// 173

第十二章　健康生活　// 193

第十三章　深呼吸，微笑，说"Alhamdullilah"，
　　　　　然后继续　// 219

第十四章　"美国优先"　// 235

第十五章　加倍下注　// 245

第十六章　盛极一时　// 257

第十七章　别和骗子套近乎　// 277

第十八章　王国之钥　// 301

第十九章　航班惊魂　// 325

尾声　// 347

致谢　// 357

注释　// 359

作者的话

本书基于对150余人的数百次访谈而写成，其中包括私募股权公司阿布拉吉集团（Abraaj Group）的70名前雇员、商界领袖、政界人士和一位主教。书中所有的出场者都使用了真名。另有许多同意提供资料者要求匿名，因为他们担心公开姓名会让自己惹祸上身。这些人在书中则一概以雇员、高管或其他一般性描述来指代。

本书引用的人物对话取自往来的电子邮件、其他形式的电子信息、视频文件、法庭听证会记录，或者被采访者的回忆。我们广泛参考了涉及Abraaj的多起案件中的法律文件和证人证词，这些案件包括美国联邦政府提起的刑事诉讼和民事诉讼。这些文件在本书末尾的注释部分均有标明。

我们联系了主要涉事人员，请他们对相关事宜发声。我们过去曾多次采访过阿里夫·纳克维。阿里夫通过他的律师拒绝了我们为撰写本书提出的采访要求，理由是他正在进行法律诉讼。对于美国提出的指控，他一直坚称自己是无罪的。

导读　规则之下

2019年4月,阿里夫·纳克维在希斯罗机场刚落地,即被等候已久的伦敦警察带走。身为国际刑警组织"更安全的世界"基金会理事的他,无法接受不在红色通缉令上的自己突然被逮捕。签发逮捕令的是纽约南区法院,这里曾经审判过"尼克松水门案""爱泼斯坦案""麦道夫诈骗案"等大案。阿里夫被控经营一个"犯罪集团",欺诈美国投资人。如果罪名成立,他可能面临291年刑期。而此时,他作为史上最大的新兴市场股权私募基金管理人和关键人的光环尚未退去。

"卡拉奇男孩"的崛起之路

1960年,阿里夫出生于巴基斯坦卡拉奇的一个商人家庭,从小在当地的精英学校接受教育,表现出聪明又雄心勃勃的特质。1979年,阿里夫前往伦敦政治经济学院求学,毕业后进入安达信会计师事务所。辗转几家公司之后,他于1990年进入奥拉扬集团,这是沙特的亿万富翁苏里曼·奥拉扬经营的企业集团,在中东极具影响力。但很快,服务于权贵就不能使他满足,辞职时,他对老板奥拉扬坦言:"我想要的是你的位置。"

1994年,阿里夫在迪拜创办自己的第一家投资公司Cupola,开启了传奇生涯。2002年,他成立Abraaj基金。直至2018年被《华尔街日报》曝光,使其掌管的私募股权基金Abraaj遭到清算为止,阿里夫在包括中东在内的新兴市场投资界纵横驰骋了24年。其间,Abraaj基金发展到140亿美元的规模,覆盖亚非拉众多国家,成为新兴市场最大的私募股权基金。阿里夫本人亦化身为代表新兴市场投资人的耀眼明星。即便在2018年丑闻曝光后,他仍忙于和巴基斯坦政府合作筹划一只主权基金。2019年被逮捕时,他还是国际刑警组织"更安全的世界"基金会理事和联合国全球契约组织的理事。

我们不能把阿里夫简单视为仅凭投机取巧、长袖善舞和巧言令色就叱咤中东,甚至在国际舞台占据一席之地的人。希望通过这本书,读者可以了解他如何在中东市场脱颖而出,成为具有世界影响力的基金管理人,最后又因何沦为史上最大私募股权基金破产案丑闻的主角。

眼光敏锐、出手大胆的交易操盘手

首先要承认,在选项目方面,阿里夫确实是一位眼光敏锐、出手大胆的优秀投资人。他能拥有在中东、新兴市场乃至全球投资界的影响力,自有出色的投资业绩作为支撑。

在离开奥拉扬集团开始独立创业后,阿里夫人生中最精彩的几笔交易给他带来了中东传奇投资人的声望。

首先是1998年并购英之杰中东小型零售店和酒类业务的交易，也是中东地区的首笔杠杆交易。其中运用了国际并购中常见的操作方式，包括以股权质押获取并购贷、凭银行资金支持函进入竞价等。不过体现阿里夫能力的是，在赢标之后，他利用当时部分股东对出售方施加压力的局面，和英之杰讨价还价，将原本的并购报价打了折扣，并获得了分期付款。同时，他还通过提前出售尚未到手的股权，获得资金来支付打过折的并购价款的首付款。这两种情形在国际交易中并不常见。最终，他戏剧性地仅凭300万美元自有资金就净赚7 100万美元，并让自己的名字传遍了迪拜的王宫、俱乐部和餐厅。在这场成功的并购中，他展现出一个优秀投资人出色的谈判能力和推进交易的执行能力。

第二个精彩手笔是2001年收购在纳斯达克上市的中东物流公司Aramex。起初阿里夫所在的投资公司Cupola因为没有监管牌照，并不具备收购资格。但他克服了这个难题：他找到一个具备竞标资格的合作伙伴及其基金，入股对方公司（有监管牌照），然后合伙成立竞标基金，获得竞标资质。时值"9·11"事件发生，阿拉伯世界的富人出于安全需要，从投资欧美公司更多转向本土公司，从而给阿里夫提供了坚实的资金后盾。尽管在竞标过程中阿里夫入股的持牌公司撤出，发生了竞标公司控制权变更的情形，最终他还是完成了收购。收购后，Aramex继续运营并在迪拜交易所再次上市成功，被誉为"自我奋斗的阿拉伯公司的楷模"，阿里夫也在其中获得了5倍还多的回报。

另一个精彩案例是阿里夫人生中的转折点，也入选了哈佛商业案例库——2008年收购卡拉奇电力公司。一家原本多年严重亏损、几经易主的企业，在被收购之后几年，逐渐获得巴基斯坦民众的认可，最终成功扭亏为盈。这项成功投资也是日后他反复用以说服投资人的重磅案例。值得一提的是，在交易中，面对巴基斯坦民众对私有基金运营卡拉奇电力公司的质疑，他成功说服美国外交官提供援助，以避免企业国有化，从而让Abraaj基金这样的私人资本有机会将被投企业改造成功，进而增强外国投资人信心，促进经济发展，并稳定政局。最终，美国政府向巴基斯坦提供了75亿美元的援助。

当然，阿里夫还有其他一些重要的收购交易，比如收购埃及投行EFG Hermes，让他成为"海湾并购之王"。这些成功案例均充分展现出他了解中东市场需求、投资手段灵活、擅长企业本地化运作的强项。

Abraaj基金曾在25个国家设有办事处，雇员最多时逾300人，涉及农业、电力、航空、科技诸多领域。2015年，哈佛商学院的乔希·勒纳对Abraaj基金所投资的140家公司进行了数据分析。结果显示，这些被投公司最重要的收益贡献来源是"公司层面的出色表现"[1]，而非像其他公司那样，收益主要来源于行业增长或是利用财务杠杆的结果，这从一个侧面证明了Abraaj基金的投后管理能力。

审时度势、紧跟趋势的布局者

如果说，抓住优质投资项目、实现投后管理赋能，算是一个出色的基金管理人的基本功，那让阿里夫区别于普通基金管理人的就

---

[1] Brivati, *ICARUS*（London: Biteback Publishing Ltd, 2021），pp.104-107.

是他善于审时度势、紧跟趋势的谋划能力。让我们看看另外两个收购项目。

2009年左右,中东资金来源显出疲态,阿里夫把募资方向转向欧美市场化投资人和开发性金融机构。2009年,他收购了Riyada Ventures,这是一家专门投资小型创业公司的约旦投资机构,曾参与美国政府成立的海外私人投资公司(OPIC)的邀标。借助这起收购以及其他公关活动,阿里夫迎合了当时奥巴马政府希望通过贸易和创业来应对激进主义的理念,从而获得了OPIC的资金支持。

随后在2012年,阿里夫收购了欧瑞斯,这是一家由英联邦发展公司(CDC)及挪威政府的类似机构创办的基金,旨在通过投资亚非拉的小型企业来减少贫困,在许多国家拥有办公机构。这起收购让阿里夫收获了欧瑞斯背后一份镶着金边的投资者名单,包括挪威、德国、法国、荷兰、瑞典等国的政府基金,以及CDC、盖茨基金会和世界银行。同时,Abraaj基金借此拓展到更多新兴市场国家,成为一只全球性基金,并为日后收购更多阿拉伯公司打下了基础。

凭借这两个收购项目带来的机会,阿里夫打开了欧美开发性金融机构的大门,走向世界舞台。

阿里夫以及Abraaj基金的成长与整个世界的政治经济形势的发展密切相关。

2002年,阿里夫在迪拜设立Abraaj基金,和迪拜建设国际金融中心的进程同步。"9·11"事件之后,阿拉伯世界和美国的关系变得紧张,他因此在收购Aramex时获得了充足的阿拉伯富人的资金。2003年伊拉克战争爆发,油价上涨,中东资金充足,他的第一只基金顺利完成募资。2010年"阿拉伯之春"爆发后,奥巴马政府希望通过创业和投资来应对当地的激进主义,阿里夫则借机通过收购前述与开发性金融机构关系密切的两只基金,打开了欧美投资人的大门,变身为"以资本和市场改善穷人和世界"这一理念的代言人。从这之后,他也开始以新的方式来谈论投资(下文详述)。2007年以后,新兴的"影响力投资"概念在全世界受到越来越多的关注,阿里夫利用这一趋势为其医疗保健基金募集了10亿美元。2013年,Abraaj基金获得联合国"责任投资原则"(PRI)的最高排名,与当时投资界的前沿理念步步相随。

公共关系管理与流行投资理念输出高手

阿里夫是一个讲故事和做公关的高手。虽然市场上的投资机构都需要塑造品牌、吸引投资人,但阿里夫深谙欧美主流投资理念和思潮,懂得如何向遥远国度的投资人传达自己的理念。

这里仅列举一二:他设立慈善组织、积极赞助艺术活动,以此来提升社会形象和促进商业活动。阿里夫在2013年获得挪威奥斯陆商业促和平奖。

多年来,他都是达沃斯论坛的重要嘉宾,年复一年向其支付数百万美元的高额赞助,并通过奢华的达沃斯晚宴来高调推销Abraaj基金和他自己。他加入联合国关于改善中东公司治理的"珍珠倡议",让业内认为他的投资代表了高标准和合规。

阿里夫创办了一家学院,以培训基金员工,统一全球各办事处和员工的价值观;他操盘的精彩案例入选哈佛商业案例库,影响到不少青年才俊,并吸引他们加入Abraaj基金;他通过大量视频和新闻稿,向欧美投资者解释复杂的交易设计;通过与西方学者(包括哈佛大学和耶鲁大学的教授)的频繁交流,利用其声望为自己背书,传递理念和塑造形象;他还聘用华盛顿和华尔街有影响力的人物为自己工作。

除了在公关方面花费巨资外,阿里夫还是一个非常会打造价值理念的投资人,懂得如何契合西方世界关于经济发展和投资的思潮。

2003年,阿里夫专注于赚钱,不断向投资人谈论新兴的中东国家充满机遇、穷人的购买力正在增加、经济正在发展。到2007年"影响力投资"概念出现,逐渐影响西方投资界主流之后,他及时迎合这一理念,开始以新的话语方式来讨论投资。2009年,他提出"同理心进化"的理念,认为金融界的"同理心"就是要寻求帮助穷人的创新方法。2010年,他大力支持奥巴马的"中东计划",主张提供创业机会,以市场力量来摆脱贫困,推动中东地区的社会进步。也就是在这一阶段,他的基金发展成为全球性基金。2017年,他更是针对"新兴市场"这一称呼,指责西方偏见,提出"全球增长市场"(global growth market)和"全球本地化"(Glocal)的说法,俨然成为新兴市场投资人的代表。凭借巴基斯坦人的身份和娴熟的叙事技巧,他让西方投资人充分相信,自己是西方世界的投资理念在新兴市场最适合的传播者和践行者。

"明星投资人"为何身陷囹圄?

按照书中的说法,Abraaj基金在2014年出现了高达1亿美元的赤字,这也是他欺骗投资人的开始。

自2002年成立Abraaj基金以来,阿里夫一直在开疆拓土。即便到2014年赤字高企前后，阿里夫还在向巅峰攀登：2012年与盖茨基金会开始合作；2014年吸引汉领资本投资1.5亿美元购买其基金份额；2015年，Abraaj医疗保健基金完成首次交割，并于2016年成功募集8.5亿美元[①]；同年，开始募集目标规模60亿美元的第六期基金，并和中国的投资机构接触。2017年，Abraaj旗下的资产管理规模已近140亿美元，美国的养老基金投资人也对其敞开了大门。一切看似都在朝更高、更好的目标推进。

然而也就是在2017年，全球市场走到一个转折点。特朗普在这一年就任美国总统，全球化逆转。年末，Abraaj基金的投资人之一盖茨基金会发现了基金的一些财务问题，随着后续法务调查的推进，Abraaj和阿里夫的一系列问题也逐渐暴露。

2018年10月，《华尔街日报》曝光了Abraaj欺诈投资人的事件，随后Abraaj基金进入清算。2019年4月，阿里夫在英国希斯罗机场被逮捕，就此进入漫长的诉讼程序。

作为曾经的传奇人物，阿里夫做错了什么？

1994年，阿里夫在迪拜设立自己的第一家投资公司Cupola。彼时的商业规则相对宽松，人们看重交情，也允许灵活的操作空间。阿里夫纯熟地运用了他的投资眼光和人脉资源，粗放式地成长起来。但在他一路攀升，成长为全球性基金的管理人之后，尽管手中管理着来自欧美成熟机构投资人的上百亿美元资金，他却似乎没有相应地升级公司治理结构和运营规则，基金的财务纪律、合规运营原则、董事的信义义务和管理人对投资人的责任，都在他个人的纵横捭阖、

[①] 最终的结果，2016年募资完成8.5亿，2017年拿到1.5亿美元债务融资。https://www.sec.gov/files/litigation/complaints/2019/comp24449.pdf

谈笑风生中形同虚设。

于是我们看到了 Abraaj 基金的一系列不合法、不合规的操作：制作虚假报告、夸大投资业绩、操纵财务数字；捏造并不存在的项目，要求投资人出资；获得投资收益之后，不按照合同约定对基金的有限合伙人进行分配，反而留作他用；挪用一只基金的资金来弥补另一只基金的亏空；将不同基金的资金在同一账户中混用；利用财务规则的漏洞，在审计之前拆借资金，以填补缺口，出完财务报告之后，再立即将资金转走；为了向投资人掩盖资金缺口，修改财务年度的结束日期，拖延提交报告，等等。

最令人诟病的一点是，阿里夫被控通过欺诈手段提高被投公司的估值，捏造基金每年净投资回报率高达 17.9% 的业绩，借此虚构其为全球最成功的股权投资基金之一。清算阶段的调查显示，他通过 3 700 笔交易，拿走了 7.8 亿美元的资金，还有 3.85 亿美元下落不明。而 2014—2017 年赚取的管理费，还不足以覆盖基金一半的运行成本。[①] 美国司法人员因此指控：他与其他人合谋隐瞒 Abraaj 财务健康状况方面的关键信息（包括对投资人决策至关重要的信息），以及非法挪用投资者资金，实施大规模欺诈。

阿里夫管理的 Abraaj 是迄今为止新兴市场最大的私募股权投资基金。他的丑闻直接影响了国际市场对新兴市场股权投资基金的信心，给新兴市场的声誉造成了严重损害。

围绕阿里夫的争议还有政治贿赂、个人私德、内部员工管理等方面。反对他的人从各个角度质疑他，但支持他的也不乏其人。不管这

---

① https://www.theafricareport.com/528/privateequity-the-fall-of-abraaj/

些争议如何定论，无可否认的一点是，若非阿里夫对 Abraaj 基金长期实施不合法、不合规的运营操作，并导致严重财务后果，作为中东最有影响力的投资人之一，他最后无论如何也不至于身陷囹圄。

Abraaj 的投资人是否无可指摘？

如果不是 2017 年末盖茨基金会发难，Abraaj 基金成立 15 年以来，似乎从来没有被投资人（在本语境下，指基金的有限合伙人）挑战过。我们不禁想问，这些投资人的投后管理行为是否无可指摘？

请看一些例子：书中提到，医疗基金的 5.45 亿美元中只有 3.05 亿用于投资，其他都未使用。在通常的基金运营中，未使用资金应该在一定期限内返还投资人，但为何 Abraaj 的投资人没有对资金未返还的事实提出疑问？

Abraaj 基金曾经为一个不存在的项目（收购突尼斯电信公司）通知投资人出资。通常，基金会定期给投资人提供报告，列明资金的用途和各个项目的基本情况。如果对比出资通知中的项目清单，投资人完全可以发现所投资的项目并不存在，资金用途发生了变化，但为什么没有投资人去检查，也没有人要求返还资金？

还有，出售被投公司所获得的收益也没有及时返还给投资人，违反了基金协议，基金对外提供了大量不合规的贷款担保。理论上，这些问题通过审查财务报告本应是可以发现的。Abraaj 基金有大量离职人员，也有过一些违约案例。但投资人看似并未在投入资金前对这些人和事做背景调查，也未对所投项目的估值基础进行检查。否则，他们应该不会向基金投入大量资金。

以上种种，无不显示投资人投后管理的疏忽。一个号称来自

Abraaj 内部的匿名举报曾提示："请投资人做适当的尽职调查，询问正确的问题。"那为什么在 Abraaj 基金存续如此长的期限内，大部分投资人却没有做到呢？阿里夫固然应当为过失与欺诈负责，投资人恐怕也需要梳理和反思。

来自中东市场的切身体会

2023 年的夏天，笔者正在一家总部位于中东的投资基金担任法务合伙人，首次见到本书的英文版，发现和自身经历的许多案例颇有相通之处。自从 2021 年涉足中东基金的投资、运营、募资等事务，我对在这块土地上投资积累起许多感性的实际体验。2022 年开始，国内掀起了对该地区的探索热潮，大量中国公司和基金来到这个市场寻找机会。可是因为语言、文化、习俗等各方面的隔阂，以及长久以来民间缺乏交流，很多来自国内的募资和投资行动困难重重。

通过 Abraaj 基金崛起和落幕的故事，一方面，中国的公司和投资机构应该看到，阿里夫轻视国际市场规则、不重视公司治理和合规运营、未能与时俱进所造成的严重后果，并引以为戒；另一方面，可以借鉴阿里夫作为中东投资人的独到眼光和布局能力，观察世界形势的变化对经济环境和投资项目的影响；同时，从他面对西方投资人的交流技巧和公关方式中亦可收获良多，帮助自己更好地在全球范围开展融资。希望这本书讲述的故事，能让中国的公司和投资机构在中东乃至世界其他地区的探索之路走得更顺利些。

汪辉敏

2024 年 7 月 5 日

序　幕

"这是一个足以载入史册的关键时刻。这是一个永远且彻底改变无数人的生命轨迹的良机。"1

阿里夫·纳克维，一个满头银发、神态柔和，却有着熊一般健壮体格的男人，此刻正在发表堪称他一生中最重要的演讲。2017年9月，一个阳光明媚的星期一上午，数百名商界领袖齐聚纽约中央公园旁的文华东方酒店，侧耳倾听他的讲话。这是阿里夫·纳克维的高光时刻。全球精英的目光都汇聚到了他身上，他知道自己需要一鸣惊人。

《纽约时报》和《福布斯》都曾发表文章，对这位与亿万富翁、王室成员和政界人士均往来甚密的业界大亨不吝溢美之词。与他相交的名流包括比尔·盖茨、查尔斯王子[①]和美国前国务卿约翰·克里。阿里夫彼时还是联合国全球契约组织和国际刑警组织下设基金

[①] 2022年9月，查尔斯王子已登基为英国国王，称"查尔斯三世"。——译者注

会的理事。

在他发表演讲时，世界各国政要正在不远处的联合国总部召开会议，这绝非巧合。因为阿里夫的目的便是要让他的听众相信，相比那些与他处于同一城市的政客，他能更好地解决人类面临的重大问题——饥饿、疾病、识字率低、气候变化和能源短缺。

阿里夫在影响力投资领域堪称世界领军人物。他的目标就是利义并举、名利双收，不仅为他的投资者，也为他自己。

两年前，联合国宣布了一项雄心勃勃的计划，要在 2030 年以前消除全球贫困。[2] 除了各国政府和企业已经提供的资助外，该计划还面临年度 2.5 万亿美元的资金缺口。[3]

而阿里夫宣称，他可助该计划一臂之力。

阿里夫·纳克维是总部位于迪拜的私募股权公司 Abraaj 资本的创始人兼首席执行官。Abraaj 管理着近 140 亿美元的资金，在全球拥有上百家公司的股份。阿里夫在演讲中呼吁其投资者再筹集 60 亿美元，用于收购和改善贫困国家的公司。[4] 通过这一举措，他将在帮助联合国消除贫困的同时，也为他自己和他的投资者赚取利润。

"行善并不一定意味着要牺牲回报，"阿里夫在台上边踱步边说道，"令人欣慰的是，我们在联合国大会周的第一天上午的第一个小时就举行了这次活动。我希望每个人在今天活动结束离开这里后，都能挤出一点时间修缮自己的人际网络，花上一周的时间敦促人们不再谈论战争、瘟疫和其他各种消极因素，而是真正关注'影响力投资'所产生的正能量。"

金融业亟须一场革命，而阿里夫意图在这场革命中"领袖群伦"——他不仅要利用资本主义为富人赚钱,还要与此同时结束穷人的苦难。

"我们希望成为指路的灯塔,也希望其他人加入我们的行列,"阿里夫用他那平静而且抚慰人心的声音宣布,"机会就在眼前,就在当下。我们所有人要充分利用这个机会,同心协力让世界变得更加美好!"[5]

阿里夫言毕,全场掌声雷动。

这是一场堪称技艺精湛的表演,但阿里夫随身携带的手机上所存储的信息,却讲述了一个截然不同的故事。在阿里夫发表演讲的 6 天前,对他忠心耿耿的员工拉菲克·拉克哈尼给他发了一封电子邮件。拉菲克的工作是管理 Abraaj 的现金,他在邮件中告诉阿里夫,他感到绝望,因为公司已经没钱了。拉菲克说,公司已经没有资金用以兑现阿里夫所承诺的对贫困国家医院的投资了。[6]

阿里夫在讲台上表现出的阳光乐观,实则掩盖了他内心深处的慌乱不安。阿里夫表面上在经营一家能够改善数十亿人生活的成功的投资公司,但他背地里正在策划一场全球级别的犯罪阴谋。正因为他监守自盗,Abraaj 账面上已经连一分钱都没有了。阿里夫从自己的公司挪用了超过 7.8 亿美元,并肆意挥霍包括比尔及梅琳达·盖茨基金会、美国银行以及美国、英国和法国政府在内的投资者的资金。[7] 当时,台下的听众并不知道的是,Abraaj 已经债台高筑,负债超过 10 亿美元,濒临倒闭。

· · ·

阿里夫正是所谓的"关键人"。这是私募股权公司用来称呼其最重要高管的，而对阿里夫而言意义更为重大，因为他提出要解决人类面临的诸多问题。他是 Abraaj 魅力超凡的领导者，他的远见卓识为投资者所信服。正是因为他，投资者才把自己的钱交给 Abraaj 打理。委托给他打理的资金规模高达数十亿美元。一位崇拜他的投资者甚至将他比作影片《碟中谍》中汤姆·克鲁斯所饰演的那位无往不利的主角。[8]

Abraaj 是一台赚钱机器，该集团募集了一系列资金，投资于亚洲、非洲和拉丁美洲的公司和医院。阿里夫本人则时而乘坐私人飞机，时而搭乘他那艘将近 50 米长、配备高档柚木甲板和艺术风格内饰的超级游艇"拉斯塔"号周游世界，与各国权贵洽谈业务。他也是在瑞士山区度假胜地达沃斯举行的一年一度的世界经济论坛的常客。

阿里夫从小在巴基斯坦长大，后来摇身变为精英阶层中备受信赖的内部人士，他的发家史体现了冷战结束后开始的全球化浪潮。从互联网的普及到恐怖主义的蔓延，各种新力量将世界各地的人比以往更加紧密地联系在一起，而阿里夫成功地让西方投资者相信，他是他们探索遥远国度的专业合作伙伴。

新千年伊始，全球贸易正如火如荼，阿里夫意识到，他可以向政治家和投资者展示自己的交易技巧，通过促进社会发展，在获得丰厚的市场回报的同时也行善积德一番。

2001 年，"9·11"恐怖袭击事件发生后，阿里夫说服西方政客相信他可以成为他们的盟友，在恐怖主义势力盘根错节的弱小国家创造就业机会，以此帮助中东实现稳定。

他随即受到了不少亿万富翁及其千禧一代继承人的追捧，他们全盘接受了"影响力投资"的理念，并以此为自己那套古老的赚钱游戏披上了一件光鲜亮丽的外衣。

当中国以自身经济增长为古丝绸之路沿线的亚洲国家注入新的经济活力时，阿里夫正引领西方高管在他们自己甚至无法从地图上找到的陌生城市中寻找商机。

微软创始人比尔·盖茨帮助阿里夫建立了一只价值10亿美元的基金，用以改善贫穷国家的医疗保健。世界银行和美国、英国、法国的政府也争相解囊，与盖茨基金会一同投资了这只开创性的基金。[9]

阿里夫在职业生涯中赢得了诸多赞誉。一个由诺贝尔奖获得者组成的委员会推选他为奥斯陆商业促和平奖得主。[10] 美国学者甚至曾预测，到2020年，他有望成为巴基斯坦的新一任杰出总理，带领他那多灾多难的国家走向富强。[11]

这些学者在2011年写道："阿里夫·纳克维是一位富有魅力、白手起家的百万富翁，也是最成功的新兴市场投资者之一。他拥有广泛的人脉，强调教育和自力更生。他依靠个人奋斗成就一番事业的励志人设、清白无瑕的声誉以及对公平和正义的重视，引起了绝佳的反响。"

· · ·

2018年1月，也就是阿里夫在纽约发表演讲的4个月后，我们收到一位不愿透露姓名的人士发来的一封电子邮件。发信人声称自己是Abraaj的员工，担心公开发言会丢掉工作，甚至下场更惨。他/她想要传递一个信息，为此决定联系我们，因为我们是《华尔街日报》的记者，专门报道像Abraaj这样的私募股权公司。

"公司可能存在欺诈行为。"该人士写道。Abraaj的医疗基金里少了上亿美元。"这一切都很可悲，但却是事实。"

在接下来的几个月里，我们与这位匿名人士之间往来了数百封邮件。而当我们联系Abraaj时，后者称这些指控纯属捏造。

Abraaj的一名美国高管表示："基金里的钱绝对没有消失。一家如此成功的公司为什么要这样做？"

这位匿名人士经常在毫无征兆的情况下突然失联，几天后又用一个新的电子邮箱再次出现。4个月后，他彻底噤声了。我们感觉好像失去了一个朋友。

如果我们能证明他所说的情况属实，那绝对会是一个惊天大新闻。于是我们给全球各地的几十位相关人士打了电话，想弄清楚到底发生了什么。我们与《华尔街日报》驻迪拜的同事尼古拉斯·帕拉西合作，采访了Abraaj的员工、投资者和顾问。他们与我们分享了电子邮件和详细资料，这些资料对我们梳理事实提供了很大的帮助。此前，我们已经从法律诉讼和提供给监管机构的文件中收集了大量资料。根据我们在电话交谈中做的记录，以及在社交应用软件WhatsApp、Signal和Telegram上与消息来源人士交换而得的信息，我们收集到足够多的碎片，并由此拼凑出Abraaj欺诈事件的清晰全貌。我们采访了很多的人，以至Abraaj的员工也开始给我们打电话,询问到底发生了什么。

然后,我们取得了关键性突破。一连串可靠的消息来源让我们联系上一个人,他/她声称掌握了 Abraaj 大规模挪用资金和欺诈的证据。经过反复的电话联系和一开始并不成功的接洽尝试,此人终于同意在伦敦金融区中心的古堡"伦敦塔"附近的一家咖啡馆和我们碰头。

会面过程中,对方从手提包中拿出一台笔记本电脑,打开了 Abraaj 银行对账单、电子邮件和电子文档等多个文件。这些文件显示该公司内部确实发生了欺诈、挪用资金和试图向巴基斯坦政府官员行贿的行为。我们拍下这些文件,然后手里紧紧攥着这些证据,一路穿过伦敦桥回到新闻编辑室。2018 年 10 月 16 日,《华尔街日报》头版刊登了我们的调查报告。当时,阿里夫仍对自己的所作所为矢口否认。[12]

6 个月后,一名英国警员逮捕了阿里夫,当时他正走下一架从巴基斯坦飞往英国伦敦希思罗机场的商用客机。[13] 这名警员告诉阿里夫,他已被通缉并将被引渡到美国受审,纽约州地方检察官指控他经营了一个犯罪组织。他为了谋取个人利益,也为了维持 Abraaj——这家他麾下著名的私募股权公司,全球金融精英的"宠儿"——而非法挪用了资金。

2019 年 4 月被捕当天,阿里夫持有两本巴基斯坦护照、一本圣基茨和尼维斯护照,以及一本国际刑警组织通行证。他告诉那名警员,他很惊讶自己会被逮捕,因为他在起飞前检查过是否有国际刑警组织对他发出红色通缉令,结果是没有。而该警员则告诉他,逮捕他不必如此。阿里夫被控告触犯了美国的一项法律,该法律旨在打击黑帮犯罪。[14]

阿里夫希望人们听到的 Abraaj 的故事，是资本主义对贫穷的胜利，是未来对过去的胜利，也是能够赢得一片喝彩的宏大的全球愿景。然而根据美国司法部的说法，唯一的问题在于，阿里夫是个骗子，是个受自己野心驱使的盗贼。

多年来，阿里夫可谓"声名远播"。比尔·盖茨将资金委托给他，沃伦·巴菲特和其他亿万富翁也纷纷向他伸出手，接纳他加入他们的富人慈善家俱乐部，但如今他却被指控骗取投资者数亿美元、触犯法律和行贿官员，而所有这些勾当都是为了维持他那亿万富翁的奢靡生活方式。

在阿里夫公开允诺的未来光明愿景背后潜伏着的，正是全球化的阴暗面——充斥着政治阴谋和非法离岸资金的黑暗腹地。

事实上，他的投资允诺太过美好，根本就虚幻不真。他的公司多年来一直资不抵债。与独立调查员哈里·马科普洛斯在参与伯纳德·麦道夫一案调查时所描述的"庞氏骗局"的手法如出一辙，Abraaj 完全靠挪用的资金支撑着。Abraaj 案已成为史上最大的公司诈骗案之一，阿里夫被控非法持有他所骗取的 3.85 亿美元资金，[15] 将在戒备森严的监狱中面临长达 291 年的牢狱生活。[16]

那些曾天真地相信阿里夫及其"赚钱行善"理念的 Abraaj 员工在他东窗事发后茫无头绪。他们讨论他到底是自恋型人格、反社会人格、精神病态，还是三者兼而有之。

"没有一个疯子或骗子能比他更吸引人了。他才华横溢，但是善于欺骗，"一位 Abraaj 前高管说，"他的自私和贪婪与他的言辞背道而驰。"

当Abraaj崩溃瓦解时，阿里夫告诉一位同事，他希望能带着三样东西完好无损地离开：财富、尊严和名誉。

本书要讲的并不是阿里夫希望讲述的故事，也不是他想听到的故事。但这是一个真实的故事，只是故事中那个全球金融业最负盛名的公司之一，到头来终不过是一个虚幻的资本主义童话罢了。

第一章

卡拉奇男孩

小男孩正一脸惊奇地盯着电视屏幕上模糊的黑白画面。1969年7月，人类首次登上月球的画面信号穿过地球大气层，传入地球上6亿人的家中，其中包括居住于阿拉伯海沿岸的巴基斯坦繁华港口城市卡拉奇的一户人家。

"哇！"阿里夫心想，"我是多么有幸能看到这一幕啊。"[1]

就像第一时间目睹了这场太空漫步的观众，以及数十亿在日后观看重播的人一样，阿里夫意识到，那一刻，人类的脚步已踏上月球的表面，并从那里回望我们的世界。这让他对自己是谁以及身在何处的问题有了全新的认识。他的立足之所并不仅仅是他的房子，也不仅仅是卡拉奇的街道，甚至不仅仅是巴基斯坦的平原和山峦。整个世界都是他的舞台。

在"阿波罗登月"之前，全球化的力量便已然在塑造阿里夫身处的世界。他所在的学校位于闷热难耐的卡拉奇市。在他出生前一个多世纪，一群外国人从6 000多公里外一个阴冷多雨的小岛上起航,漂洋过海来到这里建造了这所学校。卡拉奇文法学校由当地第一位英国牧师亨利·布里尔顿于1847年创办,专为传教士、商人和军人等白人子弟提供教育。当阿里夫入学时,这所学校已归新独立的巴基斯坦所有,学校里大多是像他一样的当地儿童。

阿里夫是一个聪明且自负的男孩,五官俊朗,有一头浓密的黑发,任何事情都难不倒他。老师们觉得他既讨人喜欢,又容易在班上挑事,因为他的性格有着截然不同的两面。一些学生欣赏他的活泼幽默,但另一些学生则因他开玩笑时不顾及他人而受到伤害。他是一个聪颖勤奋的学生,也是一个冒险分子,总是在违反校规的边缘试探。他的名字被校方用金色字母拼出,刻到了一块专为一等生立的木质纪念牌上。这些一等生中的许多人后来成了政治家、将军或企业总裁。但阿里夫想以自己的方式在学校留下印记,于是他把自己的名字刻在了一口大钟旁的石制门廊上,那是这所古老学校象征意义上的中心。不出所料,老师们对此举颇为恼怒,但这一胆大妄为的行径确实让他们在阿里夫离开许久后仍能对他记忆犹新。

阿里夫是在名为"棚屋"的学校礼堂里学会唱校歌的,这个大厅有一个瓦楞形铁皮制屋顶,夏天热得让人受不了,冬天却正好可以用来举行集会和颁奖仪式。

"真主啊,您的仁慈使我们的学校历久弥新,请接受我们美丽灿烂的献礼。"阿里夫曾唱道,"帮助我们保持纯洁的理想,无论世事如何改变。"

在巴基斯坦学生的口中,英国词曲作者笔下的"上帝"已被替换为"真主安拉",但他们熊熊燃烧的野心和理想主义并不输殖民时期的先辈们。这所学校里弥漫着英国人和他们刚刚烟消云散的帝国所遗留下来的气息。学校纪律严明，穿着黑色长袍的老师会用藤条抽打不听话的学生，头发长过白衬衫领子的男生会被直接送到理发店。

学校的课程用英语而不是当地的乌尔都语教授。学生们熟记威廉·莎士比亚的作品。这位英国剧作家将整个世界描绘为一个舞台，创作了《麦克白》（关于一个野心勃勃的将军的悲剧）以及《无事生非》（一出喜剧）等经典剧目。阿里夫出演了四部校园戏剧，并担任戏剧社副社长。

学校雄伟的教学楼矗立在卡拉奇市中心，与英国殖民者建造的其他气势恢宏的建筑交相辉映。女皇市场的钟楼就在附近。[2] 该市场以印度女皇（维多利亚女王）的头衔命名，建于19世纪80年代。英国士兵曾在女皇市场所在的这片土地上处决当地的自由战士，用铁弹将他们打穿。

1947年8月14日午夜，英属印度殖民地宣告解体。他们随即将这片土地划分为两个自治领：巴基斯坦和印度联邦。和平主义政治家圣雄甘地曾梦想为所有有宗教信仰的公民创建一个自由团结的印度，可他的宏愿未能实现。巴基斯坦是为穆斯林建立的，而印度则是印度教徒的天下。人们根据自己的宗教信仰，或是徒步，或是乘坐牛车和火车，跨越新的国界，在两个新生国家间辗转迁徙。数百万人在这个充满暴力的过渡时期受伤，甚至失去生命。

阿里夫一家也在大批的迁徙人口当中。他们从印度北部搬到了卡拉奇，开始了新的生活。卡拉奇的人口数量在巴基斯坦独立后不久便翻了一番，达到100万，并继续快速增长，到21世纪已达到1 600万，几乎是伦敦人口的两倍。[3]

英国人留下了铁路、港口、发电站，还有他们的精英价值观。在卡拉奇会员制信德俱乐部修剪整齐的绿色草坪上，新的巴基斯坦上层阶级取代了昔日的白人军官。他们一边享用杜松子酒和奎宁水，一边用英语高谈阔论各类政商话题。他们把孩子送进卡拉奇文法学校，而对那些不够富有或没有足够人脉加入专属俱乐部的父母另眼相待。

阿里夫的父亲并非信德俱乐部的成员，但他好歹付得起卡拉奇文法学校的学费，从而使他的孩子成为讲英语的精英阶层中的一员。对于卡拉奇的大多数人来说，文法学校是可望而不可即的。家长们认为，其高昂的学费是值得付出的代价，因为在一个阶级制度森严的国家，学生一旦踏入这所高档精英学校的大门，就能获得在日后成为部长、法官或企业家的晋升阶梯。

当时阿里夫的父亲在生意上遭遇了困境，这让阿里夫和他的3个姐妹的生活比以前更加艰难。阿里夫天性争强好胜，父亲遭受的挫败也刺痛了他的自尊心，让他敏锐地意识到自己与那些巨富子弟之间的差距。

阿里夫因此决心为家族增财添富。他在学校中左右逢源，并赢得了同学们的忠实拥护。这些同学在后来的生活中一直与他关系密切。瓦希德·哈米德是卡拉奇文法学校的学生，他在美国上大学时结识了奥巴马。30多年后，他在Abraaj与阿里夫继续密切合作。贾韦德·艾哈迈德是阿里夫的班长，也是他一生的挚友。贾韦德曾担任英国泰莱糖业公司的首席执行官，并提供了一笔保证金，帮助阿里夫在被捕后出狱。[4]阿里夫还与萨米尔·范西保持着联系。这个男孩的母亲曾嫁给阿曼苏丹，因此他与苏丹之间有着重要的家族纽带。萨米尔是学校板球队的队长，有一次他没有选择阿里夫上场参加比赛，后者对此耿耿于怀。

在阿里夫的学生时代，卡拉奇是一个宁静的地方。孩子们在沙嘴海滩游泳，在港口附近买冰激凌。渔民们讲述着当地冒险家的故事，比如巴蒂表兄弟，他们从欧洲人称为"海盗海岸"的地区向卡拉奇走私黄金。[5] 如今，该地区是阿拉伯联合酋长国所在地。这些走私者的数量非常多，以至卡拉奇的金价会随着他们向城市运送贵重金属的多寡而浮动。他们通过为该市穷人支付食物和教育费用赢得了拥戴。作为回报，人们为他们通风报信，使他们总能逃脱警方的抓捕。

阿里夫的同学们都热衷于阅读报纸和杂志，媒体上充斥着富有魅力的上层精英的故事，比如沙阿·卡里姆·侯赛因尼王子，他也被称为阿迦汗四世。这位富有王子的父亲自称是先知穆罕默德的嫡系后裔，他的母亲则是英国贵族。宗教信徒们曾用黄金给阿迦汗的祖先称重，并将这些财富供奉给他们的领袖。阿迦汗四世给巴基斯坦人留下了深刻的印象，坊间流传着关于他光鲜生活和慈善行为的八卦，其中就包括在卡拉奇建造一所大学医院的著名事迹。

学校生涯给阿里夫灌注了雄心壮志，他要做的绝不仅是在门廊上留下自己的印记。正如校歌中唱的，就像"曾经蹚过这条路的前人"一样，他将"不畏艰险，玩转游戏"。

他决心在这场人生的游戏中胜出。

为此阿里夫对自己的表演、演讲和领导能力多有磨炼。他曾是辩论队成员、知识竞赛小组组长、校报《脉动》的主编和学校年鉴《文法人》的副主编。他曾获得校际演讲比赛亚军，并在1978年获得新闻奖和年度最优秀学生奖。在毕业前的最后一个9月，他参加了一次大型辩论会，以"社会中最有价值的成员是叛逆者"为题发言。阿里夫所在的辩论队以"叛逆者是改革者，而不是破坏者"的观点获胜。据《文法人》称，阿里夫"在表达能力上比在材料准备上得分更高"。

他从不隐藏自己的成功，还声称在他担任主编期间，《脉动》发生了翻天覆地的变化。他在年鉴中写道："对于热心读者希望授予我们的所有荣誉，我们这些编辑会毫不掩饰地全盘笑纳。"

作为一个乐观主义者，阿里夫喜欢说世界上有两种人——一种人早上醒来，打开窗户向外看去，悲观地说："天啊，天亮了！"另一种人打开同一扇窗户，乐观地说："天啊，早上好！"[6]

对于这样一个雄心勃勃的卡拉奇之子来说，下一个要前往的目的地就是古老的大英帝国的首都伦敦。1979年，19岁的阿里夫开始在伦敦政治经济学院攻读学士学位。在英国的生活让他清醒地认识到世界上存在着巨大的不平等。在卡拉奇，阿里夫是一个出手相对阔绰的男孩，而在物价高得多的英国首都，他的生活却较为拮据。和他一样的巴基斯坦学生为了省钱，到哪里都靠步行，以省下乘坐公共汽车或地铁的费用。

阿里夫颇为自己在伦敦取得的成功学业而自得。这是他对自己所经历的种族歧视进行回击的一种方式。他也表现出一些轻微的叛逆行为，比如在公共休息室吸烟，并因此受到了训斥。

阿里夫的老师是一位英国教授，专门研究苏联经济学，旨在用共产主义提高被全球化抛在身后的广大穷人的地位。当时，美苏冷战的紧张局势正在加剧，美国人支持巴基斯坦援助邻国阿富汗，企图赶走入侵阿富汗的苏联军队。当时本·拉登正在阿富汗对抗苏联。

阿里夫在伦敦结识了很多朋友，扩大了他的全球人脉，这对他日后的人生大有裨益。他还找到了爱情，与卡拉奇文法学校的一位校友法耶扎·琼德里加坠入了爱河。她与巴基斯坦一位前总理沾亲带故，号称"卡拉奇华尔街"的琼德里加路，就是以这位总理的姓氏命名的。法耶扎是一名认真负责的学生，她非常关心同胞的疾苦，对金融业也很感兴趣，她在巴基斯坦人创立的国际信贷商业银行谋得了一份工作。1982 年毕业后，他们便结婚了。[7]

阿里夫的首要任务是发家致富，但在 20 世纪 80 年代初的伦敦金融城，一个年轻的巴基斯坦人并没有多少发展机会。伦敦金融城仍然是一个暮气沉沉的守旧俱乐部，主要由来自伊顿公学等英国私立学校的富有白人所把持。时任英国首相玛格丽特·撒切尔提出的引入国际竞争和对外开放伦敦金融城的改革尚未生根发芽。

1985 年 10 月，阿里夫正在伦敦安达信接受会计师培训。当时《金融时报》刊登了一则广告，其中介绍了巴基斯坦的一份令人兴奋的工作。英国投资银行摩根建富、美国咨询公司博思艾伦和巴基斯坦银行委员会在卡拉奇成立了一家名为"金融与管理服务"的新咨询公司，正在寻找有国际经验和资历、希望回国工作且精力充沛的巴基斯坦籍专业人士。阿里夫提交了申请并被录用。

咨询公司的英国经理们认为阿里夫富有魅力、聪明过人且精力充沛，但他的巴基斯坦同事们却看到了他性格的另一面。阿里夫对人有所求的时候很友好，无所求的时候却很无情。同事们形容他咄咄逼人、傲慢自大，是一个极具好胜心的"莽汉"，有着强烈的权力感和自我意识。他在卡拉奇阿瓦里大厦担任顾问期间，办公室里流传着他没有完成在英国的所有会计考试的谣言。在收到一封从伦敦发来的确认他没有通过考试的信后不久，阿里夫便离开了公司。

之后他搬到了该市克利夫顿上城区的一间办公室，为房地产开发商菲罗兹·什罗夫工作，后者是伊斯玛仪派信徒。菲罗兹告诉阿里夫，一块肥皂和一管牙膏可以让自己用上半年，但阿里夫对老板的节俭作风并不以为然。

菲罗兹很喜欢阿里夫，觉得他聪明伶俐，但很快就发现了他身上一些"令人不安"的特质。阿里夫很自负，想利用债务为交易融资。但对菲罗兹来说，债务就像毒品，而自负则是一种病。在他看来，阿里夫的志向似乎是要证明自己可以比巴基斯坦占主导地位的产业家族——达伍德家族、阿达姆杰家族和阿加·哈桑·阿贝迪家族——更成功、更富有。而阿加·哈桑·阿贝迪家族此时正忙于将法耶扎工作的国际信贷商业银行打造成一家全球性公司。

"祝你好运，"菲罗兹对阿里夫说，"我可不想凌驾于任何人之上。我宁愿闷声发大财。"

回想起阿里夫的野心，菲罗兹认为他在学校里一定遭遇了什么事情——他急于获得地位，以让卡拉奇文法学校的校友对他刮目相看。

阿里夫在菲罗兹这里工作了几个月，然后加入了美国运通公司。他在这家经营信用卡业务的美国公司的卡拉奇办事处短暂地工作了一段时间。

1990年，他申请入职位于沙特阿拉伯的奥拉扬集团，从此一飞冲天。该公司隶属于一个富裕的沙特家族。在沙特这个石油资源丰富的伊斯兰国家，该家族在消费品、物流和银行业等领域均有涉足。在奥拉扬工作将成为阿里夫结识中东各地重要人物的敲门砖。

阿里夫给伊姆蒂亚兹·海达里留下了积极的印象。后者是巴基斯坦人，从基层做起，通过层层晋升成为奥拉扬集团的总裁。伊姆蒂亚兹在这个积极乐观、聪明伶俐、能说会道的30岁年轻人身上看到了一些特别之处，于是聘请阿里夫担任业务分析师。伊姆蒂亚兹后来形容阿里夫有远大的抱负和与之相匹配的自负。

冷战结束后，全世界都在享受和平。技术革命为这个世界注入了新的活力，阿里夫也因此搬到了沙特首都利雅得。这里的员工来自世界各地，他在此结识了雄心勃勃的印度人、黎巴嫩人、巴勒斯坦人、埃及人、美国人以及欧洲人。

阿里夫的工作包括定期与他那成就过人的亿万富翁老板苏里曼·奥拉扬会面，但很快他就变得躁动不安。对这个年轻人来说，光是为权贵工作是不够的，因为他自己也想成为权贵。

有一天，阿里夫对奥拉扬说："我想走了。"

根据阿里夫对这次会面的描述，奥拉扬回答说："嗯，我觉得你有点自以为是。你还很年轻。在这个集团里，你想做什么工作都可以。说吧，你想要哪一个职位？"

对此阿里夫说："好吧，老板，你给不了我想要的。"

奥拉扬勃然大怒，追问为什么。

"因为我想要的是你的位置。"阿里夫说。[8]

"他的野心太大了，"奥拉扬集团前高管扎希·扈利回忆说，"对他来说，做一名区区雇员实在屈才。他是尊大佛，小庙可容不下。"

第一章　卡拉奇男孩　011

在利雅得的一次牌局中，阿里夫向一群富有的巴基斯坦人筹资，问他们愿不愿意帮助他创办自己的公司。起初，他们并没有把他的话当真，对他的请求一笑置之。一位扑克玩家势利地认为，阿里夫的穿着还不够得体，与他想在金融领域扮演的重要角色并不相配。但阿里夫并未退缩，他的计划最终赢得了一位名叫伊扎特·马吉德的扑克玩家的支持。他是一名巴基斯坦金融家，为沙特商人阿卜杜拉·巴索丹管理资金，后者又与沙特亿万富翁哈立德·本·马哈福兹有联系。

巴基斯坦人不可能在沙特创办公司，因为只有沙特人才能控制公司，而且会说阿拉伯语很重要，但阿里夫不会。此外，巴基斯坦人在这个王国经常被人看不起，因为他们来自一个被认为只能提供大量贫穷体力劳动者的国家。

于是在1994年，阿里夫越过边境，进入阿联酋这个以前被称为"海盗海岸"的沙漠国家。迪拜的统治家族欢迎外国人士的到来，因为他们正努力将自己的王国打造为全球贸易和金融中心。英语是迪拜的商业语言，而阿里夫的英语比许多英国人都好。

手里有了5万美元的积蓄后，阿里夫告诉别人，这笔钱是他卖掉抽奖赢来的一辆车赚来的。他成立了自己的投资公司，名叫Cupola，并说服了从前的扑克玩家伊扎特·马吉德前来投资，后者则带来了他的沙特客户阿卜杜拉·巴索丹。

阿里夫最初进行了一系列规模不大的投资，但基本上都不算成功。他在迪拜建立了一家信用卡加工制造厂，并取得了星期五连锁餐厅（TGI Fridays）等西方公司在当地的特许经营权。他创办了一份面向巴基斯坦人的杂志，由他的一个妹妹担任编辑。他还投资了巴基斯坦拉合尔市的一个超市项目，巴基斯坦国家板球队前队长伊姆兰·汗也参与了该项目。

尽管交易业绩平平，但阿里夫还是通过强势的公关和盛大的年会在迪拜产生了巨大影响。一位客人回忆说："这一切看起来都非常吸引人。"

1998年夏天，阿里夫前往伦敦，与当时也已离开奥拉扬的伊姆蒂亚兹会面。伊姆蒂亚兹告诉他，有一个难得的机会。他说，英之杰是一家成立于大英帝国时期的公司，主要负责英国伦敦和印度之间的货物运输，该公司现在希望出售旗下的中东小型零售店和酒类连锁店，以专注于汽车分销这一主营业务。

英之杰的零售和酒类业务利润丰厚，年销售额超过6亿美元。但由于一个问题，包括奥拉扬在内的潜在竞标者都已不打算出价。这个问题便是，英之杰的中东业务在当地有100多个合作伙伴，与所有合作伙伴就收购达成协议根本不可能。更何况，这些合作伙伴还希望将英之杰的业务据为己有。

奥拉扬看到的是复杂性，而阿里夫看到的则是机遇。

"这正是我要找的！"[9]阿里夫对试图寻找买家的伊姆蒂亚兹说，"你能告诉我需要什么条件吗？"

"你得有1.5亿美元。"伊姆蒂亚兹回答道。

阿里夫可没有那么多钱，伊姆蒂亚兹对此也心知肚明，但阿里夫说他会回迪拜寻找投资者。伊姆蒂亚兹给了他一周的时间来筹集这笔钱。

虽然实际上花了数周而不是一周时间，但阿里夫还是从沙特投资者阿卜杜拉·巴索丹那里获得了2 700万美元的资金。然后，他回到伦敦,与澳新银行的银行家会晤,后者同意以阿里夫计划购买的英之杰资产作为抵押,为他提供6 000万美元的贷款。

阿里夫仍未达到1.5亿美元的目标,于是他向伊姆蒂亚兹施压,请求帮助。他称伊姆蒂亚兹为挚友,并称自己是他的"*chota bhai*",这个乌尔都语的意思是"弟弟"。伊姆蒂亚兹称这个做法为"东方文化中惯用的一种情感勒索",因为家庭关系的存在意味着自己有义务提供帮助。[10] 阿里夫的决心得到了回报。伊姆蒂亚兹决定与阿里夫一道赌上一把,并说服英之杰公司接受了一份无资金支持的1.5亿美元出价。英之杰的高管们谨慎地接受了这一出价。他们对阿里夫的资金来源心存疑虑,其中一位高管后来私下将他形容为一个让人着迷的骗子。

一个由英之杰的合作伙伴组成的竞标小组也提出了报价。该组织包括中东一些最有权势的家族,但其出价低于阿里夫。

阿里夫在竞标中取胜了。现在他必须想办法付钱。

得知阿里夫获胜的消息后,竞标小组勃然大怒,因为输给一个闻所未闻的巴基斯坦新贵对他们来说简直是奇耻大辱。他们群起抵制,拒绝与阿里夫合作。

阿里夫却将他们的抵制作为与英之杰讨价还价的筹码,将劣势转变为自己的优势。他要求在1.5亿美元的收购价上打个折扣,并要求分期付款。此时的英之杰高管们急于抽身而退,好摆脱这家企业和他们愤怒的合作伙伴,因此他们将价格降至9 850万美元,并同意了阿里夫分期付款。

即便如此,阿里夫的资金还是不足,于是他做出了一个体现其罕见交易天赋的举动。他提出以1 800万美元的价格将英之杰的部分业务出售给合伙人,这甚至发生在他拥有英之杰之前。这些阿拉伯人同意并支付了款项,阿里夫用这笔现金支付了他对英之杰的第一期付款。

面对合作伙伴的抵制,想要经营这些零售店和酒类连锁店显然是不可能的。因此,阿里夫改变了策略,决定在两年内分拆出售大部分资产,总出售价格远远高于原先各部分资产的总和。在偿还了澳新银行的贷款后,他共获利7 100万美元。

阿里夫成功完成收购的消息随即传遍了迪拜的王宫、俱乐部和餐厅,那些原先阻挠他的阿拉伯人也不得不对他报以尊重。其中一些人还成为他后来冒险事业的投资者。阿里夫大胆做成了这起原先靠他自己的公司根本无力进行的蛇吞象式收购,他的辛勤工作和敏捷思维也得到了回报。

此时,40多岁的阿里夫用他新赚到的财富,在伦敦富丽堂皇的南肯辛顿区会展路旁的一栋大楼里买下了一套大公寓,这栋大楼靠近宛如宫殿的伊斯玛仪中心。萨米尔·范西曾是卡拉奇文法学校的板球队队长,阿里夫对他小时候不让自己参加板球比赛而耿耿于怀。萨米尔在同一栋大楼里也拥有一套公寓。阿里夫的伦敦住所周围环绕着宏伟的维多利亚式建筑,周边环境与他在卡拉奇求学时的情形颇有几分相似。在附近的海德公园散步时,阿里夫经常路过维多利亚女王为纪念她的丈夫而修建的阿尔伯特纪念碑,纪念碑周围点缀着几组殖民地民众的雕像。

阿里夫说:"上天眷顾我,让我有幸占尽了全球化带来的一切风光。"

这个来自卡拉奇的男孩已经在伦敦崭露头角。

第二章
——————

熠熠生辉的绿洲

迪拜是阿里夫追求梦想的理想之地。2001年，这座位于阿拉伯沙漠边的城市正在转型，从往昔一个只有采珠人和渔民居住的贫穷海滨小镇，摇身一变成了今日拥有闪闪发光的摩天大楼、郁郁葱葱的绿色公园和宽阔六车道高速公路的未来主义大都市。当年此处的海盗和商人曾驾驶木制独桅帆船横渡阿拉伯海，将货物和违禁品运往卡拉奇和更远的地方。商业的迅猛发展为他们的子孙带来了巨量财富。迪拜正在崛起为全球金融中心，拥有大量用于合法投资项目的资金，当然还有来自各地的犯罪和腐败的非法收益。

在当时，高耸的哈利法塔（高度是帝国大厦的两倍还多）和海岸边著名的棕榈岛尚未动工兴建。但高321米、形似巨帆的阿拉伯塔酒店已向人们昭示了这座城市未来的规模。迪拜正依托它的人造深水港、自由贸易区、世界级机场和卓越的阿联酋航空公司而日益发展壮大。

迪拜雄心勃勃，试图力压巴林和卡塔尔，成为无可争议的中东商业中心和连接东西方的重要枢纽。其动机很简单。迪拜缺乏石油，而石油是中东地区巨额财富的来源。迪拜酋长谢赫·穆罕默德·本·拉希德·阿勒马克图姆决心打造一座富裕之城，为人们创造良好的工作和娱乐环境。这里对西方高管及其家人热情地张开了双臂。在先知穆罕默德曾经生活过的阿拉伯半岛，酒精向来是严格的禁忌，但是在迪拜，可以合法饮酒。

迪拜是一个民族大熔炉。像阿里夫这样拥有学士学位的亚洲人，与在金融、教育和医疗保健领域追求丰厚报酬的欧洲人和美国人彼此混同。与此同时，成千上万贫穷的巴基斯坦人和印度人在条件恶劣的建筑工地上辛苦劳作。来自菲律宾的贫困女性移民则充当女佣，为雇主做饭和打扫卫生。这里外国居民的人数是当地居民的8倍。

阿里夫正在成为当地的传奇人物。关于他的资金来源的流言蜚语不绝于耳，据传巴基斯坦政客和毒枭为他的早期投资提供了资金。但毫无疑问，他因出售为迪拜供应食品和酒类饮品的英之杰公司的业务而获利颇丰。[1] 阿里夫平生第一次真正可称富有了，但他并不满足于此。由于对下一步的投资尚无把握，他拜访了基托·德布尔以寻求建议。这位身材高大、待人友好的荷兰人当时正在开拓美国管理咨询公司麦肯锡在中东的业务。阿里夫和基托的妻子都热爱艺术和室内设计，两人因此成了好友。

基托主张大力推动商业，以此作为发展中国家的现代化力量。他认为迪拜是新兴市场新一波企业家的聚集地，他可以将这些人转变为有利可图的客户，但该地区需要投资和专业知识来帮助新公司成长。

"我该扮演什么角色？"阿里夫这样问基托。

基托看中了阿里夫通过收购赚取巨额利润的能力。他建议阿里夫创办一家私募股权公司。

20世纪80年代，KKR、黑石和凯雷等美国投资公司的交易人士开创了私募股权投资的先河。他们想出了用很少的自有资金收购企业的方法。他们将打算收购的公司作为贷款抵押品，或称杠杆，为收购筹集资金，被收购公司的利润随后则被用来偿还贷款。这种方式被称为"杠杆收购"。

那些美国私募股权公司的创始人日后皆成了商界闻名遐迩的亿万富豪，如创办KKR的表兄弟亨利·克拉维斯和乔治·罗伯茨、黑石联合创始人苏世民以及凯雷集团联合创始人戴维·鲁宾斯坦。随着财富和影响力的增长，他们还聘请了卸任的总统、总理和退役的将军为他们打理生意。在不同时期，私募股权公司拥有并控制着世界上一些极负盛名的公司，包括希尔顿酒店、戴尔电脑和汉堡王。可社会大众对私募大亨并无好感。工会和左翼政客经常指责他们通过剥离资产、逃避纳税、解雇工人以削减成本而自肥。一位德国政治家曾将他们形容为蝗虫。

这样的批评在迪拜却很少见，因为在这里，商业上的成功才是最重要的，阿里夫现在有了炫耀的资本，因为他通过英之杰交易完成了中东有史以来第一笔杠杆收购。

迪拜的餐馆如雨后春笋般涌现，供应着来自世界各地的美食。阿里夫喜欢在Sho Cho餐厅用餐，这是一家日本餐厅，靠近波光粼粼的海滨，是迪拜国际居民的最爱。他结识了一群同样野心勃勃的交易人，谢瑞什·萨拉夫便是其中的佼佼者。谢瑞什是一个印度年轻人，快人快语，沉迷于派对、女人和运动。他精力充沛，笑容灿烂，身材健美，头发飘逸，鼻子高挺。他曾主导过对中东多家公司的收购，其中包括快递公司 Memo Express。

阿里夫和谢瑞什之间迅速绽放的友谊之花反映了迪拜的一种特质——这座城市使来自饱受冲突蹂躏地区的人们能够克服长期以来的敌对情绪携手合作。谢瑞什是一个骄傲的印度教徒，他的家族来自克什米尔。巴基斯坦和印度曾为争夺克什米尔而反复交战。

谢瑞什和阿里夫因对做成交易和赚钱的共同热情而在迪拜结下了不解之缘。这两人还发现，他们有着相似的背景。他们都曾就读于英国殖民者在本国建立的精英学校——谢瑞什曾就读于拉贾斯坦邦的梅奥医学院，该学院的创办人曾希望将其打造成印度的伊顿公学，后来谢瑞什前往英国的查特豪斯公学就读。谢瑞什和阿里夫也都毕业于伦敦政治经济学院，同样痴迷于板球和莎士比亚。他们一起喝酒、开玩笑，并开展头脑风暴，商讨收购公司事宜。谢瑞什欣赏阿里夫展现的宏图大志和从容不迫的魅力。他认为有些人把阿里夫的狂妄自大误认为是傲慢无礼，但他却喜欢阿里夫的这一点，因为他认为自己有时也会因为同样的原因而被误解。

于是谢瑞什成了阿里夫迪拜家中的常客。他觉得阿里夫的妻子法耶扎是个可爱的人，她为人耿直。法耶扎和阿里夫是一对好客而富有格调的主人，待人热情却不浮夸。阿里夫对待谢瑞什就像对待弟弟一样，他们还把对方介绍给了自己的父母。谢瑞什的父母对巴基斯坦人很警惕，但他们很快就喜欢上了阿里夫。这两位交易人开始探讨双方开展合作的方式。

⋯

阿里夫加入了全球青年总裁组织，以扩大他在迪拜的人脉。该组织于 1950 年在纽约州罗切斯特市成立，旨在向全球传播美国企业家精神。[2] 阿里夫成了该组织的迪拜分会的主席。

在全球青年总裁组织的一次活动中，阿里夫第一次见到了法迪·甘杜尔。他在日后成了对阿里夫而言至关重要的人物。[3] 这位瘦高的约旦企业家是快递公司 Aramex 的创始人，该公司被称为"中东的联邦快递"。法迪外表看起来冷静专业，但内在热情。阿里夫是在一次团建中认识法迪的。在演习中，两人假装因飞机失事而被困在山顶上。阿里夫扮演一名受伤的乘客，法迪则负责帮助他。

"我们干脆杀了他吧，"法迪对参加角色扮演的其他成员说，"我们下山的时候需要备点肉。"

这个揶揄阿里夫粗壮身材的笑话让阿里夫忍俊不禁，两人此后成了至交好友。法迪逐渐把阿里夫视为阿拉伯同胞，而不是某个来自巴基斯坦的局外人——用他的话说，是"我们中的一员"。[4]

法迪是中东企业家的典型代表，是基托所认为的变革缔造者，而阿里夫则想投资他的公司。法迪于 1982 年创立了 Aramex。在此之前，从纽约或伦敦向中东的沙漠城市寄信极其困难，因为本国的邮政服务完全靠不住，又几乎没有其他替代选择。法迪从中发现了机会，认为可以借此局面打造一家提供邮政服务且盈利的公司。他随即成为将信件送到埃及、土耳其、黎巴嫩、叙利亚和巴勒斯坦等地的家庭和办公室的专业人士。即使这些地区战火纷飞，信件也能送达。在20世纪80年代第五次中东战争期间，为了让Aramex的卡车通过，各方甚至会暂时停火；1990年伊拉克入侵科威特时，该公司仍在科威特运送货物。必要时，法迪的员工会骑着驴子翻越布满碎石的崎岖小路，继续递送邮件。[5]

法迪的家族经历了众多战争和动荡，因此他深知机遇和灾难形影不离。他的父亲曾在黎巴嫩参与了一场失败的政变，在逃离黎巴嫩后创办了约旦皇家航空公司，从而富甲一方。

法迪在约旦长大，然后前往美国华盛顿大学学习工程学。他回国后与一位美国朋友创办了阿拉伯美国运通公司（Arab American Express，简称"Aramex"）。Aramex从美国安邦快递公司和联邦快递公司获得了在中东地区递送包裹和信件的合同。从美国客户那里，法迪学到了如何建立一家强大的企业。[6]

1997年，Aramex成为第一家在纽约纳斯达克证券交易所上市的阿拉伯公司。不过，尽管Aramex的利润逐年增长，其股价却一直萎靡不振。美国投资者对购买一家面临中东各种风险的公司的股票持谨慎态度——Aramex自己也承认，它面临的挑战多种多样，包括没收、国有化、战争、叛乱、恐怖主义和内乱。[7]

当阿里夫遇到法迪时，这位约旦企业家已经在洽谈将Aramex出售给美国一家大型快递公司。现金充裕的阿里夫正在寻找一笔新交易，而Aramex正好符合条件。他认为Aramex最好由真正了解它、相信它的人拥有——也就是那些来自中东、对中东公司不存在偏见的人。

2001年9月2日，阿里夫和法迪坐下来讨论收购Aramex的问题。9天之后，恐怖分子驾驶客机撞向纽约双子塔，从此永远地改变了世界。这次袭击吓跑了 Aramex 的美国收购者。虽然长期以来，美国人一直视中东为冲突之地，但当该地区的致命紧张局势不再限于中东，而是使纽约的街道也因此染上鲜血、遍布瓦砾时，他们对中东的恐惧和不信任才不断加剧。

阿里夫再一次在别人眼中的混乱和无序之处看到了机遇。现在收购 Aramex 可谓恰逢其时，因为纳斯达克不再适合一家阿拉伯公司。在飞机撞上纽约双子塔后不到 24 小时，阿里夫就与法迪签署了一份保密协议[8]，探讨收购 Aramex 事宜。[9] 即使在美国的战争机器开始应恐怖袭击而开动的时候，他也随时随地准备做他的生意。

阿里夫听从基托的建议，计划创建一家私募股权公司，将当地富裕家族募集的资金充当收购基金，以收购 Aramex 和其他中东公司。阿里夫选择的时机很好。富裕的阿拉伯人担心他们在美国不再受欢迎。即使他们没有做错任何事，他们在美国的银行账户也可能被冻结，所以这些阿拉伯富豪决定把钱投资到离家更近的地方。投资中东私募基金突然变得更有吸引力。

尽管形势有利，但阿里夫仍然缺乏资历，无法迅速筹集足够的资金收购 Aramex。此外，他在美国默默无闻，他的公司 Cupola 也不在监管之列。一个来自迪拜的神秘巴基斯坦交易人如果竞标 Aramex，将会引起美国投资者和监管机构的警惕。

基托从阿里夫身上看到了世界顶级投资者的潜质——也许他能成为中东的亨利·克拉维斯或苏世民。于是他建议阿里夫与阿里·谢哈比合作，后者是一位沙特商人，恰恰拥有阿里夫所缺乏的资历。阿里出身名门，他曾担任一家沙特银行的董事长。他穿着飘逸的阿拉伯传统长袍时在利雅得如鱼得水,穿着剪裁合体的西装时在华盛顿游刃有余。阿里的父亲是沙特外交官,曾任联合国大会主席,母亲则是挪威人。

在中东的某些圈子里,存在明显的国家等级。麦加圣地的所在地沙特阿拉伯位于金字塔顶端,而巴基斯坦则接近垫底。基托认为,阿里夫是"阳",而阿里正是补足阿里夫的"阴"。

阿里在迪拜拥有一家名为 Rasmala Partners(简称"Rasmala")的投资公司。他的投资者包括沙特王室成员以及德国最负盛名的贷款机构德意志银行。Rasmala 受英国金融服务管理局监管,该管理局是全球金融业的主要监管机构之一。

阿里和 Rasmala 可以为阿里夫提供竞购 Aramex 所需要的蓝筹投资者和监管批准,而阿里夫也有阿里需要的东西——对优质交易的直觉。阿里知道自己不是最好的交易家——他认为自己更擅长培养与投资者的关系以及管理运营。

阿里夫和阿里一拍即合,同意联手用 Rasmala 竞购 Aramex。阿里夫将谢瑞什、伊姆蒂亚兹和一位名叫萨尔曼·迈赫迪的印度交易员拉进了公司,以实现新的合作。这个由两个巴基斯坦人、两个印度人和一个沙特与挪威混血儿构成的组合是迪拜精神的缩影。他们计划从美国投资者手中买回一位约旦企业家的公司,帮助其在中东发展壮大。法迪同意与 Rasmala 共同投资,如果收购成功,他将继续管理 Aramex。

阿里担任 Rasmala 的董事长,控制财务、法律和合规部门;而阿里夫则成为 Rasmala 的常务董事,负责交易撮合。

阿里的朋友对此事的反应是疑虑重重,他们警告阿里说,他与阿里夫一起做生意是个错误，因为阿里夫不值得信任。但阿里相信，他可以和阿里夫各取所需。阿里夫则告诉阿里，人们之所以对他的声誉心生疑窦，部分是由于把他和另一个纳克维——斯瓦莱·纳克维搞混了。后者是一名银行家，因在20世纪90年代国际信贷商业银行倒闭事件中犯有欺诈罪而被定罪。阿里夫与该银行毫无关系，只是他的妻子曾在那里工作过，她与斯瓦莱也毫无瓜葛。

当阿里夫那位热衷于派对的印度商业伙伴谢瑞什向当地的阿拉伯朋友讲述他建立一家新的私募股权公司的计划时，他们也对此付之一笑，说这样的雄心壮志对于一群巴基斯坦人和印度人来说是不可能实现的。

竞购Aramex完全不同于阿里夫之前的任何尝试。众所周知，美国上市公司很难被收购，因为收购方必须满足一系列财务和法律要求，以确保股东得到公平对待。监管机构必须确认买家是可信的，其资金来源是合法的。

在位于迪拜市中心的双子摩天大楼阿联酋大厦的办公室里，他们为报价进行了准备工作。阿里准备了法律文件，并利用他的关系筹集贷款。这比预期花费的时间要长，因为银行对于向这个组织成分不简单的团队提供贷款持谨慎态度，但阿里还是从一家约旦银行获得了贷款，这家银行的部分股权由他的一位沙特投资者持有。

当时的中东正处于一个拐点。战争迫在眉睫，而全球化的浪潮正慢慢渗透进这个对西方有着根深蒂固的疑心的地区。

2002年1月9日，5位合伙人在阿里夫位于迪拜的家中共进晚餐。他们一边享用香喷喷的咖喱饭，一边兴奋地谈论着眼前的冒险事业。阿里夫拿出一支笔，在一张纸上潦草地写下了所谓的Rasmala合伙章程，指导原则是尊重、信任和一人一票。他还写下一些规则：不互相指责，绝对坦诚，不在公开场合或印刷品上发表不同意见。

阿里夫乐观地写道："人人为我，我为人人。"他引用的是法国作家大仲马笔下《三个火枪手》的名言。他还补充说："如果违反了上述规定，其他合作伙伴都可以训斥违规者一顿，无论其身份如何。"

5个合伙人都在章程上签了字。第二天，他们便将6 500万美元收购Aramex的消息在纽约公之于众。

第三章

"现在由我们统治"

随着Aramex收购要约的消息公开，阿里夫、阿里、谢瑞什、伊姆蒂亚兹和萨尔曼发现自己身处风暴的中心。各路银行家、律师、记者和监管机构都要求他们回答有关这笔交易的各种迫切问题。压力之下，阿里夫和阿里的关系开始出现裂痕。随着阿里对阿里夫了解加深，他开始忧心忡忡。与阿里夫共事愈久，这份担忧愈甚。

首先引发不和的是一些小事，比如阿里夫坐飞机坚持要坐头等舱。后来，阿里开始怀疑阿里夫是否有人格障碍。

"你的身高让我感到害怕。"一天，阿里夫对阿里说。

在阿里看来，阿里夫似乎总是想方设法抬高自己。阿里夫对一家公司声称，他代表沙特王室，因为阿里的投资者中有少数人是该国庞大王室中的一员。这也许是一种玩弄噱头的营销手段，但阿里认为这有点太过了。

一天，当阿里夫和阿里一起处理文件时，阿里夫开始谈论团队中的一位巴基斯坦成员。

"这家伙至死都会效忠于我。"阿里夫说。

"你是怎么得到这种忠诚的?"阿里问道。

"他在美国被控强奸后,在保释期间潜逃,"阿里夫说,"我在巴基斯坦帮他办了护照,然后在迪拜雇了他。"

阿里夫以这个人的忠诚为荣,阿里对此感到惊骇不已。阿里心想,这根本就是一种黑帮心态,是夸耀自己能控制别人的典型。阿里夫还说,他可以摸透别人的心思,并吹嘘说许多人皆入其彀中,其中还包括巴基斯坦军队的一名高级军官。

很快,阿里夫和阿里就开始争吵不休。2002年夏天,帮助阿里夫收购英之杰的沙特投资者阿卜杜拉·巴索丹联系了阿里,这成为压垮他俩交情的最后一根稻草。巴索丹怒气冲冲,他声称阿里夫在英之杰交易后欺骗了他,欠他数百万美元,并说他要起诉阿里夫欺诈。巴索丹并没有从英之杰的交易中获利,而他却听说阿里夫借此过上了奢靡生活,还在伦敦购买了昂贵的房产。

与巴索丹结束谈话后,阿里向阿里夫求证事件经过。阿里夫告诉他,这是个误会,他正在解决。阿里对这个答案并不满意,他开始相信巴索丹说的才是实话。

阿里和谢瑞什的分歧也日益加大。

为了建立 Rasmala 合伙关系,谢瑞什和其他人仓促购买了阿里公司的股份,以便向 Aramex 提出收购要约。在此过程中,他们获得了阿里之前投资的股份。但由于时间紧迫,谢瑞什觉得自己在买入之前没有对这些投资进行适当的分析。现在谢瑞什研究了这些投资,得出的结论是它们都是垃圾。他很生阿里的气,因为后者在他和其他人买入 Rasmala 股份之前没有提醒他们。一天晚上,谢瑞什在阿联酋大厦的办公室里就此事质问阿里，要求退还他的钱。

据谢瑞什说，阿里回答说："买者自负。"[1]

这让谢瑞什气恼不已。

他讽刺说："用这种方式开展合作，可真有你的。"

而阿里拒绝退还这笔钱。

一天深夜，谢瑞什走出办公室，乘电梯下楼。当他步入室外温暖的阿拉伯之夜时，遇到了阿里夫，后者正等着门卫把他的车开到摩天大楼前面。谢瑞什向阿里夫痛斥阿里，并说他准备退出 Rasmala 合伙关系。

"我受够了，"谢瑞什说，"我宁愿自己开公司。"

"你准备一走了之，不管你的钱了吗？"阿里夫问道。

"是的。"谢瑞什回答。他把大约 30 万美元的积蓄投资在了 Rasmala。

阿里夫不由自主地抽噎起来。他们在几个月前刚刚满怀热情建立起来的伙伴关系，如今已经支离破碎。阿里夫和阿里已经矛盾重重，而现在谢瑞什又想打退堂鼓。阿里夫把头靠在谢瑞什的肩膀上哭了起来。

阿里夫在一天晚上和阿里讨论的时候也曾泪流满面。阿里从来没有见过一个成年人哭得这么厉害，他试着用拥抱来安慰阿里夫。他不知道该如何应付阿里夫。阿里本以为自己能驾驭这位才华横溢却捉摸不定的合伙人，但事实证明这是不可能的。2002 年 8 月，阿里给阿里夫发了一封电子邮件，说已经受够了阿里夫的空口承诺。

> 阿里夫，我现在面临的问题是，在经历 9 个月的合作，以及无数次的承诺和情绪激动的会面之后，我仍然很难信任你。

尽管我非常想信任你,让我们的合作顺利进行下去,但我做不到。你对我不透明,你的风格不是正面处理难题,而是暗中行事,或者借他人之手处理。你的那些"过往"经历令人起疑,你永远缺乏安全感,加上你无法坦然接受我对公司的贡献,尤其是当你觉得这可能会给你带来负面影响的时候——这些都让我实在受不了了。

我冒着相当大的个人声誉风险,承担起你的公众支持者这个角色,但在 Rasmala,我却不得不时刻提防着你。

阿里夫,我很喜欢你和你的家人。你可以把我看成一个碍事的刺头,然后到别处另觅生意;也可以把我看成一个真诚、直率的朋友和盟友,因为你我的成功能带来显而易见的既得利益。你才华横溢且精力充沛,但这优点中夹杂着一些严重的缺陷。要么你让我帮助你,对我完全诚实、直率和得体,要么我们就各走各的路。

他们就此分道扬镳。

阿里走了,阿里夫和其他人继续抱团。阿里收回了 Rasmala 的所有权,阿里夫则控制了他们为收购 Aramex 而创建的基金。虽然阿里夫和阿里的合作关系已经结束,但它为阿里夫提供了收购 Aramex 所需的资质,这对阿里夫来说是至关重要的。一位银行家后来告诉阿里,Rasmala 洗白了阿里夫的名誉。阿里夫发誓从此再也不提 Rasmala,日后每当他不得不提及这个合伙公司时,他就把它称为"某个前公司"。

阿里夫此时通过一只尚未定名的私募基金控制着 Aramex。到底是谁想出了"Abraaj"这个名字,成为后来几个合伙人之间争论的焦点。阿里夫将这一想法归功于萨尔曼。而根据谢瑞什的说法,有一天早上,他开着自己崭新的奥迪 A8 来到阿联酋大厦上班,门卫用阿拉伯语向他致意："Abraaj Al Emarat。"在阿拉伯语中，"abraaj"是"塔楼"的意思，这给了他灵感。谢瑞什说，他与阿里夫讨论了这个名字，后者首先考虑了这个词在阿拉伯语中的意思，然后又考虑了乌尔都语的意思。在乌尔都语中，"Ab"是"现在"的意思，而"raj"是"统治"的意思，所以"ab raj"可以翻译成"现在由我们统治"。

⋯

伊姆蒂亚兹和萨尔曼很快就步阿里的后尘相继离去。他们给阿里夫和谢瑞什留下了3项亟须完成的任务，这样才能让Abraaj启动并运行起来：阿里夫和谢瑞什必须雇用一支团队；向投资者募集资金，以便基金收购更多的公司；还要帮助法迪扩大Aramex的规模，并在5年内将其出售，赚取丰厚的利润。要取得成功，就必须实现所有这些目标。

谢瑞什在创立Abraaj的过程中发挥了重要作用。他依靠自己由富有的酋长和商人组成的人脉筹集资金。当阿里夫在该地区寻找新员工和投资时，他巨大的自信为其赢得了盟友。

"如果你相信自己能踏水而行，你周围的人也会相信你能。"他对年轻的约旦人哈勒顿·哈吉·哈桑说。哈勒顿是从一家萎靡不振的阿联酋政府投资基金跳槽并加入Abraaj的。

曾为萨达姆·侯赛因提供核武计划的贾法尔家族同意投资Abraaj。科威特养老基金社会保障公共机构的负责人法赫德·拉贾安也做了同样的决定。与拉贾安建立关系对阿里夫来说是无价的，因为科威特养老基金在随后几年里向Abraaj投资了7亿多美元。科威特一家法院后来在拉贾安缺席审判的情况下，宣判此人犯有挪用养老基金的罪行。[2]

新投资者向收购 Aramex 的 Abraaj 资本投入资金，获得了这家快递公司的股份，还为新交易提供了现金。

Abraaj 遵循标准的私募股权投资的做法。Abraaj 向投资者收取约 2% 的年费，并用募集的钱收购公司并对其进行整顿，以便日后出售。Abraaj 保留出售公司所得利润的 20%，并将其余收益返还给投资者。

中东各国政府、王室成员和贸易商承诺向 Abraaj 提供数百万美元。阿里夫和谢瑞什的第一笔融资得到了油价的推动。2003 年美国入侵伊拉克后，油价上涨，投资者的银行账户充盈，因为其中许多人从生产和销售石油中获利。

2003 年 6 月，阿里夫和谢瑞什完成了资金募集。他们飞往约旦参加世界经济论坛会议。在死海边的一个会议中心，阿里夫发现了一个令他沉醉不已的新世界。在那里，投资者和政界人士有了彼此交流的机会。彼时美国国务卿科林·鲍威尔、联合国秘书长安南以及约旦王后拉尼娅出席了会议。他们讨论了公司如何帮助解决中东地区的失业和长期缺水等问题。金钱和政治的结合让阿里夫着迷。他在会议上四处奔走，拉拢与会者，为 Abraaj 争取支持。不久之后，他和谢瑞什便为 Abraaj 的第一只基金募集到了 1.18 亿美元。

随着阿里夫和谢瑞什的共事时间日益长久，他们之间的关系也更加紧密了。中午在迪拜的办公室里，他们吃的是法耶扎送来的巴基斯坦食物。当谢瑞什前往英国首都出差时，他会留宿在阿里夫伦敦的家中。后来他自己在南肯辛顿也买了套公寓。两人都争强好胜，互相打赌是他们主要的娱乐方式。在商务航班上，他们玩"谁想成为百万富翁"和"小追击"等游戏，赌注数百美元。他们甚至用莎士比亚的作品来打赌。

"我会问你5个独白，你必须告诉我它们来自哪出戏，哪一幕，哪一场。"谢瑞什说。

"哦，这我在行。"阿里夫回答道。

谢瑞什还把他的秘书带到了Abraaj，这是一位非常能干的阿尔及利亚年轻女性，名叫吉兹兰·格内斯。阿里夫对吉兹兰很感兴趣，希望她能成为自己的秘书。

"让我去度假吧，兄弟，这样你就可以拥有吉兹兰。"谢瑞什轻松地说。

接下来的事情果真如阿里夫所愿。Abraaj公司成立初期，一位访客曾被吉兹兰的美貌深深吸引。谢瑞什不禁想要知道，阿里夫是如何在不被她分心的情况下完成工作的。

阿里夫和谢瑞什之间的激烈竞争关系也塑造了Abraaj的企业文化。Abraaj休息室里的台球桌成了高额赌注游戏的开展场所。阿里夫是个差劲的台球手，随着输得越来越多，他对台球的热情也逐渐消失，因此他决定禁止在这项运动上下注。而谢瑞什和来自约旦的年轻雇员哈勒顿仍秘密地进行这种台球押宝游戏。一天晚上，他们陷入了一场"要么押双倍，要么退出"的连环局，结果哈勒顿从谢瑞什那里赢了数千美元。

多年后，哈勒顿回忆说，谢瑞什认为自己可以通过耍小花招来逃避偿还这笔赌债。于是谢瑞什把这笔赌债告诉了阿里夫，推测阿里夫会说不需要付钱，因为他已经禁止赌台球了。结果阿里夫把哈勒顿和谢瑞什叫到他的办公室，告诉他们所有的赌债都必须偿还，但由于他们都违反了禁止赌博的规定,他将代表Abraaj从中抽成。

"每个人都试图以一种俏皮的方式胜过对方,"哈勒顿说,"他们是交易达人。他们喜欢打赌。他们热爱竞争。"

这种争强好胜的大男子主义行为也渗入Abraaj许多员工的私生活中。

"我们曾经努力工作,也曾纵欲无度。"一位高管在谈到公司众人早年的心态时这样说。

新的交易开始源源不断。

Abraaj收购了阿联酋的一家水处理公司、阿曼的一家保险公司、卡塔尔的一家金融服务公司,以及约旦的一家互联网公司。这4家公司很快就被出售,Abraaj共获得了8 100万美元收益,该收益是Abraaj当初收购它们所投资金额的三倍多。[3]

Abraaj早年曾有过一次特别有争议的收购。Abraaj从阿里夫的公司Cupola手中收购了黎巴嫩的Spinneys连锁超市。这笔交易引起了一些人的警觉,因为阿里夫既是卖方,也是买方。他有责任保护Abraaj投资者的利益,但由于他出售的是自己所拥有的公司,因此他也有动机为自己赚取尽可能多的钱。阿里夫用出售Spinneys的收益偿还了他的一笔贷款,这笔钱正是他向那位愤怒的Cupola股东巴索丹借的。当阿里·谢哈比听说阿里夫将Spinneys出售给Abraaj时,他感到非常震惊。

"这家伙早晚会进大牢的。"他这样告诉妻子。

• • •

在Aramex,法迪正计划进行大规模重组,以使公司有能力再向中东的沙漠城市投递数百万封信件。他仍然持有Aramex大约四分之一的股份，和阿里夫一样，他也想让公司取得成功。为了激励员工，法迪和阿里夫做出了一个明智的决定，将 Aramex 大约 10%的股份分配给员工。公司兴旺，员工也会获利。

阿里夫和法迪将 Aramex 的总部从约旦安曼迁至迪拜，以便利用这座城市庞大的机场和遍及全球的航空网络。他们斥资 500 万美元在迪拜建立了一个处理中心，并通过收购规模较小的竞争对手——包括从谢瑞什及其投资者手中收购的 Memo Express——扩大了在其他国家的业务。

2003 年，法迪创建了一个专有的信件和包裹跟踪系统，从而使 Aramex 完全做到了自主运营。在此之前，Aramex 一直依赖总部位于西雅图的安邦快递提供跟踪系统，但 2003 年邮递和物流集团 DHL 收购安邦快递后，Aramex 就无法使用该系统了。

法迪聘请阿拉伯软件工程师创建了新的跟踪系统。然后，他在伦敦召开了一次会议，向全球其他 40 家之前依赖安邦快递的公司提供了该系统。它们都欣然接受了。这一系统取得了巨大的成功，使 Aramex 在使用该系统的全球快递网络中占据了主导地位。[4]

在 Abraaj 的掌控下，Aramex 发展迅速。在 4 年内，其销售额翻了一番，达到 2.32 亿美元[5]，利润则翻了两番，达到 2 000 万美元。这证明了阿里夫在中东建立全球公司的雄心是可以实现的。阿里夫因此志得意满。

"全球化并不是一个西方专有的术语，"他向投资者宣称，"我们也可以让公司向外拓展，从而实现全球化，而不仅仅是接受福特、雀巢或丰田的经营理念。"

2005 年，当 Abraaj 在迪拜证券交易所出售 Aramex 的股份时，阿里夫押在 Aramex 的赌注终于得到了回报。Abraaj 获得了 8 600 万美元的收益，是其投资额1 500万美元的5倍还多。有了这次成功的经验，阿里夫很快在当年为Abraaj的第二只私募基金筹集了5亿美元。[6]

获利的不仅仅是富有的投资者。数百名Aramex员工拥有股票期权，并分享了1 400万美元的收益。[7]他们凭借这笔钱购买了住房，支付了子女的教育费用。在一个传统致富途径是主要继承遗产或依靠政府资助的地区，Abraaj率先开创了一条为员工谋福利的新途径。

Aramex出售以后，阿里夫和法迪的关系依然密切，法迪还成了Abraaj的董事。两人成为中东地区私募股权投资理念的传道者，在商业会议上热情洋溢地谈论Aramex和Abraaj，将其视为成功的标杆。他们寻求媒体传播他们的思想，而一位极具影响力的记者正着意聆听他们的事迹。

曾为《纽约时报》撰稿的托马斯·弗里德曼可谓是全球化思潮的领军人物。他在《世界是平的》一书中对Aramex大加赞赏。这本书讲述了全球商业实践和互联网的扩张如何为发展中国家的企业家创造前所未有的机会。

弗里德曼在书中写道："Aramex就是比一千个道理都有说服力的真实例子。它就是自我奋斗的阿拉伯公司的楷模，充斥着阿拉伯人的企业家精神，在踏上世界舞台的同时也给自己的员工带来了福利。"

这位美国记者从Abraaj为Aramex员工创造的财富中看到了深远的意义。他从中寻到了消弭中东声名狼藉的印象的解药。[8]

他这样写道："Aramex公司的3 000名雇员心里想的只有促进经济增长、提高人们生活水平的递送包裹业务，而不是人体炸弹。如果能再找出100个像Aramex一样的例子，世人眼中的阿拉伯世界就可能有了与现在不同的社会环境和文化内涵。"

第四章

伟大的表演者

阿里夫将自己从学校学到的表演和辩论技巧加以利用，在世界各地豪华酒店的宴会厅举行的数百场金融会议上侃侃而谈。每一次精心编排的聚会都像是一出大戏，而阿里夫便是其中的表演大师。在这些活动中，只要抓住观众的眼球，就可以引来数十亿美元的投资，而阿里夫的那套煌煌大言往往能有振聋发聩之效。

"亚历山大大帝、成吉思汗、牛顿、爱因斯坦或马克思，与山姆·沃尔顿、洛克菲勒、奥拉扬或比尔·盖茨相比有什么共同之处？"阿里夫问投资者，"他们都打破传统，敢于冒险，从而成就了伟业。他们是变革的推动者。"[1]

他乘坐私人定制的湾流M-ABRJ飞机在城市间翱翔，也乘坐游艇在各个港口航行，以结识能帮助他增加财富的新投资者。有一年，世界经济论坛在摩纳哥秘境大酒店举办了一次超级富豪家族会议。阿里夫决心为自己上演一出好戏，于是他邀请一些与会者前往他停靠在这个地中海国家港口的船上喝鸡尾酒。客人们上船时，阿里夫会自豪地指着船尾飘扬的巴基斯坦国旗，深绿底色上是白色的五角星和新月。客人中便有《经济学人》的记者马修·比索普，他曾写过一本名为《慈善资本主义》的书，讲述富人如何用金钱的力量拯救世界。

阿里夫讲故事的天赋甚至超过了他做交易的技巧。他把自己比作阿拉伯民间故事《一千零一夜》中的神秘航海家辛巴达，后者为了寻宝而前往遥远的国度，一路上遇到了各种奇怪的野兽。[2]

在金融业，讲述引人入胜的故事总是有助于吸引眼球和资金，但那些被证明是子虚乌有的故事通常都以失败告终。投资者在世界各地有成千上万的基金经理可以选择，因此他们如果要选择一家由一名来自以腐败而闻名的地区，且名不见经传的外来者领导的公司，那就需要被充分说服。

随着来自新投资者和盈利交易的资金流入Abraaj，阿里夫用他的新财富买通了自己进一步跻身全球精英阶层的门路。在过去，隶属于某些家族或宗教团体是身份的重要标志，而如今，进入全球金融贵族阶层的入场券则仅仅是控制巨额资金而已。

阿里夫在Abraaj的公关活动方面不惜花费巨资。无论是在舞台上、荧屏上，还是在出版物中，他都对银行家和学者们大谈自己的投资技巧，并把自己塑造成一个可靠的向导，带领他们前往可以发现无尽财富的陌生国度。他的故事将西方帝国早前践踏压榨的贫穷发展中国家重新塑造为充满挑战的机遇之地。

他还聘请名人来打动投资者。"登月第二人"巴兹·奥尔德林曾与Abraaj的投资者们共进晚餐。美国前总统比尔·克林顿也曾与他们把酒言欢。蒂娜·特纳曾在迪拜的一个聚会上为阿里夫和他的投资者献唱。当这位美国流行音乐传奇人物高唱歌曲《最好的》时，台下的客人们品尝着从冰吧里端出的陈年香槟，而冰吧则慢慢融化在海滩上的沙砾之中。火焰舞者们上演着精彩的节目，专程从古巴飞来的雪茄卷烟工则分发着他们手工卷制的雪茄。

阿里夫举办聚会的消息通过迪拜的名利场泄露给了媒体。但这没关系，因为阿里夫不像许多私募大亨那样深居简出，私下享受自己的财富，他渴望受到媒体的关注——当然是按照他希望的方式。一位英国《金融时报》前任记者所著的《沙漠资本家》一书将阿里夫描绘成中东私募股权投资的先驱。阿里夫在商界声名鹊起，商业杂志的编辑们为他颁发各种奖项，对他进行谄媚的报道，然后从Abraaj获得广告费和会议赞助费。

装点门面的慈善事业在阿里夫的华丽表演中起到了重要作用。无论他是从阿迦汗四世、西方亿万富翁还是给穷人提供食物的卡拉奇黄金走私者这些榜样中的具体哪一个身上学到了这一点，阿里夫都认识到了慈善的重要性，视其为彰显地位和影响力的重要方式。

他成了艺术赞助人，每年赞助迪拜最负盛名的展览。他每年向年轻艺术家颁发令人垂涎的10万美元奖金，并通过收购获奖作品积累了可观的收藏。

他在迪拜修建了一座清真寺，并支持迪拜酋长的慈善活动。他的努力得到了回报，酋长当众赞扬了他。有一次，阿里夫和酋长在迪拜的一家高级餐厅"巧遇"。当时阿里夫正在和投资者一起用餐。

来自迪拜酋长的问候是一个非常公开的获得王室认可的标志。

阿里夫向世界各地的大学捐赠了数百万美元,其中包括美国约翰斯·霍普金斯大学和英国伦敦政治经济学院,后者还以 Abraaj 的名字命名了一个教授职位。

追随比尔·盖茨等亿万富翁慈善家的脚步,阿里夫和法耶扎也成立了一个总价值达 1 亿美元的慈善组织,名为"和平基金会",旨在改善巴基斯坦的医疗和教育。[3]

赞誉接踵而至。巴基斯坦授予阿里夫"卓越之星"勋章,这是该国授予平民的最高荣誉之一。查尔斯王子则欢迎阿里夫和法耶扎加入他的慈善机构——英国亚洲信托基金。

这些王室成员、艺术家、宇航员和学者对于阿里夫来说,就像孔雀身上炫目的羽毛,都服务于一场旨在给人留下深刻印象的华丽表演。而阿里夫的谦逊又让任何对此类华而不实的展示感到不安的怀疑者安心。他喜欢重复的一句话是:"今天的孔雀是明天的鸡毛掸子。"

这种财大气粗的炫富行为其实是一种心理操控。人们看到或听到阿里夫一掷数百万美元,就会相信他非常富有和成功——甚至比他本人的实际情况还要富有和成功。富丽堂皇的场面证明了他的财富和影响力,但也有人确实怀疑他是如何负担得起这一切的。一名员工曾组织过 Abraaj 这类觥筹交错、耗费数百万美元、有时甚至持续数日的聚会。他开玩笑说,阿里夫是通过摇动 Abraaj 这棵摇钱树来支付聚会费用的。

另一名员工则说:"你会觉得他比上帝还有钱。"

⋯

世界经济论坛的主要会议于每年1月在瑞士阿尔卑斯山滑雪胜地达沃斯举行。与会之人皆是全球精英中的翘楚,来自东西方的亿万富翁和政治家们在此齐聚一堂。达沃斯是汹涌澎湃的全球化时代思潮的中心孵化器——一个在高谈阔论背后达成交易的地方。每张门票都要花费数千美元,入场受到警卫的严格控制。但论坛创始人克劳斯·施瓦布却坚称,他的目标是为每一位公民改善世界,而不仅仅是为那些买得起门票的超级富豪。

高管们在会场主舞台上发表冠冕堂皇的声明,供公众消遣,然后在租金高达数千美元的酒店套房内与政客讨价还价,达成秘密交易,为自己牟利的同时,也由此产生了影响人类未来的后果。

阿里夫在这里如鱼得水。

他坚持定期出席达沃斯论坛,花费数百万美元将自己和 Abraaj 推上达沃斯的前台。他还聘请了一位世界经济论坛的高管,一位名叫弗雷德·西克雷的法国人,以确保他的资金能为他换来最大程度的曝光率。

这是一种共生关系。阿里夫进入了达沃斯的人脉网,而达沃斯也进入了他的圈子。达沃斯为阿里夫带来了信誉和新的资金来源,阿里夫则为达沃斯与会者提供了对发展中国家的深入见解。这些与会者对这些国家知之甚少,但这些国家却蕴藏着数十亿潜在的新客户。凭借严谨的态度和旺盛的活力,阿里夫有条不紊地打入精英阶层,并以这些新兴市场真实可靠的代表自居。他说的是精英的语言,亦即金钱的语言。

第四章 伟大的表演者 047

西方高管和投资者之所以对阿里夫推销的产品感兴趣，是因为在新千年的最初几年，即使是在美军在阿富汗和伊拉克开辟战场的时候，他们也在寻求拓展新兴市场，包括进入那些较为和平的中东国家和其他亚洲国家。印度、巴基斯坦、约旦、土耳其和埃及的人口正在迅猛增长，西方人希望能够进入这些国家。阿里夫则自荐成为他们的合作伙伴。他的说辞很简单——新兴市场的大多数人都尚属赤贫，但他们正在迅速获得更强的购买力，这些地区的经济也正在蓬勃发展。

一种时髦的新商业理论也支持了阿里夫的说法。简单地说，新理论认为，投资可以是一种既赚钱又行善的方式。印度学者C.K.普拉哈拉德是这一理论的先驱。他在2004年出版的《金字塔底层的财富——为穷人服务的创新性商业模式》是对这一信条的开创性阐述。普拉哈拉德的思想在大学和政府中传播开来，并受到全球商界领袖的热烈追捧，其中包括荷兰人保罗·波尔曼。他曾考虑接受牧师和医生培训，但后来成为消费品制造商联合利华的首席执行官。[4]

在西方，新兴市场因充斥着饥饿、战争和贫困而闻名。这种追求"利义并举"的新理论吸引了西方企业高管，因为它为开拓这些市场提供了理由，也为他们面临的剥削指控提供了辩护之词。

根据这一理论，商界领袖比政治家更适合解决贫困问题。发展中国家的政府没有足够的税收来建设学校、医院、交通和通信，因此投资者可以提供这些服务，并从中获利。在那些太过贫穷而无法实现盈利的地方，亿万富翁慈善家会介入，利用他们的商业技能，精心打造出比任何政府所能实施的都更好的福利项目。

阿里夫经常谈论如何改善世界。人们乐意相信他的言论，因为他自称是变革的推动者，来自一个需要帮助的国家。他在达沃斯的舞台上和会场中的表演热情洋溢，鼓舞人心。

随着阿里夫在达沃斯和类似的数十个会议上不断结识朋友并巩固友谊，他的人脉无疑在缓慢地扩展。他的圈子逐渐扩大，甚至将比尔·克林顿和希拉里·克林顿夫妇、比尔·盖茨，以及德意志银行的高管安舒·贾恩都囊括在内。

• • •

安舒是个重要人物。

作为一名持有英国护照，却在一家德国银行工作的印度人，他为全球化所造就，也是达沃斯所推崇的典型多元文化背景的高管。作为德意志银行投资银行业务的联席主管，他可以帮助 Abraaj 获得数十亿美元的股权和贷款，并在全球范围内打通有价值的商业联系。

安舒痴迷于板球。正是通过这一运动爱好，阿里夫有机会加深了与这位银行家的关系。2006 年达沃斯论坛结束几天后，阿里夫用私人飞机搭载安舒去巴基斯坦观看一场巴基斯坦与印度的板球比赛。对于一个印度人来说，即使一切顺利，这也是一次冒险之旅。印度和巴基斯坦曾四度交战，就在几年前，两国还在边境抽调重兵。但安舒还是迫不及待地想去看这场比赛。他们在卡拉奇降落后，阿里夫把安舒领进国家体育场的一个包厢，并把他介绍给当地的商界领袖。

巴基斯坦队赢得了那场比赛，所有人都玩得很尽兴，但在那里做生意的危险很快就显现出来。同样冒险前往巴基斯坦观看比赛的谢瑞什在拉合尔市访问时被挥舞着棍棒的愤怒人群围住。他们抗议的是丹麦报纸上刊载的一幅漫画,漫画中先知穆罕默德的头巾上有一枚炸弹。谢瑞什以为自己会死在那里,所幸他设法逃出了愤怒的人群。从此他再也没有回过巴基斯坦。

巴基斯坦令许多西方银行家垂涎。这个人口超过 1.5 亿的国家可能是一个有价值的市场,但如果没有像阿里夫这样的朋友引路,这个市场在很大程度上是个禁区。阿里夫是一个中间人,他的公司有能力接收资金,在这个庞大的伊斯兰国家投资公司和项目。

阿里夫和安舒的卡拉奇板球之旅可能带来互惠互利的商业机会,这恰恰体现了达沃斯精英们喜欢彼此培养的那种双赢关系。

阿里夫从阿里·谢哈比的 Rasmala 那里获得了德意志银行的投资者身份。阿里夫和阿里分道扬镳后,阿里夫极力游说德意志银行继续将他作为投资人。Rasmala 的第五位合伙人萨尔曼·迈赫迪在离开 Abraaj 后加入了德意志银行,他与安舒曾同时就读于德里大学。阿里说,他曾警告德意志银行的高管们不要与阿里夫有生意往来,并告诉他们巴索丹曾声称阿里夫试图诈骗他,但他们对此置若罔闻。阿里怀疑阿里夫曾跟安舒说,像阿里这样的批评者其实是不喜欢印度人和巴基斯坦人的种族主义者。

阿里说:"在印度和巴基斯坦群体中,阿里夫扮演了一个代表穷人的角色,他必须直面偏见并努力取得成功。阿里夫经常做出一副'我们受到歧视——阿拉伯人是种族主义者,美国人是种族主义者,英国人一样是种族主义者'的样子。"

在卡拉奇的板球比赛结束后不久，德意志银行对 Abraaj 的支持被证明是至关重要的。2006 年 6 月，阿里夫雇用了一位来自埃及的野心勃勃的年轻交易员穆斯塔法·阿卜杜勒-沃杜德，阿里夫多年前就想将他招入麾下。

"我有一套生活哲学，"当他们第一次在世界经济论坛上见面时，阿里夫告诉穆斯塔法，"所有优秀的人都应该齐心协力。"

阿里夫的坚持终于有了回报，穆斯塔法同意放弃埃及投资银行 EFG Hermes 的高薪工作，加入 Abraaj。作为一名埃及外交官的儿子，穆斯塔法过着锦衣玉食的生活。他的童年是与埃及社会的精英们一起度过的。他在开罗上大学，然后在华盛顿特区的乔治敦大学获得了工商管理硕士学位，从而扩展了自己的人脉。穆斯塔法的朋友中有一位来自阿联酋的青年，名叫优素福·奥泰巴，后来成为阿联酋驻美国大使。

穆斯塔法和蔼可亲、聪明伶俐，且善于发挥自己的先天优势。他早年为埃及亿万富翁萨维里斯家族工作，帮助他们在非洲建立了庞大的电信帝国。在为他们工作赚到了第一桶金后，他成立了自己的公司，并很快将其出售。随后，他加入了 EFG Hermes，领导投资银行部门，之后又前往迪拜拓展业务。在那个职位上干了近 3 年后，他厌倦了管理工作，渴望重新开始做交易。

阿里夫没有主导大型收购的经验，对埃及市场也知之甚少，但他想收购 EFG Hermes。有了穆斯塔法的加入，这便有了可能。对穆斯塔法来说，投资 EFG Hermes 是一次获得晋升的机会，他可以借此向新老板证明自己的能力。穆斯塔法召集了一个由Abraaj高管组成的小团队,开始为收购做准备。他顺利扫清了埃及的监管和政治障碍,而阿里夫作为一个不懂阿拉伯语的巴基斯坦外来者,在此类谈判中非常吃力。

不过,Abraaj首先需要筹集足量现金来支付这笔交易的相关款项。

2006年,阿里夫和谢瑞什在伦敦度过了整个夏季,以躲避迪拜那难耐的酷暑。一天晚上,在哈罗德百货附近的文华东方酒店的酒吧里,他们讨论了如何筹集资金收购这家埃及银行。

在餐巾纸上,阿里夫和谢瑞什潦草地写下了他们认为可能为收购提供资金的投资者的名字。他们希望快速筹集资金,而最简单的方法就是出售Abraaj的股份,而不是筹集新基金。

阿里夫写下的正是德意志银行。

谢瑞什写下的则是花旗银行,在那里他认识一位资深银行家,和他一样,曾在印度梅奥医学院就读。他们给联络人打电话沟通。德意志银行、花旗银行和几个中东富豪同意投资约5亿美元,收购Abraaj 50%的股份。

2006年7月,阿里夫以5.05亿美元的价格收购了EFG Hermes四分之一的股份,用的正是这笔钱。[5] 结果证明这是一笔划算的买卖。EFG Hermes在黎巴嫩有大量业务,但在第五次中东战争以后,其股价暴跌。当以色列空袭黎巴嫩时,Abraaj是唯一愿意承担风险的投资者。阿里夫最初的计划是逐步将Abraaj和EFG Hermes合并为一家中东投资银行,它能够像高盛那样,为各种业务提供贷款和咨询服务。但阿里夫实在很难与EFG Hermes的领导人打成一片。

2007年，趁着这家埃及银行的股价在开罗证券交易所飙升，阿里夫改变了策略。在买入股份一年多以后，他决定以11亿美元的价格将这些股份卖给迪拜酋长旗下的一家公司，这比他当时支付的价格高出一倍多。

这笔巨额利润让阿里夫一举跻身全球金融界的顶级行列。他向投资者派发了6亿美元的股息，剩下5亿美元可供自己支配。这是Abraaj在2007年进行的一系列成功投资中规模最大的一笔。[6] 他的投资还包括收购阿拉伯建筑公司Arabtech的股份，该公司正是负责建造迪拜哈利法塔的公司。

在创办Abraaj 5年后，阿里夫的身家已数倍于百万富翁，媒体对他的报道也是赞誉有加。金融界的重要杂志《机构投资者》在一篇长篇报道中称阿里夫为"海湾并购之王"。这篇文章是北美和欧洲许多富有投资者读到的关于阿里夫的最早报道之一。

但就在此时，谢瑞什注意到他的老朋友身上发生了某些令人不安的变化。阿里夫认为，EFG Hermes交易的成功是他一个人的功劳。他不再听取谢瑞什的意见，而且开始要求后者对其言听计从，而谢瑞什对此加以拒绝。谢瑞什曾认为自己和阿里夫是Abraaj的合作伙伴，但阿里夫显然不这么认为。

"我开始意识到，对阿里夫来说，没有真正的友谊。这是一盘棋，我们都只是他的棋子。当他需要你时，他会让你为他着迷。而当他不需要你的时候，他就会抛弃你，"谢瑞什说，"这就是他的行事方式。"

2007年夏天，谢瑞什与迪拜警方发生了冲突，被捕后在监狱里度过了数日。谢瑞什声称，他是在一次轻微的交通事故发生后被捕的，但有关他流连各种聚会、生活奢靡的谣言在迪拜疯传。

谢瑞什退出了Abraaj，并以数千万美元的价格将他在公司的股份卖给了阿里夫和公司。

随着谢瑞什的离去，阿里夫在Abraaj大权独揽。他是最初的5个合伙人中坚持到最后的一个，再也没有人能在他犯错的时候直言不讳了，以前这一直是谢瑞什的工作。如今阿里夫身边尽是些唯唯诺诺之辈，他们对他言听计从。他任命自20世纪90年代起就与他共事的妹夫瓦卡尔·西迪基负责风险管理。

谢瑞什创办了自己的公司，并向投资者自称是Abraaj的联合创始人。但阿里夫决心将谢瑞什从Abraaj的成长故事中抹去，就像他对当初其他3个人所做的那样。想当初在Rasmala的合作协议中，他曾称这3个人是他平等的伙伴。

谢瑞什的公司收到了一封由阿里夫的一名新员工写的电子邮件。该员工对谢瑞什自称为Abraaj的联合创始人一事进行了控诉。这名员工写道，这种说法是错误的，可能会损害阿里夫和Abraaj的声誉；谢瑞什只是Abraaj的一名早期员工，而不是创始人。

谢瑞什勃然大怒。要反驳这一指控并不难，因为阿里夫曾多次在书面材料中将谢瑞什描述为创始人之一。谢瑞什感到自己被利用、被背叛。他为Abraaj筹集了数亿美元的资金，并完成了多项交易。阿里夫用来宣传Abraaj的辉煌业绩中少不了谢瑞什的功劳。

离开Abraaj几年后，谢瑞什再次见到这个曾被他视为兄长的男人。当时，阿里夫已经搬进了位于迪拜的阿联酋山庄豪宅区的一栋富丽堂皇的新豪宅中。这个街区被称为迪拜的比弗利山庄，住着来自世界各地的富豪名流。津巴布韦铁腕人物罗伯特·穆加贝的家人在那里有一栋房子，泰国前总理他信·西那瓦在那里也有一栋房子。

阿里夫的新家是现代与传统建筑风格的时尚结合，灵感来自印度和巴基斯坦的哈维里宅邸。它围绕着一个带有喷泉的中央庭院而建。这里已成了中东、亚洲其他地区和非洲艺术的宝库。高耸的墙壁上装饰着来自黎巴嫩、叙利亚、印度和巴基斯坦的华丽作品。

会面很简短。

谢瑞什对阿里夫破口大骂，指责他身边全是谄媚者。谢瑞什说，阿里夫正在将他的自负作为麻醉剂，来减轻他的愚蠢所带来的痛苦。

"你让我想起了那只公鸡，它以为早晨太阳升起来是为了听它鸣叫。"谢瑞什如此说道。

• • •

2007年阿里夫出售 EFG Hermes 股份赚取巨额利润的几个月后，我们第一次采访了他。本书作者之一西蒙·克拉克不远万里从伦敦赶到迪拜，在一座闪闪发光的摩天大楼里的 Abraaj 总部采访了阿里夫。阿里夫是白手起家的企业家的典型代表，他正从这座城市走向全球舞台，他也是关于迪拜崛起专题的不二受访人选。但在几周前就已安排好会面的情况下，当西蒙走进他的办公室时，阿里夫却拒绝接受采访。西蒙对此感到震惊，他面临着没有完成采访就打道回府的尴尬局面。于是西蒙转身对陪同他采访的摄影师说，不妨去进行下一个会面，对象是迪拜酋长的一位重要顾问。

"你们要去见他？"阿里夫问道。

"我们现在就去。"西蒙回答。

于是阿里夫说："我们坐下谈吧。"

阿里夫开始释放魅力，讲述了他的成功故事。在得知西蒙接下来要见谁后，他就改变了对采访的想法。能够接触到权贵显然让阿里夫对他们另眼相看。

这次采访也让我们更近距离地目睹了阿里夫的世界所呈现的巨大不平等。阿里夫的办公室俯瞰着一处建筑工地。在那里，来自国外的工人们顶着烈日，在艰苦的条件下建造摩天大楼。Abraaj 拥有雇用这些工人的最大建筑公司之一的股份。采访结束后，西蒙走进了一个尘土飞扬的建筑工地，那里正在建造世界上最高的建筑。他与来自巴基斯坦和印度的挖沟工人进行了交谈，这些人生活在迪拜社会的最底层。西蒙之所以如此做，是因为他想写一篇报道，介绍迪拜穷人和富人的云泥之别的生活。这些挖沟工人住在拥挤的宿舍里，其中许多人负债累累，而安排他们到迪拜工作的中间人便是债主。

西蒙曾在巴基斯坦当过教师，对这个美丽但混乱的国家有着浓厚的兴趣，而阿里夫和许多建筑工人就来自这个国家。巴基斯坦的精英阶层腐败不堪，但大多数民众都很友好，即使在自己缺钱少粮的情况下，也经常热情地款待来访者。

阿里夫喜欢给记者留下这样的印象，即他在迪拜的崛起代表着一个更美好未来的承诺，不仅是对他自己，也是对所有巴基斯坦人，以及在亚洲、非洲和拉丁美洲的其他发展中国家奋斗的人。然而，尽管阿里夫承诺要建设一个更公平、更美好的世界，西蒙却发现他异乎寻常地汲汲于地位、权力和控制欲。他写的一篇文章讲述了阿里夫的故事，也讲述了挖沟工人的故事。[7]迪拜并不是一个人人都能发家致富的城市。

· · · ·

在谢瑞什离开Abraaj以后，阿里夫大肆招兵买马，增加了数十名员工——黎巴嫩人、土耳其人、印度人、伊朗人、巴勒斯坦人、约旦人、叙利亚人、美国人、英国人和意大利人——他要打造一个金融界的联合国。阿里夫自诩的正直和雄心给新员工们留下了深刻印象。穆斯塔法对他的老板敬畏有加，在开罗的一个小插曲让他记忆犹新。当时，穆斯塔法和阿里夫在开罗商谈以15.9亿美元将Abraaj最大的投资项目之一——埃及化肥公司——出售给纳西夫·萨维里斯。穆斯塔法曾为纳西夫家族效力。

当阿里夫和穆斯塔法从四季酒店退房时，穆斯塔法注意到阿里夫是用个人信用卡付账的。穆斯塔法提议用公司信用卡为两人买单，但阿里夫拒绝了，他说他从来不用Abraaj的钱来支付自己的费用。

这种个人财富的展示给他留下了深刻的印象，尽管他认为Abraaj应该支付阿里夫的专项费用。"这未必是对的，但是……哇！让人佩服。"穆斯塔法心想。

· · · ·

阿里夫凭借自己的高超演技掩盖了Abraaj运营的阴暗面。对于大多数员工来说，Abraaj的财务内部运作始终成谜。隐藏在公司总部深处的是一个神秘的"金库",由阿里夫的妹夫瓦卡尔和巴基斯坦会计师拉菲克·拉克哈尼共同监管,后者从20世纪90年代起就为阿里夫工作。

阿里夫很早就开始滥用资金。他吹嘘说,Abraaj是第一家选择接受迪拜金融服务管理局（迪拜国际金融中心的监管机构）监管的私募股权公司。为了遵守监管机构的规定,Abraaj被要求在迪拜的银行账户中存入数百万美元,以防公司陷入财务困境。可阿里夫没有大张旗鼓夸耀的是,Abraaj其实是一个由300多家公司组成的复杂网络,这些公司大多位于世界各地的避税天堂。在迪拜接受监管的公司——Abraaj资本有限公司——只是这个全球网络中的一小部分。Abraaj最重要的两家公司在开曼群岛注册成立,并不受迪拜监管机构的监管。这两家公司分别名为Abraaj投资管理有限公司和Abraaj控股有限公司。

总部设在迪拜的Abraaj资本有限公司也经常违反迪拜监管机构的规定。在Abraaj资本有限公司的迪拜银行账户里,阿里夫并没有保留几百万美元,而是在大部分时间内让账户几乎空无一文。只有在每个季度结束前,当Abraaj资本有限公司必须向监管机构报告其银行账户中的资金数额时,阿里夫和他的同事们才会把钱转入账户,让它看起来达到了规定的数额。在季度结束后几天,他们又会提空账户。[8]他们欺骗了迪拜的监管机构,让账户貌似资金充盈,而实际上在大部分时间都空空如也。这种"粉饰账面"的花招成了Abraaj的一种陋习。但所有这些财务操作对大多数员工来说都是不可见的。他们看到的是阿里夫想让他们看到的,而他想让他们看到的是一场精彩的表演。

2008 年底，就在数十年来最严重的全球金融危机爆发之际，阿里夫租用了一架喷气式飞机，让所有员工飞往伊斯坦布尔，参加为期一周的聚会。在为 Abraaj 的第三只收购基金募集 20 亿美元资金后，他心情大好，想要庆祝一番，而伊斯坦布尔是一个方便员工聚集的地方。这座土耳其城市横跨博斯普鲁斯海峡，即欧亚交汇的狭长海峡，东西方文化在此交融，令人陶醉其中。阿里夫预订了塞拉甘酒店。它是由奥斯曼帝国时期一座废弃的宫殿改造的，苏丹套房每晚的价格为 3.3 万美元。一天晚上，员工们轮流在博斯普鲁斯海峡边的聚会上献歌。面对这种在众人面前出洋相的场合，一些人喝下酒精饮料来壮胆，而阿里夫则在一旁拍摄他们的表演。

在压轴表演中，阿里夫头戴一顶软呢帽款步走上舞台，高声唱起弗兰克·辛纳屈的《我的路》。当他唱完时，崇拜他的员工们众星捧月般地围绕着他，像粉丝簇拥着明星一样，争相与他合影留念。

"这真是难以置信！"一位新员工问同事，"为什么大家都在欢呼？"

这位同事回答说："人们都说 Abraaj 有很强势的企业文化。看看这幅景象吧。这不是文化，这简直是邪教。"

第五章

卡拉奇电力公司

2008年，信心满满、资金充裕的阿里夫开始了他最大胆的收购行动。当时，他意欲接管家乡城市的卡拉奇电力公司——一家濒临破产的电力公司。

阿里夫多年后回忆说："即使你刻意去设计，也不可能搞出一家比它更麻烦的公司。但我们知道，如果我们能在任何地方投资并有所作为，那个地方也可以是卡拉奇。"[1]

若能解决卡拉奇电力面临的问题，他作为杰出投资者的声誉就会得到巩固。他之前还没有通过扭转一家濒临倒闭的公司的命运来证明自己，而且旁人的观感是，他在 Aramex 和 EFG Hermes 等交易中的表现只能说是运气使然，因为时机恰到好处——让他能够低买高卖而已。阿里夫希望向世界证明，他的团队可以踏实做事，真正改善公司业绩。卡拉奇电力就是他迈向卓越的机会。

这是一笔需要勇气的交易。卡拉奇这座城市就像一个血液循环系统衰竭的病人。自从阿里夫在那里求学之时起，"灯火之城"的绰号就成了一个糟糕的笑话,因为停电经常导致空调和医院设备瘫痪,令数百人因中暑而死亡。电力在这座城市脆弱的铜电缆网络中流动得举步维艰,工厂都被迫停工和裁员。愤怒的市民走上街头进行抗议已是家常便饭。夏季气温飙升至四十七八摄氏度时,民众示威就会愈演愈烈。

偷电现象猖獗。成千上万的人冒着生命危险,用自制的金属线钩住输电电缆,将电力从中抽走,导致电力供应损失了三分之一。

供电失败的规模是惊人的。巴基斯坦的纺织制造业——该国最大的雇主和出口商之一——正在向孟加拉国转移,只为寻求可靠的能源供应。[2]

问题始于20世纪80年代,当时由于贫困农民和阿富汗难民大量涌入,卡拉奇人口激增。城市的街道、贫民窟和集市中人满为患,以至没有足够的电力供应。政府没有资金建造新的发电厂,因此卡拉奇经常陷入令人窒息的黑暗之中,因为停电会导致照明和空调连续几天中断。

暴力犯罪和绑架事件与日激增。2002年,一伙潜伏在卡拉奇昏暗街道上的恐怖分子杀害了《华尔街日报》记者丹尼尔·珀尔,让这座城市陷入了一场媒体风暴。[3]2002年1月23日晚,这名美国记者在大都会酒店附近被绑架。绑架丹尼尔的人对美国恨之入骨。他们强迫他拍摄一段视频,要求美国政府释放关塔那摩监狱的所有"塔利班"和"基地"组织成员。然后,他们割断了他的喉咙,甚至令他身首异处。

卡拉奇在一个又一个接踵而至的危机中踉跄前行。恐怖袭击、洪水和地震令这座城市遭受连番打击。通货膨胀率飙升,食品和燃料价格上涨，人们入不敷出。由于政府借债补贴物价，国债急剧膨胀。

巴基斯坦的政治动荡一发不可收。2007年12月，巴基斯坦前总理贝娜齐尔·布托（即贝布托）在拉瓦尔品第市的竞选活动中被暗杀。袭击者引爆了自己身上的炸弹，造成20多人死亡。[4]

贝布托是巴基斯坦最著名的政坛豪门的成员，也是西方国家的重要盟友。她的父亲一直担任总理，直到1979年被废黜并绞死。西方政府用她填补了宗教极端分子试图利用的政治真空。

稳定巴基斯坦局势对美国政府至关重要。邻国阿富汗的麻烦已经够多了，成千上万的美军正在那里与塔利班作战。美国外交官担心卡拉奇电力经营失败可能会使这座城市和巴基斯坦其他地区陷入全面无政府状态。巴基斯坦依赖卡拉奇，因为它是经济中心，创造了全国五分之一的产出和三分之一的税收。

卡拉奇电力创建于1913年英国殖民统治时期。1952年，新独立的巴基斯坦政府将其收归国有。由于长期荒废，卡拉奇电力的设施年久失修。为了改善局势，军队在新千年伊始接管了这家公司，但将军们对此也无能为力。他们虽坐拥军队，却不能用武器来对抗这样一个事实：在卡拉奇，发电的成本要高于收入。

军方铩羽而归后，政府转而向私人投资者寻求帮助。2005年，卡拉奇电力报价1美元请求被Abraaj收购，但阿里夫拒绝了。因为谢瑞什反对在阿里夫的母国进行交易。后来，沙特阿拉伯的Al-Jomaih控股公司和科威特国家工业集团收购了该公司71%的股份，巴基斯坦政府则持有26%的股份。[5]

这笔交易堪称一场灾难。沙特和科威特的公司没有任何管理经营不善的公用事业的经验。它们请德国工程公司西门子代为管理卡拉奇电力,但危机却愈演愈烈。西门子可以为发电厂制造涡轮机,但其管理人员却不知道如何解决运营问题,因此卡拉奇电力的亏损在2005年至2007年间翻了一番。

所有人对卡拉奇电力皆抱着轻慢之心。大公司通常对其电费账单置之不理,甚至像城市供水公司这样的政府机构也拖欠了数百万美元电费,而卡拉奇电力也倒欠国有天然气供应商数百万美元。

电力需求以每年近10%的速度增长,但10年来卡拉奇没有新增哪怕一兆瓦的发电能力。19座发电厂中有13座已经废弃。[6]

沙特人和科威特人在这笔交易上可谓大错特错。卡拉奇电力成了烫手山芋,他们开始寻找买家接盘,阿里夫再次与他们接洽。这一次情况不同于往日了。阿里夫手中有20亿美元可供投资,高管们也渴望在巴基斯坦做交易,而持反对意见的谢瑞什已经走了。

塔比什·高哈尔是阿里夫的新员工之一。这个卡拉奇人曾接受过电气工程师培训,之前在美国能源公司 AES Corp. 工作,该公司在世界各地拥有发电厂。塔比什是一位出色的企业高管,留着一个蓬松的大背头,穿着剪裁考究的西装。他不打领带,穿着开领衬衫,因为他是在闷热的卡拉奇工作,而不是身处气候凉爽的华尔街或伦敦金融城。

阿里夫和塔比什都认为,卡拉奇电力如果能做出重大改进将大有潜力。阿里夫任命塔比什领导一个由13名 Abraaj 高管组成的团队,起草一份转型计划。塔比什彬彬有礼,不似阿里夫那般傲慢,顾问们都喜欢与他共事。他直截了当的态度也使他很容易与公司的工程师和技术人员交谈。

2008年夏天,阿里夫把塔比什叫到他在法国蔚蓝海岸的别墅里,让塔比什向他展示拟订的计划。塔比什以其冷静、专业的风格谨慎地陈述了自己的理由。他从财务目标的角度讨论卡拉奇电力，而不是将其视为一个关系到数百万人生计和地缘政治稳定的实体。对塔比什和阿里夫来说，改变一家对他们家乡的福祉至关重要的公司的前景固然是一个重要的动机，但这却很少被加以讨论。

塔比什说，收购卡拉奇电力是一个颇有吸引力的提议，因为它是一家垄断企业，有许多唾手可得的果实。他所说的"唾手可得的果实"，指的是可以通过裁减 17 000 名员工中的三分之一来提高利润，清除那些从不露面的"幽灵工人"，杜绝裙带关系，切断对欠费客户的供电，以及拆除非法供电线路。解决了这些问题，公司很快就能恢复财务健康。[7]

阿里夫和与会的高管们讨论了是否进行这笔交易。通常决定是否进行交易的是一个由高层管理人员组成的、名为"投资委员会"的小组，但由于卡拉奇电力涉及的风险太大，阿里夫扩大了决策者的范围。这是一个战术性举措，目的是在将来出现问题时平息所有异议或对他的指责。因为如果每个人都投票，那么每个人都有责任。这笔交易可以说攸关 Abraaj 的成败，因此阿里夫希望获得一致通过。但在一位与会人士看来，阿里夫就好比法官——他已经做出了收购卡拉奇电力公司的决定，而其他人都对他"希望"他们如何投票心知肚明。

· · ·

阿里夫决定接手这个看似不可能完成的任务——获得卡拉奇电力的所有权，但这是有条件的。在完成交易之前，他希望巴基斯坦政府减少该公司拖欠国有天然气供应商的数百万美元债务和付款。

阿里夫没有购买沙特和科威特卖方的股份，而是计划在3年内直接向卡拉奇电力公司投资3.61亿美元，以换取新的股份，这样沙特和科威特公司的股份就会被稀释。

这笔交易的条款被泄露给了巴基斯坦的报纸。记者们对阿里夫持批评态度，把他描绘成一个牺牲民众利益谋取私利的千万富翁。巴基斯坦政府正在努力应对经济衰退和宗教激进主义叛乱的困境，它不想被认为富有金融家可以在它那里予取予求，因此收购谈判陷入了僵局。

然后，2008年9月8日，事态开始朝着对阿里夫有利的方向发展。被暗杀的前总理贝布托的丈夫阿西夫·阿里·扎尔达里成为巴基斯坦总统。扎尔达里领导的左翼政党历来反对出售国有资产，但他的上台对 Abraaj 来说是有利的。负责 Abraaj 在巴基斯坦业务的法鲁克·阿巴斯与扎尔达里有着重要的关系。他的妻子与扎尔达里沾亲带故，他与这位新总统也过从甚密。

扎尔达里就任总统一周后，卡拉奇的形势急转直下，迫使政客们采取行动。[8] 2008年9月15日，恰巧是雷曼兄弟在纽约申请破产的日子，卡拉奇电力的管理团队辞职，工人们举行罢工，卡拉奇陷入一片黑暗。政客们给阿里夫打电话，恳求他接管公司。这件事蕴含着巨大的风险。要知道即使是巴基斯坦最强大的机构——军队，也未能扭转卡拉奇电力的颓势。

阿里夫在24个小时内同意了。

起初，他没有投资一分钱。相反，他把他的团队安插到卡拉奇电力公司，他们开始开展临时性工作。他们发起了一场大规模的宣传来解释他们的战略，那就是让卡拉奇再次成为一座灯火之城。但一场政治风暴立即席卷了他们。在收购协议签署之前，由于担心新东家会将自己扫地出门，卡拉奇电力公司的员工袭击并洗劫了公司总部。他们向高管人员开枪，塔比什不得不在武装护卫下穿过城市街道。他的同事们也纷纷持枪自卫。

工会被 Abraaj 裁员数千人的计划激怒了。地方政党也被激怒了。Abraaj 计划切断偷电猖獗地区的电力，可这些地区的选民手里可是有选票的。

在卡拉奇的高端人士聚集的信德俱乐部，流传着关于 Abraaj 公司任人唯亲和腐败堕落的谣言。人们还讨论了法鲁克与扎尔达里总统之间的家族关系。即使在形势对他最有利的时候，扎尔达里也是一个充满争议的人物。

Abraaj 此时进退维谷。有关腐败的风言风语尤其具有破坏性，因为阿里夫将自己的声誉押在了坚持最高标准的企业行为上。他决定与批评者正面交锋，并在报纸上发表了一封信，驳斥这些指控。

他在信中说："在与巴基斯坦政府的谈判过程中，Abraaj 没有寻求任何好处，也没有得到任何好处。"[9]

但是工会和政党并没有让步。当伊斯兰大会党的一个代表团不请自来出现在卡拉奇电力公司的总部时，保安人员将他们拒于门外。

面对无休止的抗议活动，塔比什保持了一贯的冷静。骚乱可能会吓跑不习惯这种敌视行动的外国投资者，但塔比什是土生土长的卡拉奇人。他知道在巴基斯坦高度情绪化和声势浩大的公共生活中，政客们往往会夸大其词以求耸人效果。他决心不受暴力的威胁和阻挠。Abraaj 的声誉危在旦夕，就此一走了之未免太过丢人。

阿里夫同意于 2009 年 5 月完成对卡拉奇电力公司的收购。

现在塔比什可以真正开始工作了，但他面对的似乎仍是一项不可能完成的任务。持续不断的停电再次把人们推向街头。从贫民窟到商业区，横冲直撞的帮派留下了一片狼藉。他们向令他们不满的电力公司投掷石块，高呼不堪入耳的口号。

抗议者焚烧轮胎，封锁繁忙的街道。骚乱在奥兰吉等较贫困的地区最为严重。那里曾是贫民窟，难以忍受的酷暑让居民们抓狂。他们冲进卡拉奇电力的办公室，员工们及时逃了出来。警察发射了催泪瓦斯，并用警棍驱赶人群。数十辆卡拉奇电力的汽车被烧毁。

抗议者得到了巴基斯坦统一民族运动党（MQM）的声援。这是一个强大的政党，代表着巴基斯坦建国时从印度迁徙到巴基斯坦的广大穷人。MQM 与工会也关系密切，其领导人指责 Abraaj 的行为等同犯罪，并将停电事件归咎于 Abraaj。

塔比什尽其所能平息了局势。他迅速安设了两座小型发电厂，以尽量减少炎热夏季的停电现象，并在现有的发电厂中加装了新的涡轮机，增加了可供给 20 万户家庭的发电能力。他达成了一项协议，将在 3 年内建造一座新的发电厂，增加更多电力供应。

美国驻巴基斯坦资深外交官安妮·帕特森大使对卡拉奇的骚乱感到忧心忡忡。她的同事们致电卡拉奇电力的首席执行官纳维德·伊斯梅尔，仔细听取了他的陈述。纳维德说，卡拉奇电力由 Abraaj 控制，需要数十亿美元的贷款和投资来改善运营，减少停电现象，也就是他所说的"用电限制"。会后，帕特森大使给美国国务院的同事发了一封电报，请求他们协助，以鼓励 Abraaj 为卡拉奇电力筹集所需的资金。

"停电和限电严重阻碍了经济发展。电力供应不足还导致了大规模的公众示威活动，"美国外交电报称，"伊斯兰堡大使馆要求国务院寻求迪拜总领事馆的协助。"[10]

数日后在迪拜，阿里夫被召至美国总领事馆。接待他的是贾斯廷·西贝雷尔总领事，他是一位会讲阿拉伯语的外交官，曾在伊拉克工作过。阿里夫告诉他，对卡拉奇电力的接管在巴基斯坦引发了一场火药味十足的争论，那里的政界人士和记者都要求政府收回对电力公司的控制权。阿里夫说，巴基斯坦政府若屈从于这种重新国有化的要求，无异于火上浇油，因为这将使得该国更难吸引新的投资者，因此对 Abraaj 施以援手确实符合巴基斯坦和美国政府的利益。

"巴基斯坦的未来在很大程度上依赖于这个项目的成功。"阿里夫说。

他提供了两种截然相反的情景，供美国外交官权衡。如果接管成功，投资者将看好巴基斯坦未来的项目，若失败则将导致投资者对巴基斯坦避之不及，这个国家将陷入进一步的混乱。阿里夫告诉美国总领事，他对卡拉奇电力公司的改造努力是一次资本主义的冒险，也是他第一次带有明显政治意味的投资。[11]他请求西贝雷尔提供帮助，让美国政府向巴基斯坦政府施压，使其在重新国有化电力公司的问题上暂缓说辞，为 Abraaj 创造些许喘息空间。

总领事对阿里夫及其改善卡拉奇电力的承诺表示赞许。在给同事的电报中，西贝雷尔着重提及了阿里夫的乐观态度，并认为他的所作所为与美国政府希望促进巴基斯坦局势稳定的目标是一致的。

这位资深外交官认为阿里夫在战略上对美国很有帮助。

几周后，美国政界人士在时任国务卿约翰·克里支持的法案中，承诺向巴基斯坦提供75亿美元的援助。[12]

视线回到卡拉奇，持续的抗议活动让Abraaj的团队精疲力竭。Abraaj在巴基斯坦的负责人法鲁克每天都在与卡拉奇电力公司的首席执行官纳维德争执。他们无法就谁说了算达成一致。法鲁克认为，凭借他与扎尔达里总统的关系，以及与阿里夫在卡拉奇文法学校一起上学时的同窗密友关系，他理当高人一筹。但法鲁克实则在阿里夫和扎尔达里之间左右为难，因为他做出了相互矛盾的承诺。巴基斯坦总统希望Abraaj将它同意投资卡拉奇电力的3.61亿美元存入一个政府银行账户，这样这笔钱就能用来帮助缓解席卷该国的外汇危机。法鲁克曾向总统信誓旦旦地保证Abraaj会支付这笔款项，但阿里夫拒绝了，因为这笔钱本应在3年内分期支付。法鲁克空口承诺了一些阿里夫从未同意的事情，危及卡拉奇电力的交易，导致局面变得难以为继。

阿里夫要求塔比什取代纳维德担任首席执行官。塔比什同意了，但条件是法鲁克离开卡拉奇电力的董事会。阿里夫同意了塔比什的要求。塔比什于2009年11月成为卡拉奇电力的首席执行官。他可以一展拳脚领导公司扭亏为盈。他的目标很明确：提高发电量，增加收入，削减成本，减少偷电并提振士气。

他希望改变当地居民对卡拉奇电力的看法，扭转该公司难孚众望的窘境。伦敦、巴黎和纽约的居民认为用电是理所当然的事，而卡拉奇人却从痛苦的经历中认识到，有无电力甚至意味着生死之别。卡拉奇电力永远不可能成为像可口可乐或梅赛德斯-奔驰那样受人喜爱的品牌，但塔比什认为，他可以向人们解释他是如何解决问题的，这样一来才能把工作做得更好。他在全市开设了办事处，配备了客户服务专家和维修专家。他们与客户交谈，在暴力升级之前就解决问题。如此一来，针对卡拉奇电力公司总部的袭击减少了。

塔比什走进社区，在被称为"库切里"的露天集会上与客户见面。他告诉他们，他知道攒钱付账单很难，但如果不付账单，他就很难提供可靠的服务。他还补充道，卡拉奇电力为数百所学校和医院提供电力补贴，并赞助了扫盲计划、足球联赛，还种植了数千棵树木。

阿里夫旗下的非营利组织和平基金会开始在卡拉奇运营一支最先进的救护车车队。该基金会还与卡拉奇电力合作开展了一个项目，将该市大量的城中牛群的粪便转化为甲烷来发电。

塔比什还发起了一场制止偷电的运动。他在广告中打出"他们偷电，我们付钱"的口号。但他并没有坐等盗窃行为自行消失，而是采用了一种新颖的执法方式："羞辱客户"，即在报纸上刊登整版广告，列出偷电或欠费者的姓名和地址。不缴费的用户将被停电，城市地区根据缴费率被分为3类——优、次和差。这是一个非常有争议的举措，它对最贫穷、最"差"的地区打击最大。在这些地区，黑帮团伙控制着非法窃电线路。而那些大多数用户都缴纳了电费的地区被评为"优"，于是获得了更可靠的服务。

塔比什认为，重振公司的最后一招可以说是最难办到的，那就是裁撤臃肿的员工队伍。电力公司的员工们认为他们的工作是终身铁饭碗，公司内裙带关系、贿赂和贪腐盛行。一些司机和抄表员挣的比他们的经理还多。

塔比什拟订了裁员数千人的计划。他想解雇收受贿赂的员工，并通过培训计划和定期绩效评估来激励可靠的员工。

2010年新年前夜,他向4 500名员工发出了裁员通知,这些员工大多担任司机和保安等低级职位。他们每人可以得到大约1 500美元的遣散费——比平均年收入还多——塔比什给了他们两周的时间来接受这个报价。工会代表工人拒绝了这一提议。因此塔比什解雇了这4 500人,这是巴基斯坦历史上最大规模的解雇事件之一。

冲突随即爆发了。

2011年初,一个凉爽的日子,上午10点半,卡拉奇电力的人力资源主管阿西尔·曼苏尔正在总部办公室泡茶,一名保安慌慌张张向他跑来。[13]

"先生,外面聚集了一大群人。"保安说道。

虽然有着在百事可乐等跨国公司工作20年的经验,阿西尔对接下来的场面依然全无准备。由3 000名员工组成的愤怒人群正在公司外集结。

几分钟后,工人们开始暴动,向大楼投掷石块,抢劫汽车并放火焚烧。保安人员根本无法阻止抗议者闯入大楼。

人群涌入并劫持了人质。

经理们疯狂地呼救。一些警察赶了过来,但当他们到达现场时,却站在外面袖手旁观。下午1点左右,工会干部们开始发表讲话,煽动人们沮丧和绝望的情绪。

一名抗议者举着的标语牌上写道:"不要逼我们当人体炸弹。"

工会干部拿出地毯让抗议者坐下,并誓言在工人复职之前不会离开。抗议一直持续到周末。由于局面没有解决的迹象,政府决定进行干预。

在抗议活动的第四天深夜,电力部长拉贾·阿什拉夫宣布,被解雇的4 500名员工可以恢复工作。[14]第二天,他们返回了工作岗位。迎接返岗员工的却是一座铭记骚乱耻辱的纪念碑。一辆在抗议期间被烧毁的汽车被安置在总部外的基座上,上面挂着一条横幅,写着"我们永远不会忘记"。但争议并没有就此结束,塔比什一直专注于他的目标。在两天后的一次演讲中,他说裁员至关重要。

"剔除害群之马既是我们的权利,也是我们的责任。"他说道。

经理们告诉工人没有他们的位置,并拒绝分配任务。员工们再次走上街头,在卡拉奇新闻俱乐部外面绝食抗议。[15]抗议者关闭了两个电网站,劫持维修车辆,偷窃和破坏电缆。塔比什的家遭到枪击,当时他和妻子及两个年幼的孩子正在家中。

他向工人提出了更优厚的裁员补偿条件。这一次,他的提议获得了支持,一些工人同意离开。

负面新闻不断见诸报端。一篇题为《谁想成为卡拉奇电力公司的百万富翁?》的文章称,大多数新任命的人员属于统一民族运动党。[16]

这些新闻报道使人们认为,Abraaj 并没有肃清腐败,而是用自己的亲信取代其他人。

积极的变化正在发生。损失或被盗的电量急剧下降,半个城市(包括工业区)不再每天停电,1 000名员工因腐败问题被解雇。

卡拉奇电力在2012年6月公布财务报告时,员工人数已缩减至约1.1万人,公司也实现了17年来的首次盈利。[17]

这些改进让人们大吃一惊。Abraaj 实现了许多人认为不可能实现的目标。卡拉奇电力大体赢得了市民的尊重,政界人士开始谈论该公司，将它视为其他城市公用事业的榜样。稳步增长的利润引起了新的买家的兴趣。阿里夫这场堪称最大的赌博得到了回报。

这次成功的扭亏为盈还引起了两位哈佛大学教授的关注。在他们看来，这是一个绝佳的例子，证明了私募股权公司可以在创造利润的同时带来积极的社会变革——这与人们将私募股权公司视为掠夺成性的资产剥削者的普遍观点恰恰相反。

这两位教授，乔希·勒纳教授和阿西姆·赫瓦贾教授，撰写了一篇关于卡拉奇电力交易的热情洋溢的案例研究。这是哈佛大学商学院和肯尼迪政府学院合作的成果，文章以阿里夫典型的乐观声明开头。

"如果每个人都说，'见鬼去吧，办不到！'那其中应该蕴藏着巨大的机会。"

第六章

"阿拉伯之春"

2009年6月，奥巴马总统飞抵埃及，肩负着弥合美国与伊斯兰世界之间恶劣关系的使命。

阿里夫将在奥巴马总统的计划中扮演重要的角色。

美国已经在中东打了7年半的仗，在军事行动中倾泻了数十亿颗子弹，投入了数万亿美元。成千上万的美国人、伊拉克人和阿富汗人在战争中丧生。奥巴马想要尝试一种不同的方法。[1]他在拥挤混乱的开罗市中心的开罗大学发表了感人至深的演讲。当他用阿拉伯语"*salaam alaikum*"（"愿和平与你们同在"）问候听众时，数千名听众报以热烈的掌声。

奥巴马说："我们相聚在美国和伊斯兰世界关系剑拔弩张的时刻。2001年9月11日的袭击事件，以及极端分子对平民的持续暴力行为，使我们国家中的一些人认为，伊斯兰教不仅注定与美国和西方国家为敌，而且与人权为敌。所有这一切导致滋生了更多的恐惧和不信任。"

奥巴马又说："我来到这里，是要在美国和伊斯兰世界之间寻找一种以共同利益和相互尊重为基点的新开端——基于美国和伊斯兰教并不相互排斥、不必相互竞争的真情。"

西方和伊斯兰世界已互相争斗了数个世纪之久，从宗教战争、殖民战争、到冷战、伊拉克战争，再到以色列人和巴勒斯坦人之间无休止的仇恨，从未停歇。在巴以这场分裂世界的冲突中，美国按惯例还站在以色列一边，伊斯兰国家则支持巴勒斯坦人。

奥巴马在谈到巴以冲突时说："几十年来，一直存在着一种僵持局面：有着合理追求的两个民族，因各自的痛苦历史而使妥协可望而不可即。"

奥巴马给出了解决之道。促进创业可以解决以色列人和巴勒斯坦人之间乃至整个中东地区的冲突。他誓言要将美国的资金投资于该地区的公司，帮助这里的企业家和工人。

奥巴马说："在科学技术领域，我们将发起一项新的基金以支持穆斯林为主体的国家中的技术发展，帮助将创意投入市场。"

听众欢呼雀跃，齐声高呼总统的名字："奥巴马，奥巴马，奥巴马！"

奥巴马经济和平计划背后的理论，既深深植根于美国的外交政策，也植根于总统自己的家族史。奥巴马的母亲是一位人类学家，曾在巴基斯坦和印度尼西亚工作，为希望改善农场条件和创业的穷人提供小额、可负担贷款。这对奥巴马影响颇深。

至于其外交政策愿景的起源，则可追溯到美国在第二次世界大战后推出的"马歇尔计划"。该计划提出投资数十亿美元重建欧洲被摧毁的经济和基础设施。这一政策在冷战期间不断演变。20世纪 70 年代，美国成立了海外私人投资公司（简称 OPIC），将政府资金投资于全球各地的公司，以播撒财富，扩大美国的影响力。事实上，由于美国秉持亲市场、反共产主义的立场，其将投资公司作为外交政策的一环也变得再自然不过，甚至势在必行。

在奥巴马的开罗演讲之后，OPIC 制订了一项计划，将美国政府的资金引入中东公司，其目的是通过增加贸易和创造就业机会来应对极端主义。

恐怖主义正在该地区肆虐。奥巴马发表演讲几天后，一枚炸弹在巴格达一个市场的蔬菜车下爆炸，造成近 70 人死亡。暴力极端分子在伊拉克失业青年中聚集了大批追随者，他们后来组建了极端组织"伊斯兰国"。

奥巴马相信，更多的就业机会将给饱受战争蹂躏的国家中的人民带来一个和平的未来，资本主义是混乱的解药。但美国需要中东地区的专家来实施这些投资。因此，2009 年 10 月，OPIC 邀请活跃在该地区的投资公司来投标管理其资金。

当阿里夫获悉这一邀请时，他看到了成为美国合作伙伴的大好机会。当时，从美国政府获得资金的前景对阿里夫特别有吸引力，因为其他资金来源——如富有的中东投资者的金库——在金融危机后已经枯竭。

OPIC 希望将资金提供给专门支持小型初创公司的私募股权公司，但这并不是阿里夫的主要专业领域。为了增加赢得美国资金的机会，阿里夫收购了一家名为 Riyada Ventures（简称 Riyada）的约旦风险投资公司。OPIC 曾邀请该公司参与竞标。[2]

Riyada 的创始人卡尔杜恩·塔帕扎是互联网公司的首批阿拉伯

投资者之一。这位充满热情的年轻商人在安曼的家中创办了Riyada，该词在阿拉伯语中意为"创业"。在将Riyada出售给Abraaj之后，卡尔杜恩本想继续经营Riyada，但他遭到了阿里夫和汤姆·斯皮奇利的排挤。汤姆是一名英国律师，曾与阿里夫密切合作，颇有野心。阿里夫和汤姆努力为赢得OPIC的资金做宣传。他们游说美国政府官员，说服这些人拨出资金。他们用"既能赚钱，又能解决问题"这一引人入胜的论点巧妙地阐述了自己的主张。

2010年4月，奥巴马邀请阿里夫及其老朋友Aramex公司创始人法迪·甘杜尔以及其他250名穆斯林商界领袖参加在华盛顿举行的总统创业峰会。

从迪拜前往华盛顿的途中，阿里夫飞越了多个沙漠国家，在这些地方，他已经成为举足轻重的人物。Abraaj旗下的公司影响着数百万客户、数千名工人和数百名政客的生活。在阿联酋，无论是就读于GEMS连锁私立学校的儿童，还是乘坐廉价航空公司阿拉伯航空班机的乘客，都是Abraaj生意网络的一部分。在Tadawi连锁药店买药和乘坐国家航空服务公司飞机的沙特阿拉伯人也是如此。Abraaj在约旦拥有一家飞机维修公司，而在黎巴嫩则经营零售杂货店。

当这架飞往华盛顿的飞机飞过以色列和地中海时，阿里夫可以向北眺望土耳其，Abraaj在那里拥有阿奇巴登连锁私立医院；向南则可远眺埃及，购物者在Abraaj旗下的商店购买杂货和食糖，农民在那里购买化肥，病人在Abraaj旗下的公司接受医疗检查。

拥有众多公司——这些公司构成的网络向东可以一直延伸到巴基斯坦和印度的能源、金融和基础设施供应商——使阿里夫地位超然。他极有可能被认为是帮助奥巴马向中东企业家提供美国资金的最佳人选。

当阿里夫抵达华盛顿时,奥巴马与国务卿希拉里·克林顿以及商务部长骆家辉一道欢迎了他和其他客人。

在罗纳德·里根大厦共进晚餐时,奥巴马向这些来自遥远国度的访客表达了赞许,称他们是有远见卓识之人。

"我知道有些人问,鉴于我们如今面临的一大堆安全、政治和社会挑战,为什么要召开创业峰会?答案很简单,"总统说,"因为纵观历史,市场是世界上有史以来创造机会和帮助人们摆脱贫困的最强大力量。"

奥巴马说,每个人都希望过上有尊严的生活,接受教育,身体健康,不用行贿就能创业。而市场提供了一个实现梦想的机会,让人们可以把始于餐桌上或车库里的想法变成一项改变世界的新事业。总统说他在中东的投资计划正在成形,他从美国政府和其他投资者那里筹集了20亿美元。

奥巴马兴奋地谈到纳伊夫·阿尔-穆塔瓦,一位科威特漫画家,他创造了99个体现伊斯兰教智慧的人物。

"在他的漫画中,超人和蝙蝠侠就向他们的同类伸出了援手。我听说他们和我们一样,也在取得进展。"奥巴马如此说,引发了观众的一片笑声。

一种乐观的情绪在会场蔓延。总统让人们看到了一个充满理解与合作的新世界。轮到阿里夫发言时,美国国际开发署署长拉杰·沙阿介绍说,他是中东地区的主要推动者和影响者之一。

"感谢你的到来。"沙阿说。

阿里夫的演讲相比以往更多转向了政治方面。[3] 他来华盛顿是为了从希望带来变革的政府那里赢得资金，而通常情况下，他的演讲对象是希望获得利润的投资者。这次他没有夸耀自己的赚钱能力，而是强调自己如何创造了就业机会。他谈论的不是美元和迪拉姆，而是人口增长和失业问题：世界上三分之一的居民生活在 Abraaj 投资的地区；那里一半的人不到 25 岁；未来几十年将有 10 亿年轻人需要培训和工作；中东和北非需要一亿个新的就业机会，这么多机会才能阻止已经高企的失业率进一步攀升。

"这是人类历史上前所未有的创造就业机会的速度，"阿里夫说，"实现这一目标的唯一途径不是通过政府干预，也不是通过大型企业或国有企业来创造就业机会，而只能是通过创业。"

阿里夫说："这些年轻人想要更多。他们想要更多的消费品，更多生活中的美好事物。"

阿里夫描述了一个由企业而非政府改变世界的未来。阿里夫说，随着地区贸易的增长，西方殖民国家强加给中东的国家边界正在消失。他说，阿曼的一家肥皂制造商正在阿拉伯卫星电视频道上播放广告，并将其产品从叙利亚销往埃及。奥巴马寻求的是政治家和企业家之间的合作，而阿里夫走得更远。他说，商界领袖可以在没有政府干预的情况下独自解决这些问题。

阿里夫说："我们的当务之急不仅是为我们的股东服务，而且要为利益攸关者服务。我们的利益攸关者指的便是我们的社区——伊斯兰世界的大部分社区都没有自来水，也没有基本的医疗保健和卫生设施。"

随着中东公司变得更大、更强、更富有，阿里夫设想它们会将更多资金用于慈善事业，取代西方援助。他说，Abraaj 是一家有良心的公司，他会让他收购的每家公司每年都拨出数百万美元用于社会责任工作。

他承认："一家受利润驱动的私募股权公司说出这样一句话，听起来可能确实有点奇怪。"

听众对他的演讲青睐有加。奥巴马政府也是如此，并在 OPIC 峰会结束两个月后批准了对 Abraaj 的 1.5 亿美元投资。在美国试图通过促进商业来结束中东冲突的过程中，阿里夫正成为一个资金充足的盟友。

"我们很高兴与 Abraaj 资本合作，使奥巴马总统的承诺成为现实。"OPIC 首席执行官伊丽莎白·利特菲尔德当时如此表示。

美国政府对 Abraaj 进行了尽职调查，以查明该公司是否存在欺诈等问题。关于阿里夫早期资金来源可疑的传言甚嚣尘上，但从未得到证实。

阿里夫以其宏大愿景和热忱之心征服了 OPIC 的高管。他成了华盛顿的常客，那里的政府官员发现他热情、和蔼且敏锐。他的真诚、正直和对造福行善的承诺让官员们对他再无疑虑。

伊丽莎白·利特菲尔德说："在寻找一个愿意在巴基斯坦或阿富汗等外交政策实施起来举步维艰的重点地区投资的合作伙伴时，Abraaj 是一个看起来合乎逻辑的选择。其积极进取，随时待命，在困难的市场中依旧游刃有余。它无疑是这些地区最强大、最知名、最雄心勃勃的投资者之一。"

OPIC 承诺向 Abraaj 提供超过 5 亿美元的美国资金，并向该公司支付了数百万美元的费用。

阿里夫开始将这笔钱投资到中东一些最贫困的地区。在约旦河西岸的巴勒斯坦城镇埃里哈，他投资兴建了一个香草农场，贫困妇女在那里种植迷迭香、百里香、罗勒、薄荷和鼠尾草。阿里夫对约旦河畔的这个农业项目极为自豪，他认为这是发展巴勒斯坦贫困经济的一小步，但却是非常重要的一步。

"阿里夫喜欢香草生意，"负责监督这项投资的 Abraaj 公司巴勒斯坦籍高管法耶兹·侯赛尼说，"这个业务雇用了很多人。对此阿里夫会津津乐道'一位来自埃里哈的贫穷女士生产的东西，却能出现在迪拜的高档餐桌上'。阿里夫带了很多产品，并把它们送给迪拜富有的巴勒斯坦人，以展示他正在做的事。阿里夫曾经说过：'我是唯一会说乌尔都语的巴勒斯坦人。'他比许多巴勒斯坦人做得更多，投入巴勒斯坦项目中的资金也更多。"

阿里夫还投资了一家巴勒斯坦教育网络游戏制造商。

"我们有绝妙的构想，"侯赛尼说，"我们认为我们可以改变一些事情。"

阿里夫还成立了一个新的非营利组织——"我的未来基金会"。其将以在巴勒斯坦交易获得的利润资助当地贫困儿童。他害怕被人诟病为从那些急需帮助的人身上赚钱。对他来说，帮助缓解巴勒斯坦人和以色列人之间的紧张局势所带来的赞誉已经是足够的回报了。

"阿里夫说，我们不能从巴勒斯坦赚钱，"侯赛尼说，"对阿里夫来说，那些投资并不全是为了赚钱。"

阿里夫在世界经济论坛的一次活动中，当着巴勒斯坦裔王后拉尼娅和她的丈夫约旦国王侯赛因的面，宣布成立巴勒斯坦慈善机构。

以色列人和巴勒斯坦人之间的冲突一直是富豪和权贵们聚会时的热门话题，而对巴勒斯坦的投资让阿里夫在这些对话中占得先机。该论坛的创始人克劳斯·施瓦布希望自己能成为陷入困境的巴以和平进程的中间斡旋人。他曾在 1994 年和 2001 年的会议上促成巴勒斯坦领导人亚西尔·阿拉法特和以色列领导人西蒙·佩雷斯见面。阿里夫支持巴勒斯坦经济的努力帮助他赢得了施瓦布的好感。

· · ·

在华盛顿举办创业峰会的白宫官员敦促与会者在各自国家举办类似活动，而阿里夫对这一要求的重视程度无人能出其右。他宣布，Abraaj 将于 2010 年 11 月在迪拜主办一场名为"创业庆典"的大型活动。

为了宣传这次会议及其鼓吹的创业梦想，阿里夫要求卡尔杜恩和其他来自 Riyada 的新员工创建一个名为 Wamda 的网站。Wamda 在阿拉伯语中意为"闪光"，其设立目的是汇聚初创企业的创始人，展示该地区最优秀的人才。

Abraaj 的活动团队拥有 600 万美元的预算，他们在迪拜四处寻找场地。[4] 他们希望能在一个合适的地方举办他们所说的旨在吸引年轻企业家的"翻转会议"，但他们没有太多时间。经过一番疯狂的寻找，他们选中了一家五星级的酒店玛丽纳特·祖美拉酒店。但该酒店宴会厅沉闷古板的风格与他们想要的时髦氛围格格不入，因此他们试图将这个装饰考究、华丽的空间改建成类似工业仓库的场所。他们用仿制的波纹铁墙覆盖酒店，营造出一种前卫的感觉，还竖起了涂鸦板。会议的口号是"赋能、激励、连接"。

阿里夫与法迪密切合作，拟定了嘉宾名单。他们遍寻卡尔杜恩的联系人和自己的通讯录，寻找高知名度的演讲者。他们邀请了2 500人，其中包括巴基斯坦未来的总理伊姆兰·汗、埃及亿万富翁纳吉布·萨维里斯和美国国务院负责公共外交的副国务卿朱迪思·麦克黑尔。

会议期间，Abraaj的交易活动戛然而止。员工们开玩笑说，公司已经从一家投资公司变成了一家活动公司。他们从日常事务中解脱出来，承担起包括陪同重要嘉宾在内的其他职责。

会议第一天，阿里夫身着牛仔裤和海军夹克，打扮随意地现身。会议气氛让人联想到加利福尼亚的硅谷。这与记者们向西方人报道的中东场景——战争、自杀式爆炸和宗教纷争——大相径庭。

阿里夫在会上宣布了5项新投资。其中一项是对Teshkeel媒体集团的投资，该集团是纳伊夫·阿尔-穆塔瓦所在的公司。纳伊夫正是奥巴马在华盛顿夸赞的那名科威特漫画家。

"创业关乎成功。"阿里夫说。

会议举办了数百场研讨会和讲座，让与会者目不暇接。来自埃及、突尼斯、黎巴嫩、叙利亚和伊拉克的年轻企业家们终于有机会找到一干听众来聆听他们的想法和愿望。这无疑是奥巴马梦寐以求的。但是，曾在自家餐桌上创办了Riyada公司的卡尔杜恩却怀着沉重的心情参加了会议。他意识到，阿里夫盗用了他的远见、人脉和影响力，也知道自己在Abraaj的日子已经屈指可数了。他已经完成了自己的使命，而阿里夫却要弃他如敝屣。这位年轻的科技企业家感觉自己就像婚礼上的新郎，只是这段婚姻很快就要以离婚收场。

会议引发的兴奋感激起了人们的某种希望，创业热潮将以某种方式开创一种新的局面。穆斯塔法曾经的雇主、埃及亿万富翁纳吉布·萨维里斯在一次演讲中表达了对政治现状的不满。萨维里斯家族也曾与阿里夫做过交易。

"在阿拉伯世界，变革对您来说意味着什么？"会议期间，法迪在一次气氛热烈的采访中向纳吉布提问。

纳吉布回答说："如果在座的各位能推翻我们的政府，并由自己来领导，这就将是变革。"

观众发出了惊叹声、口哨声和表示赞许的掌声。

"那么，纳吉布，真正让你不满的是什么呢？"法迪回应道。他紧张地探究着纳吉布变革思想的更多细节。毕竟，迪拜是由王室治理的。

纳吉布说："所有这些邪恶势力、恐怖分子和各国境内的极端分子。我也为统治整个地区的这些人感到困扰。我真的很困扰。我的意思是，和整个世界比起来，我们显得非常愚蠢。我们在任何地方都没有自由选举。"

"国王活着，国王死了。总统上台，总统下台。这一切没有什么变化。因此，我要说的是，如果在座的所有年轻人都能发挥带头作用，提出好的创意，我们就能推动我们的国家向前。那么当我们看待欧洲时，我们的眼光将是俯瞰，而不是仰视。"[5]

纳吉布对政治现状进行了一次非同寻常的公开挑战。阿里夫正在利用金钱和商业的力量，改变中东地区人们的生活和工作方式，而现在这位埃及亿万富翁则以涉及政治革命的言论响应了他的号召。

阿里夫以一个即兴的募资环节结束了会议。他要求与会者们捐出 2.5 万美元来创建一只基金，用于指导新创业者。法迪和阿里夫一起上台，启动了募款程序，他们在一个小时内筹集了 50 万美元。[6]

这场演出给美国人留下了深刻印象。《华盛顿邮报》发表了一篇关于这次会议的热情洋溢的文章，将阿里夫和法迪描绘成在一个动荡地区播撒希望的种子的有远见的人。[7]

在华盛顿，国务院官员格雷格·贝尔曼将《华盛顿邮报》的这篇文章转给了希拉里·克林顿最亲密的助手之一安妮-玛丽·斯劳特。贝尔曼告诉她，美国政府可以助迪拜的变革力量一臂之力，同时也让自己收获声誉。

贝尔曼写道："活动组织者说，这'百分之百是创业峰会的产物'（他们都是当年峰会的参与者）。"他说，这是美国政府"领导、召集、塑造和促进地方领导人接过权力接力棒"的一个"绝佳例子"。[8]

斯劳特将这封邮件转发给了希拉里·克林顿，并加上了自己的留言。

"这里是一幅截然不同的中东图景，也是我们以不同的方式发挥领导作用的一个范例。"

阿里夫赢得了美国政府的认可。几个月后，美国国务院的一位官员在硅谷对他大加赞赏。[9]

"我在迪拜参加了一个由 Abraaj 资本赞助的创业大会，旁听了一些迄今为止令我印象最深刻的演讲，"朱迪思·麦克黑尔说，"我离开时确信，创业是该地区实现动态增长的有力工具。"

阿里夫利用他与美国政府日益密切的关系，招聘了一些重要的新员工。前美国联邦调查局（FBI）官员兼白宫官员普拉迪普·拉马穆尔蒂加入了该公司，他曾在奥巴马那振奋人心的开罗演讲的起草过程中帮过一点小忙。

奥巴马在加利福尼亚的西方学院的室友瓦希德·哈米德也加入了 Abraaj 资本。阿里夫在卡拉奇文法学校时就认识他。哈米德曾是百事可乐的高管，后来因健康状况不佳，想换一份工作。阿里夫非常乐意聘用他，此举既能为公司招揽一位经验丰富的高管，又有可能加强他与奥巴马总统的联系。

· · ·

就在迪拜举行的"创业庆典"大会结束几天后，阿拉伯世界便发生了动荡。这场动乱的导火索是贫困和失业——这正是奥巴马和阿里夫已经发现并希望解决的问题。但事实证明，他们的努力太少也太迟，无法阻止即将爆发的混乱局面。

2010 年 12 月 17 日上午，突尼斯街头小贩穆罕默德·布瓦吉吉推着一辆堆满水果和蔬菜的小推车穿过他的家乡西迪布济德。

布瓦吉吉借了大约 200 美元来购买这些农产品，并打算当天在街上卖掉，为家里挣点钱。但是警察没收了他的车并侮辱了他。布瓦吉吉对与警方的冲突深感不忿，所以他步行到州长办公室投诉。没人理睬他，甚至当他威胁要自焚时也没人听。

布瓦吉吉买了一罐汽油，站在路中间。

"你让我怎么谋生？"他喊道。

然后他把燃料倒在自己身上，点燃了。

3周后,他因伤势过重,不治身亡。

布瓦吉吉之死的新闻迅速在阿拉伯世界的互联网上传播开来,激起了西起摩洛哥、东至伊拉克的广大地区民众的愤怒。布瓦吉吉被视为烈士。这位年轻的街头小贩激发了抗议活动,活动最终愈演愈烈,掀起了"阿拉伯之春"的愤怒狂潮。普通民众和他一样感到沮丧,并将愤怒情绪指向他们的领导人。随着人群的聚集,突尼斯、埃及、也门和叙利亚的政权摇摇欲坠。

阿里夫认为,互联网是一种工具,可以让商业和企业家精神在整个中东地区发挥积极作用。但在年轻的政治活动家手中,互联网成了一股更加强大的力量。成千上万的抗议者涌上突尼斯首都、开罗和大马士革的街头。他们团结一致,希望能够迅速结束持续了数百年的腐败和压迫。

埃及总统胡斯尼·穆巴拉克在"创业庆典"活动后不到4个月就被赶下台,结束了长达30年的统治。

纳吉布·萨维里斯所号召的变革已经开始。"阿拉伯之春"将旧统治者赶下台,并播下希望的种子——希望自由而经济活跃的新社会能取代充满压迫的旧社会。但是,和平和福祉并没有接踵而来,混乱和暴力却大行其道。

阿拉伯城镇的混乱局面对阿里夫的商业利益构成了严重威胁。Abraaj在整个地区投资了数亿美元。在埃及,Abraaj拥有诊所、医院、一所大学和一家超市。在突尼斯,Abraaj拥有一家制药公司和一家保险公司。

这名街头小贩的惨死证明了阿里夫的观点,即必须解决贫困问题,才能为中东带来和平,但这也突显了实现这一目标有多么困难。

流入中东的投资枯竭了,但阿里夫仍在努力。布瓦吉吉自焚后不久,阿里夫就完成了 Abraaj 最大的交易之一,以超过 5 亿美元的价格收购了总部位于阿联酋的支付处理公司 Network International 的一半股权。

阿拉伯的动荡吓跑了西方投资者。阿里夫抓住机会,在他们逃离之际收购了他们的公司。一家法国资产管理公司也将其在北非的私募股权业务出售给了 Abraaj。

看来,即使是"阿拉伯之春"也无法阻挡阿里夫的脚步。在逆境中茁壮成长已成为阿里夫的一大特质。随着中东局势再次趋紧,阿里夫"通过创业取得进步"的理念似乎比以往任何时候都更具有吸引力。

2011 年 4 月 29 日,奥巴马总统下令逮捕本·拉登。同一天,一群美国学者和国家安全顾问在纽约大学全球事务中心举行会议,讨论巴基斯坦的未来。

学者们讨论了"9·11"恐怖袭击的主谋所藏身的国家未来可能出现的三种情况:激进、分裂或改革。两天后,奥巴马总统宣布美国士兵已经抓获并击毙了本·拉登。美国人走上街头欢呼庆祝。

为讨论巴基斯坦的未来而相聚的美国学者们在这场讨论的启发下撰写了一份报告。他们认为在巴基斯坦进行改革的最佳情景中,阿里夫将扮演核心角色。根据学者们的设想,到 2020 年,阿里夫将成为一个新温和政党的领袖,该政党将使巴基斯坦实现现代化。[10] 他在 Abraaj 取得的商业成功、无可挑剔的清白声誉、对慈善事业的贡献,以及在达沃斯和其他地方建立的人脉网,都是他胜任这一角色的不凡资历。

学者们写道:"他的背景合适、精力充沛、思想独到,辅以在教育和医疗保健领域的慈善工作,他迅速在全社会赢得了声誉。"

阿里夫声名大噪,人们对他的期望也水涨船高。他是美国政府在中东地区值得信赖的顾问,甚至被视为潜在的巴基斯坦未来领导人。

第七章

影响力投资

一场旨在消除贫困的会议开始于晚宴前的鸡尾酒会。

会议于 2007 年 10 月在塞贝洛尼别墅举行了 3 天。塞贝洛尼别墅是一座建于文艺复兴时期的宫殿，坐落在科莫湖畔的柏树和橄榄树之间，距离意大利与瑞士边境只有几公里。

慈善家和亿万富翁的代表乘船或驾车来到这座位于贝拉焦镇的别墅。这座美丽的湖边住宅属于洛克菲勒基金会。该基金会是由地球上曾经最富有的人之一创建的。20 世纪初，石油大亨约翰·D.洛克菲勒受到同为美国富豪的钢铁制造商安德鲁·卡内基的启发，创建了一个基金会，将自己的部分财富用于慈善事业。

卡内基在 1889 年发表的一篇名为《财富的福音》的文章中提炼出他的赚钱和花钱哲学。卡内基宣扬，让他得以致富的资本主义制度是人类最好的经济安排，但有一个令人深感不安的副作用：不平等。

卡内基在他的文章中写道："我们这个时代的问题是如何妥善管

理财富,使兄弟情谊仍能将富人和穷人和谐地联系在一起。"[1]

卡内基对金钱将社会划分为贫富两极的问题提出了解决方案。他宣称,一旦积累了财富,就应该把它捐出去,否则,"拥巨富而死者以耻辱终"。

在卡内基和洛克菲勒发迹一个世纪后,经济全球化已将人类编织成一个有着极端贫富差距的社会,其差距之悬殊甚至是美国第一批石油和钢铁寡头无法想象的。卡内基将美洲原住民苏族部落与工业社会进行了对比。他说,酋长的小屋与"最贫穷的勇士"的小屋几乎别无二致,但"百万富翁的宫殿与劳动者的茅屋"却有着云泥之别。卡内基写道,这些对比鲜明的住宅反映了"文明带来的变化"。

在21世纪,贫富差距得到了更详尽、更全面的衡量。2019年,全球2 153名亿万富翁的财富超过了最低46亿人的总和,全球最富有的22名男性拥有的财富超过了非洲所有妇女的财富。[2] 美国的人均年收入为65 118美元,相当于50个巴基斯坦人或129个阿富汗人的年收入。[3]

洛克菲勒基金会的管理者担心,仅靠慈善事业无法解决全球贫困问题。仅仅遵循卡内基的"福音"是不够的。慈善捐款和政府援助的问题在于,钱一旦捐出去就无法再利用,因此未来可用的资金就会减少。

亿万富翁或为其建言的顾问并不喜欢通过向政府缴纳更多税金来解决医疗和教育方面的贫困问题。他们想控制自己钱的具体花费去向,而不想把税款或重大决策权交给民选的政客。

洛克菲勒基金会不建议通过政府增加税收来消除贫困,它选择探索如何利用每天在金融市场流动的数万亿美元来实现这一点。但是，要使用这些资金，它们必须流向能够产生利润的项目。如果他们能够想出如何做到这一点，那么投资资本就可以从资金充裕的地方，比如美国最富裕城市的富人区，流向资金匮乏的地方，比如巴基斯坦和阿富汗。

使用投资资本而非捐款或政府援助的最大好处是，投资资本必须以利润或利息偿还，这样投资资本就可以反复使用。从扶贫的角度来看，投资资本的缺点是在极端贫困的地方很难达到产生利润或利息的要求。但洛克菲勒基金会认为这是可能的。根据慈善界经常使用的一个说法，其目标是授人以渔，而不是授人以鱼。

此次意大利聚会的目的是就如何实现这一目标达成一致。不同的团体正在各自探索如何利用资本解决社会和环境挑战。他们用不同的术语来描述自己的做法，如"社会创业""耐心资本主义""道德投资"。

洛克菲勒基金会发出邀请，以求群贤齐聚讨论所谓的"社会投资"市场。为数不多的名人受到了邀请，其中包括亿万富翁比尔·盖茨、杰夫·斯科尔以及普利兹克家族的代表。

组织者认为，越来越多的人开始接受以一种"利义并举"的方式进行投资，但仍有一个问题。大多数人认为，在"为利润而投资"和"捐钱行善"之间必须两者择其一。鱼与熊掌兼得的观点并没有被广泛接受。

科莫湖的波浪轻柔地拍打着贝拉焦的湖岸，富有的游客们在咖啡馆里啜饮着卡布奇诺，与此同时，扶贫会议的与会者们则讨论着如何真正做到既赚钱又行善。

此间他们遭遇的脑力挑战是艰巨的，因为他们要对抗的是现代经济的共识。"股东理论"自20世纪60年代被美国经济学家米尔顿·弗里德曼提出以来，就一直统治着西方资本主义。该理论认为，公司的唯一目的就是尽可能多地为股东赚钱。[4]

弗里德曼写道："企业有且只有一个社会责任——利用其资源，并从事旨在增加利润的活动。只要它遵守游戏规则，也就是说，在没有欺骗或欺诈的情况下参与公开和自由的竞争即可。"

股东理论只关注利润最大化。其问题在于，它使得投资者对世界上那些他们认为不可能赚到一分钱的广大地区视而不见。

在金融行业，非洲尤其被视为一个除了采矿业以外很难赚到钱的大陆。根据共识，非洲应该得到的是援助，而不是投资。但要解决非洲的经济问题，援助远远不够。对于非洲和其他地区的穷国来说，它们要想摆脱困境，就必须找到吸引投资资本的新途径。

意大利会议结束几天后，洛克菲勒基金会一位名叫安东尼·巴格-莱文的官员给与会者寄送了一封短笺，以纪念他们在湖边别墅做出的一项重要决定。

他写道："经过讨论，我们现在将这项工作称为'影响力投资'。'影响力'这个词含蓄地把握了贝拉焦所呈现的变革精神。"

对杨·亚迪伽罗格鲁来说，"影响力投资"一词标志着一种新的经营方式。他代表加拿大亿万富翁杰夫·斯科尔出席了这个会议。

他说："我们在2007年10月选择了这个词，直接导致了一场运动。"

但这次会议有一个关键的特点——没有穷人参加。这成了此类会议的一个经常受讽的现象。"影响力投资"在很大程度上是指"富人在讨论他们能为穷人做些什么"。这一运动在富人的基金会和与他们合作的银行中流行起来了。

2008年的金融危机极大地推动了"影响力投资"的发展。股市崩盘引发了人们对资本主义和弗里德曼"股东理论"的深刻批判。而且持批判态度的人不仅仅是聚集在纽约祖科蒂公园和伦敦圣保罗大教堂外发起"占领"抗议的学生们，金融业内部也开始对一味追求利润的做法感到不安。银行家、交易员、投资者和监管者做出的糟糕决定给数百万人带来了灾难性的影响，让他们失去了工作和家园。

这场惨重失败的运动波及范围之大，让一些资本家也开始接受新的理念。2010年，华尔街银行业巨头摩根大通公司与洛克菲勒基金会合作发表了一份研究报告，支持影响力投资。

摩根大通银行家尼克·奥多诺霍和他的团队在报告中写道："在一个政府资源和慈善捐款不足以解决全球性社会问题的世界里，影响力投资提供了一种新的选择。"[5]尼克及其团队声称，越来越多的投资者不再接受必须在"投资获利还是捐助社会事业"之间二选一的观念。

影响力投资向所有人承诺了他们所追求的一切。在投资获利的同时还可以帮助穷人，这一兼具诱惑力和包容性的思想大受欢迎。银行家们将其视为开发有利可图的新产品和新服务的机会，慈善机构则视其为筹集资金的途径。

影响力投资如同一个无所不包的教会组织，甚至连现实中的教会也被囊括其中。在罗马的梵蒂冈城，主教彼得·特克森对在金融市场上为贫困项目向投资者募集资金的想法很感兴趣。他开始讨论天主教会如何加入社会企业投资的行列。

特克森主教在梵蒂冈组织了有关影响力投资的会议，与会者包括天主教徒、新教徒、犹太人、穆斯林、投资者、银行家、牧师和援助工作者。辩论引人入胜。与会者努力突破几个世纪以来将金钱和道德相对立的伦理、知识和宗教界限。

来自英国的犹太裔私募基金先驱罗纳德·科恩爵士在梵蒂冈的影响力投资会议上说："那些认为行善与改善自身财务状况背道而驰的人是错的。"[6]

罗纳德爵士是美国、英国和其他多个国家政府的影响力投资顾问。他出生于埃及，1957年迁往英国，当时11岁。1956年，以色列、英国和法国试图从埃及手中夺取苏伊士运河的控制权，于是他的犹太家庭被迫离开。罗纳德爵士在牛津大学学习政治、哲学和经济学，成为牛津联盟辩论社的主席。在管理咨询公司麦肯锡工作一段时间之后，他创建了安佰深集团。该公司后来成为欧洲最大的私募股权公司之一。

罗纳德爵士颇有政治抱负，对包括减贫和促进巴以之间经济关系在内的诸多社会问题有着浓厚的兴趣。他是影响力投资运动的发起人之一，认为该运动将在几十年内成为一个价值万亿美元的产业。他敦促人们重新思考自己对金钱的态度，并认识到影响力投资可以像慈善捐赠一样造福社会。

罗纳德爵士在梵蒂冈会议上说，慈善的概念源于捐钱，因此明智投资以行善并赚取回报的想法似乎与慈善格格不入，但事实未必如此。

特克森仔细聆听了罗纳德爵士的发言，他发现自己对这位身家千万的私募股权投资者所说的大部分内容都深表赞同。特克森认为影响力投资是慈善事业和风险投资的结合，可以改变教会筹集和使用资金的方式。[7]

"我们需要转变依赖捐赠的范式，"特克森说，"需要重新思考传统的慈善理念。"

• • •

对阿里夫来说，影响力投资的兴起是他扩大自身影响力的又一个机会。他曾参与卡拉奇电力等项目，对巴基斯坦和埃及等贫穷人口众多的国家可谓了如指掌。这些都赋予了他独一无二的资质，而这正是大多数西方慈善家所欠缺的。

阿里夫与银行家和富人可以侃侃而谈，他们和他在一起时也感到颇为舒适，因为他说的是金钱的语言。他是一个不同寻常的人——他来自一个贫穷的国家，却拥有跻身西方商业精英阶层所需的教育背景和财富。

杰奎琳·诺沃格拉茨是阿里夫的早期支持者，并引导阿里夫进入影响力投资领域。她在银行和基金会都有很广泛的人脉。杰奎琳的职业生涯始于20世纪80年代的华尔街，当时她是一名银行家，后来她转到世界银行和联合国工作，探索如何为非洲穷人的企业提供资金。她也曾在洛克菲勒基金会工作，并参加过在梵蒂冈举办的影响力投资会议。

在访问卢旺达期间，杰奎琳发现一个贫困男孩身上穿着一件她多年前在美国捐给慈善机构的蓝色毛衣。受此启发，她开始投身于减贫工作，而不仅仅是让自己或客户致富。[8]那件毛衣上甚至还贴着她的名牌，这令她大受震撼，让她深刻地感受到世界上的每个人都是相互联系的。她觉得自己有必要基于这一领悟来开展行动。

2001年，洛克菲勒基金会资助杰奎琳创办了Acumen公司。她称这家公司是面向穷人的风险投资基金。她将投资于新兴市场的企业，并重点关注这些企业的社会影响，而不是财务回报。Acumen的投资项目包括埃塞俄比亚的养鸡场、哥伦比亚的可可农场和印度的医疗诊所。

阿里夫和杰奎琳发现，他们志趣相投、心灵相通。和阿里夫一样，杰奎琳也颇为擅长发表演讲以引起听众共鸣，而她的丈夫克里斯·安德森同样是这方面的专家，他正是TED（一个播放励志演讲的组织）的负责人。

阿里夫从他们夫妻那里学到了谈论投资的新方法，即将其作为新兴市场消除贫困的一种方式。这是一种既充满理性又不乏感性的语言，让阿里夫茅塞顿开。

2009年11月，阿里夫在Acumen年会上发表演讲，呼吁金融业的"同理心进化"。[9]这次在纽约鲁宾艺术博物馆的演讲证明他学得很快。同理心这个词在银行业和私募股权投资界很少被使用，它们常常被指责为无情的暴利行业。对阿里夫来说，金融界的"同理心"就是寻求帮助穷人的创新方法。杰奎琳对这个理念颇为喜爱。

掌握影响力投资的情感语言帮助阿里夫开辟了新的资金来源。他最大的收获是获得了一个特殊的西方政府组织管理的资金，该组织被称为"开发金融机构"。

诸如美国海外私人投资公司（OPIC）等开发金融机构希望了解投资如何帮助民众改善生活，而不仅仅是赚钱。阿里夫想成为它们的首选合作伙伴，但许多机构对他心存戒备。一些人对他早期交易的神秘资金来源的传言感到疑惑不安，是巴基斯坦政客资助了他吗？这些谣言萦绕不散，而阿里夫向这些机构筹集资金的唯一成功案例是 OPIC。

历史最为悠久、最受尊敬的开发金融机构当数英国政府的 CDC 集团，它可以说是此类机构的领头羊。CDC 于 1948 年由克莱门特·艾德礼领导的工党政府成立，当时名为殖民发展公司（Colonial Development Corp）。[10] 其使命是通过在发展中国家创造就业和繁荣，在不赔钱的情况下行善。殖民发展公司管理着广泛分布的企业集团，包括马来西亚的橡胶种植园、肯尼亚的茶叶农场、博茨瓦纳的养牛场和赞比亚的水泥厂。而当英国殖民地纷纷独立后，CDC 有了一个新名字——英联邦发展公司（Commonwealth Development Corp），不过缩写倒是没变。进入 21 世纪以后，CDC 继续通过投资新兴市场的私募基金履行其使命。该公司的领导者是一批薪酬丰厚的昔日银行家和私募基金高管，他们希望在退休前从事一份真正有意义的工作。

多年来，阿里夫一直在努力寻找一种方法，以解决 CDC 高管对投资 Abraaj 意兴阑珊的问题。杰奎琳和其他影响力投资者帮助他提炼了相关理念，但这还不够。

2011 年，通过迪拜的交易圈，一个意想不到的机会出现了。沙基尔·梅拉利当时正在迪拜一家酒店参加非洲投资会议。沙基尔是一名出生于肯尼亚的风险投资家，专门从事非洲投资。当时他正坐在台上与一位来自乌干达的政治家辩论，这时他意识到自己碰到了一点儿问题。对于一个经验丰富的会议发言人来说，他犯了一个新手犯的错误，在讨论开始前忘记先去上个厕所。

沙基尔假装要打一个紧急电话，站起身来，尽量保持体面地离开讲台，然后赶往最近的卫生间。摆脱了乌干达政客的纠缠后，他来到酒店露台上抽烟。他忘了带打火机，于是向附近一位吸烟客借了一个，而他们的谈话改变了 Abraaj 的命运。

沙基尔当时为欧瑞斯资本工作，这是一家总部位于伦敦的私募股权公司，CDC 正是该公司的主要投资者。沙基尔正试图出售在东非拥有的几家公司，而这位借打火机给他的新朋友优素福·巴济安说他可以帮忙。后者做了自我介绍，并解释说他是迪拜普华永道会计师事务所企业融资团队的负责人，负责为公司提供并购咨询。他觉得自己可能认识沙基尔公司的潜在买家。他们掐灭了烟头，交换了电话号码，然后回到了会场。

"我会给你打电话的。"优素福说。

几个月后，当沙基尔在迪拜一家高尔夫俱乐部参加慈善活动时，他的手机响了。

优素福说："我这里有些人需要你来见见。"说罢给了他 Abraaj 的办公室地址。

于是沙基尔来到迪拜金融区与汤姆·斯皮奇利会面。他提出将欧瑞斯在东非的公司出售给 Abraaj。汤姆认为这笔交易很有意义。Abraaj 没有在埃塞俄比亚、肯尼亚和坦桑尼亚投资的经验，但收购欧瑞斯的公司可以让 Abraaj 在该地区站稳脚跟。汤姆同意派一名 Abraaj 高管去考察这些公司。

当汤姆把讨论情况告诉阿里夫时,阿里夫所图更大——为什么不买下整个欧瑞斯呢?

· · ·

欧瑞斯由CDC及挪威政府的类似机构于2001年创立,其任务是通过投资亚洲、非洲和拉丁美洲的小型企业来减少贫困。公司在塞夫·韦蒂韦特皮莱的领导下迅速发展壮大,这是一个性格开朗、身材敦实的男人,同事们把他比作笑面佛。塞夫出生于斯里兰卡,11岁时前往英国就读于精英寄宿学校。后来,他进入著名的伦敦帝国理工学院学习。

塞夫于1996年开始了在CDC的投资生涯,他先在斯里兰卡工作,后来前往伦敦。他待人友善随和,还喜欢时不时淘气一下,这有时会给他带来麻烦,但却深受同事和投资者的喜爱。他并不总是循规蹈矩。他喜欢在下班后办公室清空时在办公桌前抽烟。当严厉的同事对此提出反对时,他就咯咯地笑。但在开朗的外表之下,他是一个充满干劲的人。塞夫的父母都是中产阶级。他的妻子梅纳卡是斯里兰卡人,家境富裕,她的父亲是一位重要的商人,曾在斯里兰卡首都科伦坡任市长。和阿里夫一样,塞夫也有富甲一方的强烈愿望。

欧瑞斯在从巴布亚新几内亚到秘鲁的偏远地区设有29个办事处,雇用了150名员工。该公司在塞夫的领导下取得了良好的业绩,向雇用数万人的企业投资了数亿美元,投资对象包括银行、养鸡场、酿酒厂、家具制造商、保险公司和乳制品厂,投资地包括津巴布韦、南非、危地马拉、印度和乌干达。

欧瑞斯还运营着一只小型医疗保健基金。这是第一只投资于非洲医院和诊所的基金，秉持着创造利润和显著改善极端贫困人口福祉的双重目标。盖茨基金会和世界银行旗下的国际金融公司是该基金的投资者。

欧瑞斯的成功让塞夫得以进入拉杰·拉贾拉特南的圈子，拉杰是斯里兰卡人，在纽约经营对冲基金帆船集团时赚了大钱。当塞夫看到拉杰的生活方式时，他心中艳羡不已，意欲效仿。随着时间的推移，同事们发现塞夫发生了变化，他越来越沉迷于个人财富的积累。

为了赚到大钱，塞夫需要拥有自己的公司。2008年，收购欧瑞斯的机会来了。塞夫和他的同事们必须找到足够的资金来收购CDC和挪威政府所持的股份。据塞夫的一位同事透露，塞夫从拉杰那里得到了一笔资金用于支付这笔交易，该交易于2008年完成。拉杰还投资了欧瑞斯的一只基金。

不到一年后，FBI特工逮捕了拉杰，他手戴镣铐的照片登上了世界各地的报纸。后来，他因证券欺诈被判处11年监禁。

在塞夫买下欧瑞斯控股权的3年时间里，事态发展并未如他所愿。由于投资者在全球金融危机之后纷纷撤出新兴市场，欧瑞斯在筹集新资金方面举步维艰，而运营全球办事处网络的成本又十分高。

于是塞夫开始与阿里夫洽谈将欧瑞斯出售给后者的事宜。塞夫需要得到投资者的批准才能与阿里夫达成交易，他于2011年飞往华盛顿，拜访了他的主要"金主"——世界银行。他解释说Abraaj是一家实力雄厚的公司，可以助欧瑞斯一臂之力。

尽管对Abraaj心存疑虑，世界银行还是勉强同意了这笔收购。[11]先前由于担心阿里夫最初的资金来路不明，该行多年来一直拒绝阿里夫的投资请求。

这笔交易对 Abraaj 来说也很有意义，因为收购欧瑞斯将使它从一家中东公司转变为一家真正的全球公司。要在世界各地进行投资，只有雇用对于在不同地区行商的微妙差别了如指掌的人才行，而欧瑞斯的员工知道如何与声音洪亮、自信满满的尼日利亚人打交道，也会与含蓄老练的埃塞俄比亚人谈判。他们深知，纽约最聪明的投资者到了布基纳法索的瓦加杜古，很可能就是最愚蠢的。

最重要的是，欧瑞斯为阿里夫提供了一份镶着金边的投资者名单，其中包括 CDC，以及挪威、德国、法国、荷兰和瑞典的类似政府基金，还有盖茨基金会和世界银行。

Abraaj 迫切需要新的资金来源，因为阿里夫曾经的中东投资者已经不愿意支持他了。一些中东投资者开始不信任阿里夫，而另一些投资者由于全球金融危机的影响而不再有资金投入他的基金，为 Abraaj 的第四只私募基金筹集 40 亿美元的尝试失败了。该基金花费了数年时间，才筹集到 16 亿美元。

2011 年夏天，塞夫和他的同事们在泰国的一个海滩度假胜地聚会，庆祝欧瑞斯成立 10 周年。他们讨论了与 Abraaj 合并的问题。塞夫安排了一次电话会议，与会者包括汤姆和穆斯塔法等 Abraaj 的高管，他们聚集在阿里夫位于牛津附近的乡间别墅里相谈甚欢。阿里夫邀请塞夫及其同事到迪拜继续谈判。

阿里夫的雄心壮志给塞夫留下了深刻印象，而德意志银行也是 Abraaj 的股东之一，这让他对该公司的专业性感到放心。塞夫认为，他和阿里夫联手可以打造一个投资巨头。

塞夫派了更多的员工去 Abraaj 总部。他的团队对在那里的所见大多颇为中意，并对阿里夫巧妙的营销手段和人格魅力印象深刻。

阿里夫于 2012 年 2 月同意收购欧瑞斯，这是一项具有变革意义的交易，为公司增加了 13 亿美元的资产。作为协议的一部分，塞夫获得了数百万美元的现金和 Abraaj 的股份。此次收购使 Abraaj 能够为那些希望通过一家公司进行全球投资的开发金融机构提供一站式服务。对阿里夫来说，这是改变游戏规则的一步棋。

然而两家公司之间的紧张关系很快开始显现。阿里夫希望员工对他绝对忠诚，他喜欢提醒他们这一点。相比之下，欧瑞斯以一种更注重合作的方式运行。由于该公司的政府背景，其员工已经学会把自己当作一个审慎的国家部门的一部分，而不是一家残酷无情的私募股权公司的一员。

为了庆祝这次合并，阿里夫在自己位于阿联酋山庄的豪宅里举办了一场聚会，承办人在布置井然的花园里摆下了宴席。所有员工都应邀畅谈了他们对新合作伙伴的感受。一位欧瑞斯的员工私下开玩笑说，他感觉自己像是加入了一个邪教组织。

大多数欧瑞斯员工在谈到合并时都不吝溢美之词。但最先与 Abraaj 接触的欧瑞斯员工沙基尔却在阿里夫的花园里拿起麦克风，凭借自己业余时间担任单口喜剧演员的经验，拿两家公司截然不同的文化开起了玩笑。

"做这笔交易时，我们真的很紧张，"沙基尔说，"在欧瑞斯，我们总是以协商一致的方式做事。在 Abraaj 也是这样吗？哦，是的，阿里夫醒来后会对着镜子问：'这是我今天想做的吗？如果镜子里的人说是，那我就这么做。'"

Abraaj 的员工都惊呆了。他们可从来不敢调侃阿里夫。

···

收购欧瑞斯为阿里夫打开了西方政府国库的大门。正如他所希望的那样，欧洲和其他地区的开发金融机构现在都有兴趣与他开展业务。

在伦敦的 CDC，高管们知道 Abraaj 和欧瑞斯的结合正在引发某种文化冲突。但 CDC 的高管们认为塞夫是他们的人，相信他有足够的能力约束阿里夫的过激行为，并按照他们所期望的方式管理他们的资金。CDC 同意投资 Abraaj 基金，其他开发金融机构则紧随其后。

在收购欧瑞斯后的一段时间，Abraaj 筹集了新的资金，用于收购南非、加纳、尼日利亚、越南、印度尼西亚、土耳其、哥伦比亚、秘鲁、墨西哥和其他地方的公司。Abraaj 从英国、法国、德国、瑞士、瑞典、荷兰和美国的开发金融机构筹集了数亿美元。OPIC 同意向卡拉奇电力公司提供 2.5 亿美元贷款。[12] 美国国际开发署承诺向巴基斯坦的 Abraaj 基金提供 2 400 万美元。[13] 所有这些政府机构投资 Abraaj 的决定都是对其认可的重要标志，同时也加强了阿里夫与西方世界政治人物的联系。

更多有权有势者开始相信阿里夫。如果连西方政府都信任他，那么其他人为什么还要怀疑他呢？就在收购欧瑞斯的几个月后，时任联合国秘书长潘基文任命阿里夫为联合国全球契约组织理事会成员，这是一个由商界领袖组成的团体，他们为潘基文建言献策。[14] 联合国全球契约组织的副主席是荷兰皇家壳牌石油公司前董事长马克·穆迪·斯图尔特爵士。阿里夫对新兴市场的专业知识和他投身慈善的努力给马克爵士留下了深刻印象。

2012年9月,阿里夫斥资50多万美元赞助了与联合国大会同时举行的"克林顿全球倡议"会议,此举使他的知名度更上一层楼。[15] 在克林顿会议上,阿里夫在一个小组讨论会上就如何做到"利义并举"发表了演讲。《时代》杂志总编辑理查德·斯坦格尔主持了小组讨论。几天后,比尔·克林顿投桃报李,在Abraaj的一次会议上向阿里夫的投资者发表了讲话。

阿里夫对自己不断扩大的影响力范围陶醉不已。他在伦敦政治经济学院对学生发表演讲时,曾夸耀自己的财富如何改变人们对他的态度。他提到,大约30年前,当他就读于该校时,曾因在公共休息室吸烟而遭到训斥。在回校捐赠一大笔钱后,他还特意询问一位学者是否可以在晚宴上吸烟。

他说他得到的答复是:"当然可以"。

• • •

阿里夫在公司内外夸夸其谈,宣扬他对影响力投资的热情。他演讲的重点越来越多地从赚钱转向行善。

他说:"我的愿景是,向Abraaj资本的每一位员工,以及我们投资组合中所有公司的员工,传播一种给予的文化。"

他的慈善捐赠越来越引人注目。他斥资数百万美元为巴基斯坦学生提供奖学金,供他们就读于大西洋书院。这是联合世界书院中的一家,而联合世界书院是一家致力于推广多元文化价值观的连锁私立学校。他还在开罗的美国大学资助私募股权教授职位。

阿里夫宣称自己肩负着崇高的使命，这有助于他的公司吸引更多知名人士。萨拉·亚历山大是新兴市场私募股权协会的首席执行官。该协会是一个颇有影响力的游说团体，其总部设在华盛顿。她相信阿里夫利义并举的愿景，而且她是私募股权投资界的知名人士，这份信任让阿里夫的可信度也水涨船高。她的人脉非常广泛，她的丈夫就在 OPIC 工作。

Abraaj 现在声称自己已是全球最大的新兴市场私募股权公司。公司不断扩大的规模和阿里夫高调的慈善事业相得益彰，使他开始赢得诸多赞誉。2013 年 5 月，他飞往挪威接受商业促和平奖。[16] 颁奖仪式在颁发诺贝尔和平奖的奥斯陆市政厅举行，评委是曾获得诺贝尔和平奖和诺贝尔经济学奖的一群人。他们对阿里夫的介绍简直极尽溢美之词。

"阿里夫·纳克维，你正在颠覆世界，"一位年轻的女士宣布，"阿里夫·纳克维提倡透明度、问责制和可持续性，而在这个世界上，企业往往花费大量资源去做相反的事。"

对于东道主挪威人来说，阿里夫战胜了米尔顿·弗里德曼的利润最大化股东价值理论，他是影响力投资者的完美典范。

"他指出，利益相关者的价值必须与股东价值持平，甚至超越后者，"主持人陈述道，"这是一个强有力的观点，但在商界却并非主流，因为在商业世界中，股东利益往往被认为必须压倒一切。"

阿里夫站在台上，手中硕大的奖杯的重量让他颇有些吃力。挪威电视台主持人埃纳尔·伦德傲慢地问他，这笔巨额奖金会对他的行为产生什么影响，阿里夫给出了一个标准的、尖锐的回答。

他说："我明天要去上班，做和今天一样的事情。"

现在，对他的认可纷至沓来。每得到一次新的公众认可，阿里夫个人的价值也随之上升。他显然进入一个不断获得认可和扩大影响力的良性循环中。

2014年11月，阿里夫飞往纽约参加一个盛大的颁奖晚宴。当晚的东道主是一个名为Endeavor的组织。该组织由媒体大亨、华纳音乐集团前任总裁、亿万富翁埃德加·布朗夫曼担任主席。

Endeavor是由琳达·罗滕贝格创立的，她毕业于哈佛大学，是一位富有魅力的活动家，致力于在发展中国家促进商业发展。[17] 她有时被称为"企业家的耳语者"，她的目标是将新兴市场的年轻商人与他们实现蓬勃发展所需的资本和导师联系起来。阿里夫允许Endeavor免费使用Abraaj的办公室，这样该组织就可以在中东、非洲和亚洲其他地区拓展业务。他赞助了Endeavor的活动，并让Abraaj的员工充当导师。他还向Endeavor基金投资了100多万美元。

作为该组织的董事会成员，阿里夫有机会接触到埃德加·布朗夫曼和领英创始人、亿万富翁里德·霍夫曼。当阿里夫发言时，美国的亿万富翁往往会用心倾听，因为他来自一个他们想要了解的发展中国家。

颁奖典礼在曼哈顿的老鲍里储蓄银行闪闪发光的吊灯下举行。布朗夫曼身着燕尾服，举手投足间散发着来自加拿大最富有家族之一的风范，他向数百名纽约社交界人士介绍阿里夫，称他是一位有远见卓识的人。这一幕，当年的洛克菲勒和卡内基一定会觉得似曾相识。

布朗夫曼说："阿里夫是一个能够做好事情的人，他深知生意做得好就意味着行善,这样的人越来越少了。阿里夫是那种会让人回想起伟大的慈善家时代的人,他认识到财富越大、责任越大。"[18]

布朗夫曼向观众讲述了阿里夫是如何创建 Abraaj 资本与和平基金会的,他称赞了阿里夫"令人震惊的"慷慨。阿里夫在热烈的掌声中走上舞台。布朗夫曼像对待一个挚友一样拥抱了他,两人一起摆姿势合影。然后,阿里夫从容不迫地接过麦克风。他以轻松愉快的方式开场,感谢布朗夫曼对他的盛赞。

"如果我事先知道他会说这些话,我就不会来了。"

然后他语调一转,变得严肃起来。

"我们生活在一个日益不平等的世界,"阿里夫说,"因此,对于我们这些享有特权的人来说,我们实际上有责任对此加以改变。作为负责任的全球公民,这是当务之急,而不是一个选项。"

"作为一家企业,Abraaj 已经为我们的公益事业捐赠了近 1 亿美元。我们的员工累计投入 1 万~1.2 万个小时来指导人们参与社区活动。"

阿里夫应和了马丁·路德·金关于给予的重要性的讲话。

"我确实有一个梦想,"他说,"我的梦想是,不仅我们会如此行事,而且坐落在这座城市乃至全世界的私募股权行业巨头也开始这样做。这样,我们将一呼百应。"

台下人群报以热烈的掌声。也许阿里夫的投资规模并不是世界上最大的,但他传递的理念和树立的榜样却非同小可。

阿里夫总结道:"如果你认为自己太渺小,无法产生影响,试着去和蚊子相伴入眠就会明白的。"

他走下舞台,法迪和其他朋友上前祝贺。他们喝着鸡尾酒和香槟，布朗夫曼的女儿、社交名媛汉娜在现场担任 DJ 调音。活动一直持续到深夜。

"我想，现在你们可以看出我们今晚表彰的是一位多么特别和慷慨的人，"布朗夫曼对客人们说道，"他是绅士中的绅士，一个温文尔雅、关心他人且富有同情心的人。"

第八章

"Abraaj 是一个邪教组织"

这位年轻的印度分析师顺从地走向阿里夫,而阿里夫正站在迪拜首都俱乐部屋顶酒吧的一群Abraaj员工中间,咧着嘴朝他喊话。

"把衬衫脱了,"阿里夫对他吼道,"脱掉你的衬衫。"

这家酒吧离Abraaj位于迪拜国际金融中心的总部不远,周围环绕着灯火通明的摩天大楼。在Abraaj工作就像是身处迪拜的生活脉动中心。在那个夜晚,人们喝酒作乐,阿里夫则用一种乖张的方式霸凌自己的雇员,以考验其忠诚。

这名员工非常害羞,身材瘦小。他要么不愿,要么不敢直视阿里夫的眼睛。阿里夫把他的谦逊当成软弱,而当阿里夫看到人们的软弱时,他就会设法羞辱或利用他们。这名员工脱下了衬衫,上身只穿着一件背心站在阿里夫和他的男女同事面前。他们都在嘲笑他。在大多数公司里,阿里夫的这种行为会让阿里夫被解雇,但在Abraaj,没人能阻止这位负责人。

阿里夫说:"脱掉你的背心。"

那名员工照做了，露出了他瘦削的躯干。

阿里夫拿起这名员工的背心、衬衫和领带，从阳台边缘扔了出去，任它们飘落在金融中心外的地面上。阿里夫觉得这非常有趣。他没有表现出任何同理心，而同理心正是他所大力推崇的罕见品质。

这名员工半裸着穿过金融中心，走过目不转睛盯着他的保安和阿里夫花钱购买的艺术陈设，去取他的衣服。他一直没找到领带。他回到酒吧，短暂地待了一会儿，表示自己并不生气，然后就离开了。不久他就辞职了。

像这样滥用权力，如同校园欺凌的情况屡见不鲜。在一家餐厅里，阿里夫将一杯水泼在公司律师的头上。这位律师是个健身爱好者，如果真打起来，他肯定可以把阿里夫打倒在地。但他没有对泼水做出任何反应，因为阿里夫凭借自己的地位和关系权势熏天，报复他的风险太大了。

阿里夫经常说自己是行为楷模，他遇到的大多数亿万富翁、记者和学者都没有识破他的谎言。因为，尽管阿里夫言行不一，但他却投入数百万美元大肆宣传，让人们相信他确实言行一致。他声称Abraaj是新兴市场公司的指路明灯，为此，他支持了"珍珠倡议"。这是一个由联合国支持的项目，旨在改善中东地区的公司治理。让人们相信Abraaj是一家独一无二的世界级公司，对阿里夫的战略至关重要。因为只要某家公司被Abraaj收购，其价值就会增加数百万美元，所以Abraaj应该是高标准的代名词。员工们被灌输了对企业卓越理念的信念。他们随身携带手册，用于时刻提醒自己恪守道德操守。

阿里夫创建了新的系统来监控所投资公司的治理水平，他加入了联合国责任投资原则等绩效项目，该项目给了Abraaj最高评级。

他任命了哈佛大学教授乔希·勒纳、巴基斯坦前总理肖卡特·阿齐兹、瑞士亿万富翁托马斯·施密德海因、英国安全专家约翰·奇普曼和世界经济论坛创始人的顾问肖恩·克利里等人担任董事和顾问，负责监管Abraaj。

阿里夫付费给董事会成员，让他们每年开4次会。他们的职责包括批准阿里夫的薪酬，但他们对公司的财务或内部运作知之甚少，也不会过问太多。因此，就像圣诞树上的花哨饰品一样，董事们的作用主要是让外人目不暇接。他们的存在向外界传递了一个信息：Abraaj人脉广泛，管理也一定很好。

但是，再多令人印象深刻的顾问、光鲜亮丽的宣传册或公司治理守则，也无法掩盖每天在Abraaj内部工作的人所面对的现实。在他们看来，Abraaj是一个邪教组织，而不是一家公司，阿里夫就是他们的"神"。

阿里夫用一系列令人眼花缭乱的把戏和捉摸不定的心理特征影响着他的追随者。他将慷慨与魅力，挑衅与羞辱，以及神秘感与情感勒索结合在一起。他用晋升和奖金来奖励顺从他意愿的员工，而对任何敢于质疑他的人都会报以雷霆之怒。他曾威胁一名女员工，要把她从摩天大楼扔下去。还有一次在乘坐私人飞机从巴黎起飞后，他和空姐起了争执，因为飞机上提供的食物偏法式，这一纠纷让Abraaj的秘书们颇感为难。

一位秘书在给同事的信中写道："我真是受够了阿里夫。他发脾气说航班上的食物偏法式（这叫什么事，他上一秒还在巴黎呢）。

他真是孩子气。我正在给他写邮件,让他闭上臭嘴。"

"哦,天啊……深呼吸,队友!别草率……如果他在这个世界上唯一的麻烦就是食物太法式,那么他确实有严重的问题。他在搞什么!"她的同事回应道。

"我就说他有问题吧?我其实不会真的发这封邮件。这只是会让我的感觉好受一些。"秘书写道。

"好姑娘。把它发给我,假装我是阿里夫。如果这样能让你好受点的话。"

"哈哈,我们来玩角色扮演好吗?尽情飙脏话吧,宝贝!"

一天早上,一个资历较浅的员工在电梯里撞到了阿里夫。他快要迟到了,因为他周末工作累得筋疲力尽。阿里夫很生气,因为这个时间员工还没到自己的办公桌前工作。为了给这名员工一个教训,他威胁要羞辱他,让他站在办公室中央的椅子上。

阿里夫专横而复杂的个性使 Abraaj 成为一个充满矛盾的工作场所。他口口声声说自己热爱民主,但他的员工体验到的却是独断专行。他号称珍视 Abraaj 透明的工作氛围,甚至设立了举报热线,但员工们开玩笑说,如果真有人打电话举报不法行为,阿里夫的妹夫瓦卡尔就会接听电话并立即通知阿里夫。这里没有比阿里夫更高的权威了。他时而魅力十足,时而令人生畏,时而鼓舞人心,时而又充斥着嫉妒和控制欲。

被他迷得五迷三道的员工们会听他一连几个小时滔滔不绝地讲述他们在全球经济中的宏伟目标。有十几名员工称阿里夫患有自恋型人格障碍。一些员工则认为阿里夫表现出了"黑暗三合一"的人格特征——自恋、心理变态和马基雅维利主义的结合体。

他先是用欺凌的方式摧毁员工的信心，再用赞美的方式让他们重新振作起来，然后用新的侮辱方式再次击垮他们。一位曾在战场上英勇作战并获得奖章的军官在一次求职面试中被阿里夫深深打动和吸引，于是决定加入 Abraaj 与他密切合作。这位退役军人对他即将开始的新冒险事业感到兴奋不已，但他在迪拜上班的第一天，阿里夫行为举止就很奇怪，似乎变了一个人。阿里夫对他不理不睬，连续几周拒绝和他说话。这让这位新员工感到困惑和迷茫。而当阿里夫终于开口说话时，却是在侮辱他。

这位退役军人准备了一份关于 Abraaj 的介绍，其中提到了"合伙资本"，阿里夫喜欢在公开场合用这个词来形容私募股权投资。可阿里夫把这个报告贬得一文不值。他说，"合伙资本"只是他对公司以外的人说的一个词，不应该太当真。这位退役军人大失所望。在军队里，说一套做一套可能是致命的，但在 Abraaj，这已司空见惯。

阿里夫给这名退役军人施加的心理压力使他觉得在 Abraaj 的工作比遭受枪击或轰炸更加痛苦。在战场上，士兵们依靠战友间的情谊和值得信赖的领导者的明确命令来保全性命。而在 Abraaj，每个人都只为自己着想。你无法在这里信任任何人，因为背后捅刀子的事情层出不穷，工作的主要目标似乎就是取悦阿里夫和获得奖金。

被阿里夫搞得动摇不定的不是只有这名退役军人。有一年，阿里夫当着数百名员工的面，出人意料地提拔了一批初级员工担任高级职位。他们的职级跳过了中层管理人员，这让后者只能生闷气。更令人惊讶的是，阿里夫宣布为秘书们发放特别分红。

第八章　"Abraaj 是一个邪教组织"　123

一名前员工说："阿里夫就像一个国王，时不时给乞讨的农民施一些小恩小惠，比如提拔那些不在晋升名单上的人，或者当着所有人的面加倍提拔他们。"

这种让人捉摸不透的心理游戏是有目的的，它增强了阿里夫的控制力。阿里夫聘请了美国商业顾问弗利普·弗利彭对高管进行行为测试，测试结果为阿里夫提供了对其高管团队深刻的个人分析，而阿里夫本人从未接受过测试。

还有一位前员工说："阿里夫掌握了人们的弱点，无论是在经济方面、性方面，还是单纯的自尊方面。"

对员工的粗暴对待并不限于高级管理人员，也波及家庭佣人。阿里夫在伦敦的寓所雇了一位名叫特里的英国管家。Abraaj 的一名高管在访问阿里夫位于南肯辛顿的家时，曾目睹了阿里夫是如何对待特里的。

"特里！特里！"阿里夫在摆满书架的客厅里喊道，当时那名高管就坐在客厅里。特里穿着深色西装和条纹长裤走进了房间。

"来杯卡布奇诺。"阿里夫说。

"好的，纳克维先生。"特里答道。

当特里端着咖啡回来时，阿里夫凝视着这位做客的 Abraaj 白人高管的眼睛，解释了事情的原委。阿里夫说，特里是一个为阿里夫工作的白人。特里站在他身边，等待他的下一个命令，对阿里夫描述的他们之间的关系无动于衷。

特里离开客厅时，阿里夫说他可以让特里做任何他想让特里做的事，即使阿里夫是棕色皮肤，而特里是白色皮肤。他说，雇用特里真的对他意义重大，因为当他在卡拉奇长大时，人们做梦也不会想到让一个白人当仆人。

这名 Abraaj 的白人高管对此感觉如坐针毡。阿里夫一生中确实多次遭受种族主义的歧视，但这并不能证明他如此谈论特里就是正当的。相反，这名高管认为，阿里夫作为一名在英国求学、在沙特阿拉伯和阿联酋居住的过来人，他自己既然饱受种族主义的伤害，便理应对此更加感同身受。

对阿里夫来说，巴基斯坦人与其他国民相比，相对地位较低，这是一个令他沮丧的现实。这种根深蒂固的不公平是真实存在的，从巴基斯坦护照的地位上就能看出来。持巴基斯坦护照可以免签进入 32 个国家，这个数量不到美国和英国护照持有者可免签进入的 185 个国家的五分之一。[1] 特别是在 2001 年 9 月 11 日恐怖袭击事件之后，阿里夫在机场入境处多次被挡在门外，而白人同事则被挥手放行。也许阿里夫在这个世界上经历的不平等解释了为什么他在 Abraaj 如此专横。公司是他的领地，他是这里的规则制定者。

阿里夫会长时间不眠不休地工作，经常在午夜过后仍在办公室加班，一边喝着考夫曼俄罗斯伏特加或一大杯麦卡伦单一麦芽苏格兰威士忌，一边抽着万宝路香烟。高管们习惯了在日出前的几个小时被叫去参加计划外的会议，并在他的办公室外等候被他召见。

阿里夫密切监视员工，收集他们的信息。他会派管家在深夜到办公室查看谁在工作。那些还在辛苦工作的员工有时会被邀请到首都俱乐部与阿里夫一起拼酒。阿里夫曾向一名基层职员提出，如果他能比阿里夫喝得更多，就给他 5 000 美元。但这名职员拒绝了，因为他还有工作要做。

第八章 "Abraaj 是一个邪教组织"

"别像个娘们儿。"阿里夫对他说。

阿里夫经常熬夜和早起,这让同事们惊讶不已。他希望同事们能像他一样努力工作,但即使是年龄只有他一半的同事也很难跟上他的节奏。

"这家伙可以在凌晨两三点喝半瓶威士忌,然后在早上九点精神抖擞地发表演讲,"他的一个团队成员说,"他希望人们都能按照他的节奏工作,但问题是,他是那个独揽钱财的人。"

阿里夫也会做出慷慨的举动,以此激发员工的忠诚。

马泰奥·斯特法尼利在迪拜进行铁人三项训练时,从自行车上摔了下来。这位来自意大利的 Abraaj 高管当时伸出手臂试图阻止自己摔倒,但冲击力使他的尺骨脱位,桡骨碎裂,就像一根面包棒撞到了墙上。疼痛简直无法想象。马泰奥扔下自行车,打车去了最近的医院。一位叙利亚外科医生说,他的手臂必须截肢。被注射了大量毒品的马泰奥绝望地向同事寻求帮助。负责土耳其业务的主管告诉他立即乘飞机去伊斯坦布尔,Abraaj 在那里有一家医院,聘请了一位专门治疗骨折的美国外科医生。

当天飞往土耳其的最后一架商用飞机已经起飞,一位私人飞机驾驶员同意收取 2.5 万美元的报酬接送马泰奥。马泰奥没有这么多钱,于是他打电话给 Abraaj 的一位高管请求借钱,他知道 Abraaj 的保险箱里存放着大量现金。最后,这位高管带着一个塞满钱的手提箱到机场和马泰奥碰面。

马泰奥当晚飞往土耳其。手术很成功。一个月后,他回到迪拜去见阿里夫,要求阿里夫从工资中扣除自己欠下的机票钱。

"啊,那没什么,"阿里夫说,"我们是一个大家庭。我们会为彼此伸出援手。"

与许多邪教领袖一样，阿里夫经常称其追随者为家人。他告诉员工自己是他们的兄长，并坚称自己以他们的利益为重。

从某种程度来说，Abraaj 确实是一个"大家庭"，因为阿里夫的两个儿子、妹夫、堂兄弟和侄甥辈都在那里工作。和平基金会则由阿里夫与他的妻子、儿子、儿媳以及他的姐妹们共同监管。随着时间的推移，纳克维家族和 Abraaj 之间的分界越发模糊。当阿里夫的父亲去世时，数十名员工从迪拜赶到伦敦西北部，参加在一座绿色山丘上的墓地举行的葬礼。

阿里夫和法耶扎经常在他们位于阿联酋山的豪宅里招待 Abraaj 的员工。高管们欣赏着他们收集的美丽的细密画，吃着一盘盘辛辣的拉合尔烤肉串，喝着价值 2 000 美元的柏图斯红酒。喝多了的客人有时会不小心跌入内院潺潺流淌的精妙水道中，引来哄堂大笑。

受到重用的高管可以使用阿里夫在伦敦和巴基斯坦北部山区的房产，以及他在地中海上的一艘游艇。

夏天，阿里夫邀请人们到他在牛津郡的庄园里举行板球比赛。阿里夫的庄园里有一个运动场和俱乐部会所。这栋房子位于典型的英国乡村伍顿，坐落在一条林荫小道上，附近有教堂和酒吧。公司高管们与众多社会名流，比如板球明星伊姆兰·汗和伊恩·博塔姆打成一片。

裙带关系在 Abraaj 司空见惯。马来西亚总理纳吉布·拉扎克的儿子、被监禁的斯里兰卡对冲基金大亨拉杰·拉贾拉特南的女儿、约旦国王的侄子以及约翰·克里的一位亲戚，都曾在 Abraaj 工作过。纳吉布在马来西亚卷入大规模金融丑闻后不久，他的儿子就离职了。

阿里夫兴高采烈地宣称，他的年轻员工们与外界联系紧密，比他更早了解到重要的政治和经济动态。他把这个太子党人脉网称为"Abraaj 电台"。有些年轻后辈已经非常富有，他们开的车比老板的还贵。刚从大学毕业的员工开着法拉利或保时捷来上班也是常有的事。这些享有特权的年轻员工的出现，更平添了在 Abraaj 工作的诱惑力。

这家公司因过度铺张而臭名昭著。每逢周四和周五晚上，位于城市赛马场屋顶的白色迪拜俱乐部都会挤满挥金如土的 Abraaj 员工。Abraaj 的名号在这座城市掷地有声，它是一张让你远离麻烦的名片。曾有一名 Abraaj 员工在夜总会酗酒时与人发生争执，当他报出自己的工作地点后，纠纷立时结束，他的对手当即认怂道歉。

· · ·

阿里夫花费数百万美元在迪拜棕榈岛上的豪华酒店举行了为期一周的外出会议，并包下夜总会和餐厅招待员工。他怂恿员工纵情饮酒，分享隐私，保镖则将喝到不省人事的同事抬走。一些员工被饮酒压力逼得哭出来。这类聚会助长了高管和秘书之间的不正当关系。一名员工形容外出会议为"性爱狂欢"。一位秘书说，在 Abraaj 的一次活动中，她与另一位女同事和一位男高管在酒店房间里玩了一夜的"3P"。

"我正被一个变态纠缠不休，"在另一位高管向她求欢后，她写信给一位朋友,"字面意思,不是隐喻。他直截了当地告诉我他是一个非常下流的人,他认为我们是一路人,还问我们什么时候可以见面。我的生活到底怎么了?"

在一家酒店的一次深夜聚会上,阿里夫邀请一小群员工一起喝酒。当谈到他去世的父亲时,他当着他们的面泪流满面。他鼓励其他人敞开心扉,分享他们的个人故事。一个人谈到了自己艰难的离婚经历。气氛变得富有感染性,更多的人开始哭泣。

后来,一名员工发现了阿里夫的聚会计划。笔记中就包括阿里夫准备敞开心扉、分享感受的时刻。这种展示自身脆弱一面的行为,实则是由一位表演大师精心策划的。

情感操纵是他最喜欢使用的伎俩。如果阿里夫觉得别人欠他的,他就会毫不犹豫地提醒对方。当一名在迪拜工作的员工拒绝被调到非洲办事处时,阿里夫便以此对他发难。

"你是怎么得到这份工作的?"阿里夫问道。

"我申请了,并被录取了。"该员工回答说。

"我给你这份工作是因为你的家人,"阿里夫说,"我认识你叔叔。"

员工们极力讨好阿里夫,因为这是升职加薪的必经之路。最忠诚的员工会被选中,为阿里夫的执行小组(简称CXT)工作。该小组由阿努沙·艾哈迈德领导。她是卡拉奇文法学校的毕业生,阿里夫对她就像对女儿一样。一名员工将这个工作热情的小团队比作圣战分子。他们对阿里夫唯命是从,经常与其他员工产生龃龉。

在阿里夫掌握的所有控制手段中,金钱是最有力的。

他懂得收买人心。

私募股权公司的高管们每年赚取数十万甚至数百万美元的薪水，但他们的最终目标是从出售公司时的利润份额即"超额收益"中赚取更多的钱。阿里夫控制着 Abraaj 的超额收益分配方式。大多数员工从未从中分到一分钱，有些人等了好几年才从中拿到钱。不过，阿里夫支付了足够高的薪水和年终奖，让员工不舍得离开。

对于像穆斯塔法这样的顶级交易人来说，即使他们深感不满，但对有一天能获得大笔超额收益的期望也会迫使他们留下来。辞职是如此艰难，以至一些高管将 Abraaj 更名为"加州旅馆"，因为正如老鹰乐队那首同名歌曲所唱的，"你可以随时退房，但你永远无法离开"。

如果受宠的员工要求离开，阿里夫就会缠着他们留下。他会不停地恭维他们，哄骗他们，为他们一掷千金。当有人想要辞职时，他无法接受，因为他觉得自己被冒犯了。

"他不能容忍背叛，"一位高管表示，"当你离开时，不管你说没说'不是你的问题，是我的问题'，心里难免总会有些失望，有对这个地方的不满，以及对此处加以评判的成分。而阿里夫总是能对那种评判追根究底，把它视为一种挑战。既然这是一个挑战，那他就必须迎战。"

Abraaj 让这位高管无法忍受，于是他决定离开，但阿里夫拒绝了他的辞呈。一个月后，阿里夫把他叫到迪拜的豪宅里，解雇了他，但这位高管拒绝被解雇。他担心其他公司会对他的离职有看法，因为他需要重新找工作，不想让潜在的新雇主认为他是被解雇的。

这名员工要求阿里夫把他调到迪拜以外的 Abraaj 办事处，阿里夫同意了。几周后，阿里夫在迪拜之外的一间办公室里遇到了这名员工。

"我要走了。"这名员工说。

"你什么时候回来？"阿里夫回应道。阿里夫以为他是说他要离开办公室去吃午饭。

"我要离开公司。"这名员工说道。

接下来是为期数周的激烈争论。阿里夫的态度在愤怒、侮辱、恳求和质问间不断变换。一个月后，阿里夫回到迪拜，再次打电话给这名员工，约他在迪拜见面。这名员工已经下定决心辞职，但还是去了迪拜。

"你正在犯下你一生中最大的错误，"阿里夫对他说，"我是你的兄长，我关心你，我不会眼睁睁看着你犯这个错误。所以我决定，你生命中最重要的两个男人必须见个面。所以，明天我会坐飞机和你一起去你的家乡，和你父亲坐下来谈谈。我很清楚，你尊重他的观点。我相信他会同意我的看法。"

这名员工为阿里夫工作多年，自以为已看透他的所有伎俩，但他的老板仍然能够让他大吃一惊。他已经明白，在和阿里夫打交道时，解决棘手局面的最好办法就是用一种彬彬有礼、低三下四、拐弯抹角甚至充斥繁文缛节的外交辞令来应对，以避免直接冲突挑起阿里夫的怒火。

"谢谢你，阿里夫。我对您的请求深感荣幸，"这名员工回答道，"请允许我回去考虑一下。我真的很感谢您把我叫到这里，并提出如此周到体贴的建议。"

这名员工离开了办公室。他给父亲打了电话，两人笑了半个小时。

"哦，这可真是太有意思了，让我给阿里夫打个电话吧。"员工的父亲说。

"你要说什么？"员工回他道。

"我要问一下，如果你同意留下来，我的分成是多少。我是说，我现在是你的经纪人，对吧？"父亲开玩笑地说。

这名员工在给阿里夫的电子邮件中的外交辞令更是变本加厉。

> 您对我说的话，表达的是对我的爱和关心。正如您所说，那是来自兄长的关切话语。
>
> 您愿意与我父亲会面，我受宠若惊。我很高兴能有这样的会面，但出于对您二位的尊重，我想确保会面是在适当的前提下进行的。
>
> 我和父亲的关系很好，在思考过程中的每一个环节，我都和他讨论过我离开的决定。尽管如此，我已经38岁了，这个决定最终是我一个人的决定。
>
> 我们交谈时，我真的很感动。只要您的日程允许，我和我的家人随时都愿意接待您：我们的家就是您的家，这是我的肺腑之言。这一切绝非做作，因为您就是我的兄长！
>
> 再次感谢您，阿里夫。

阿里夫一直劝说这名员工留下来。后来，又过了好几个月，有一天，他终于松口，同意让他离开，并说这名员工可以在公司会议上宣布离职。即便如此，阿里夫还是继续给他发了两个月的工资。

这名员工不得不再次恳求阿里夫,将他从工资表和公司电子邮件系统中除名。

无论是爱还是恨,Abraaj 的员工在为阿里夫工作时,都曾有过一种同样的感受。

那就是畏惧。

"这从来都不是身体上的恐惧,"这位花了很长时间才离职的员工说,"在金融行业,声誉就是一切,而阿里夫声望卓著。他是新兴市场的投资者。他在这一行德高望重。"

阿里夫的权力来自他庞大的人脉网。那些辞职但仍想留在金融业的员工担心,他们迟早会遇到欠阿里夫人情的人、同情阿里夫的人,或者愿意做任何事来帮助或取悦阿里夫的人。Abraaj 的员工相信,阿里夫可以驱使人们为他做事,而这些人却对此懵然未知。他有一种惊人的能力,既能得到他想要的,又能保持似是而非的推诿。

考虑到阿里夫操纵人心的高超技巧,许多试图与他保持一定距离的员工都认为,阿谀奉承是最好的做法。

"你可以说是所有投资公司中最有才华的首席执行官了,"一位离开 Abraaj 的合伙人曾对阿里夫表示,"大多数公司需要两到三个人来完成公司领导层的工作,只有 Abraaj 依靠一个人就做到了所有的事情。只有 Abraaj 找到了这样一个人,他能胜任从融资到投资、从建立关系到建设品牌、从运营到招聘的所有事宜,那个人就是你。"这位合伙人在给阿里夫的短笺中写道:"你的时机把握得恰到好处,你的战略选择也非常出色。有些人可能认为这是运气,而我们这些在公司发展过程中有第一手经验的人知道,这些都是智慧的体现。"

这些谄媚之词使阿里夫免受任何批评，而全球化的时代精神进一步助长了他的自负。在公司外部，阿里夫的花言巧语蒙蔽了投资者和政界人士。他们对他的行事缺陷浑然不觉。于是，在与阿里夫合作的过程中，联合国、世界银行、盖茨基金会，以及美国、英国和法国政府，将数十亿美元的控制权和重要的决策权交到了一个趋于失控的人手中。

第九章

"土耳其人总是要喝牛奶的"

2012年收购欧瑞斯后,阿里夫可谓如虎添翼,他已秣马厉兵准备迎接新的风险项目,进军新的市场。创办Abraaj 10年后,他开始在菲律宾和秘鲁等以前从未涉足的国家进行收购,且涉及的行业多种多样,包括乳品生产、在线零售和旅行社等。

大多数私募股权公司只专注于少数几个国家,但阿里夫坚信,他已经破解了交易密码,掌握了放之所有发展中国家而皆准的万能公式。他正在建立一个全球帝国。他甚至试图收购顾资银行,但未能成功。这家总部位于伦敦的银行拥有众多精英客户,包括英国女王伊丽莎白二世。

阿里夫的主要计划是为一系列针对不同地区——北非、撒哈拉以南非洲、亚洲和拉丁美洲——的基金筹集数十亿美元。他敦促自己的团队利用现有基金中的剩余资金进行数笔高调收购。这些收购将作为旗舰交易,让投资者相信Abraaj在全球范围内有足够多的盈利目标,从而让其有理由筹集更多资金。

他的关注焦点转向了土耳其。虽然该国的强人领袖雷杰普·塔伊普·埃尔多安以铁腕治国，并引发街头骚乱抗议，但阿里夫仍不为所动。2014年1月，Abraaj收购了土耳其第四大乳制品公司Yörsan。[1] 此次收购对Yörsan的估值为3.7亿美元。

尽管土耳其的政治和经济动荡局面不断恶化，阿里夫仍继续推进该交易。危机的警示信号显而易见，但对阿里夫来说，"不稳定"实际上就是他的名片。在外人不敢涉足的领域，他却游刃有余。

随着阿里夫的业务范围扩展到世界各地，他自己在所投资的地区却日益成为一个局外人，可这一点似乎鲜少有人担心。土耳其与阿联酋截然不同，阿联酋也不是巴基斯坦。西方国家倾向于让阿里夫成为它们了解广大新兴世界的专家向导，而阿里夫也以含蓄微妙的方式暗示西方国家对这些地区要么一无所知，要么还秉持着殖民主义和种族主义的偏见。这反过来又强化了这种倾向，而阿里夫则正是其中的受益者。

阿里夫和他的团队一贯以豪言壮语宣传土耳其的诱人前景。他们告诉国际投资者，土耳其快速增长的经济和8 000万人口使这里成为一个极具吸引力的目标。[2]

阿里夫声称，随着土耳其迅速城市化，许多人失去了与农村的联系，转而在陈列着各种冰镇奶酪、纯牛奶和酸奶的商店中寻找自己的心仪商品，Yörsan将会蓬勃发展。阿里夫还相信，Yörsan和整个土耳其食品行业公司都将成为中东地区的出口大户。

当土耳其人在伊斯坦布尔的塔克西姆广场抗议埃尔多安总统的统治时，一位美国电视新闻频道的记者采访了阿里夫。记者问阿里夫，政治混乱对他的生意有什么影响。阿里夫满不在乎地回答了这个问题。

"不管谁来统治,土耳其人总是要喝牛奶的。"他回答道。

这是一个很酷的采访片段,阿里夫在后来的演讲中也经常提到这次采访,但Yörsan的交易还有很多其他变故。事实也确实如此。

谢拉费廷·尤鲁克于1964年在安纳托利亚西北部一个遍布橄榄树和古迹的偏僻地区的一口水井旁成立了Yörsan。在他雄心勃勃的领导下,Yörsan迅速成长为一个家喻户晓的现代乳制品制造商。它主要使用当地的牛奶和井水来生产产品。

谢拉费廷由此成为千万富翁。为了让自己积累更多的财富,这位强硬的大亨开始寻找有国际关系的投资者。出售Yörsan的股份可以让他将部分股份转换成现金。

在一位投资银行家的引荐下,Yörsan进入Abraaj土耳其业务主管塞尔丘克·约奥乔卢的视线。这位精明的德意志银行前交易员于2008年加入Abraaj。塞尔丘克通过成功投资土耳其一家名为Acibadem的连锁医院而获得阿里夫的青睐。正是这家医院治愈了马泰奥·斯特法尼利在自行车事故中骨折的手臂。后来,Abraaj将Acibadem出售给马来西亚和新加坡的投资者,获利3.55亿美元。

收购Yörsan看起来是一笔不错的交易。塞尔丘克正在寻找一个新的收购项目来让阿里夫对他刮目相看,而且相信自己可以通过收购土耳其其他乳制品公司并在海湾地区销售产品来帮助Yörsan实现版图扩张。塞尔丘克急于收购这家公司,并开始与Yörsan的创始人谈判以达成协议。Abraaj的一些同事对此并不热衷,因为他们认为这笔交易的前提是对Yörsan未来增长过于乐观的预测。不过塞尔丘克积极推动交易,并成功促成了这笔收购。

Abraaj向这家土耳其公司投资了1.42亿美元。³由美国和欧洲多国政府共同拥有的贷款机构——欧洲复兴开发银行——首次同意与Abraaj共同投资。欧洲复兴开发银行肩负着促进经济增长的使命，认为对Yörsan的投资将有助于土耳其价值36亿美元的乳制品行业实现现代化。⁴尤鲁克家族则保留了Yörsan 20%的股份。

"能与欧洲复兴开发银行和尤鲁克家族携手合作，收购这一备受喜爱的土耳其标志性品牌，我们深感荣幸。"Abraaj土耳其业务主管塞尔丘克在宣布这笔交易时说道。⁵

但这种蜜月期的欣喜之感很快就烟消云散了。刚愎自用的谢拉费廷与Abraaj高管发生了冲突，并将这场争端公之于众。报纸报道称Abraaj已经控制了Yörsan，但却触怒了谢拉费廷，因为他习惯了自己当老板，并希望继续掌管Yörsan。⁶他发表声明说，这笔交易中双方是平等的合作关系，Abraaj并没有控制他的公司。

塞尔丘克和他在Abraaj的团队很快发现，Yörsan的情况比他们预想的更糟。Yörsan在市场上标榜其乳制品新鲜，但有些产品其实并不新鲜，公司一直在添加防腐剂以延长产品的保质期。要解决这个问题，仅仅去除防腐剂是不够的。Abraaj还必须改善Yörsan的分销网络，使新鲜产品能在变质前迅速上到超市货架。这些改进的花费比Abraaj预期的要多数百万美元。

谢拉费廷和Abraaj之间本就剑拔弩张的紧张关系进一步恶化了。收购谈判期间草率敷衍的尽职调查，给正在与尤鲁克家族纠缠不清的阿里夫团队造成了很大的麻烦。

Abraaj收购了Yörsan位于苏苏鲁克镇的工厂，但工厂附近用来制造对牛奶进行巴氏杀菌的蒸汽的水井却并未包括在内。这口井仍归尤鲁克家族所有。一位 Abraaj 高管认为，没有将水井与工厂一起收购是个错误。

事态每况愈下。收购一年后，世界第二大乳制品公司拉克塔利斯收购了土耳其领先的乳制品公司 Ak Gida，一举打入土耳其市场。这家法国乳制品巨头与 Abraaj 一样看到了土耳其蕴含的商机，并能对此更好地加以利用。拉克塔利斯的年收入达到 183 亿美元，其销售乳制品的手法已臻化境。

当大型跨国公司向新市场扩张时，私募股权公司可以通过出售自己旗下的公司而获益。但拉克塔利斯决定收购一家比 Yörsan 规模大得多的公司，然后直接参与竞争。这是一场毫无胜算的战斗。Yörsan 的管理团队被拉克塔利斯抛在身后，扩大市场份额更是无从谈起。当 Yörsan 打折时，拉克塔利斯打的折扣更多。当 Yörsan 试图改进产品种类时，拉克塔利斯也会重新定位产品，并以这种方式胜出。

一位 Yörsan 前高管说："他们打了一场非常聪明的仗。"

对 Yörsan 最沉重的打击来自埃尔多安总统。2016 年 7 月 15 日，一群土耳其士兵试图发动政变推翻总统。[7] 他们尝试夺取首都安卡拉和最大城市伊斯坦布尔的控制权，但是失败了。在这场未遂的政变中，300 多人丧生，数千人受伤。埃尔多安将暴力事件归咎于居住在美国的土耳其神职人员法土拉·葛兰。而埃尔多安的竞争对手声称，是总统本人策划了这场政变，以此作为他巩固权力的借口。

埃尔多安对骚乱的反应使局势更趋恶化。他下令大规模逮捕数千名士兵、法官和教师。土耳其经济受到重创。政变后发生的爆炸事件吓跑了游客，而游客是该国以及包括 Yörsan 在内的众多公司的一大收入来源。国际投资者纷纷撤资，土耳其里拉暴跌。

货币崩盘对 Abraaj 来说是一个重大挫折，因为该公司为收购 Yörsan 借入了数百万美元，并指望从这家乳制品公司获得收入来偿还贷款。Yörsan 的客户用土耳其里拉购买牛奶和奶酪，而里拉的价值随着时间的推移越来越低，这使得偿还美元贷款的成本越来越高。

随着大选临近，埃尔多安迫切需要抓住一个重要的选民群体——农民——的支持。政府开始直接从他们手中购买牛奶，以抬高价格，收买他们的选票。这又给 Yörsan 带来了另一个意想不到的打击。政府的牛奶收购政策推高了牛奶价格，使 Yörsan 更难用可获利的价格收购牛奶。相比较之下，拉克塔利斯是一个规模大得多的牛奶买家，能够在与奶农谈判价格时更占优势，并更轻松地渡过危机。

正如阿里夫自信预测的那样，土耳其人还是在喝牛奶，只是他们喝的 Yörsan 牛奶还不够多。

Yörsan 糟糕的业绩让阿里夫进退两难。他该告诉投资者公司正在大出血吗？可这样做很可能会让他们今后不再支持 Abraaj。或者他应该继续花钱打水漂，试图拯救 Yörsan 吗？

他选择拯救 Yörsan。他又把从投资者那里募来的数千万美元投入这家乳制品公司，资金来自一只不同于他最初投资 Yörsan 时所用的基金。挪用不同投资群体的资金来拯救 Yörsan 是一步烂棋，而且无论如何投入也无济于事。Yörsan 的销售额和利润仍持续下降。[8]

⋯

在土耳其西南近 5 000 公里以外，横跨地中海和撒哈拉沙漠，Abraaj 的交易员正在西非国家加纳进行另一家乳制品公司的投资。

Abraaj 意欲收购加纳的 Fan Milk，这也是一场豪赌。阿里夫认为，该国的任何政治和经济不稳定都不会对迎合消费者需求的食品业务产生不利影响。Fan Milk 的前景是光明的。与 Yörsan 不同的是，Fan Milk 的冰激凌和冻酸奶拥有忠实的客户。

Fan Milk 是一家独特的公司。它雇用了数千名小贩，他们蹬着自行车，载着冷藏箱，穿梭于加纳首都阿克拉和尼日利亚最大城市拉各斯的繁忙街道。小贩们穿梭在车流中，在汽车站、学校和教堂外等待顾客。这些小贩简直无处不在。孩子们从来都不难找到 Fan Milk 的甜品，这想必让他们的父母大伤脑筋。

大多数时候，在足球训练结束后，夸梅·南特维和他的朋友们都会涌向身穿蓝夹克的冰激凌小贩，后者总是拿着装满冷饮的盒子在校门口候着。夸梅省吃俭用，攒钱就为了买冰激凌，有时一天能吃六七个。他的祖母试图抑制他对甜食的爱好，可惜没有成功。

在阿克拉的基础卫生部学校，格雷厄姆·莫里亚和他的同学们热切地等待着下课，然后他们涌向在外等待的小贩。格雷厄姆还与一个小贩攀上了交情。

"他是我们的朋友。"格雷厄姆谈到这位卖家时说。成年后，他还经常在阿克拉附近见到这位小贩。"他总是问我们过得怎么样。"

当 Fan Milk 的创始人、丹麦商人埃里克·恩博格决定出售该公司时，它的强大的客户群使它成为一个引人注目的收购目标。1960年，加纳从英国独立3年后，恩博格创办了Fan Milk。⁹当时在的大多数外国投资者都从事黄金、钻石和可可的出口业务。而由于加纳鲜奶稀缺，恩博格看到了进口奶粉的商机。他的生意起初并不成功，因为加纳人不喜欢他的乳制品。但当手下一名担心失业的加纳员工想出了一个新点子后，他的生意便有了起色。Fan Milk开始生产更甜、更有吸引力的产品——巧克力牛奶和冰激凌。公司业务因此蒸蒸日上。

Fan Milk从政变和经济崩溃中幸存下来，还将业务扩展到整个西非。它在这个快速增长的新兴市场持续活跃，这也使它被阿里夫盯上。阿里夫认为，向城市人口销售产品的公司能以最低的风险获得超额回报。

为恩博格办事的银行家们接触了Abraaj，以了解其对竞购的兴趣。从欧瑞斯加入Abraaj的雅各布·科利非常了解Fan Milk，并曾在其董事会任职。在说服Fan Milk的管理层，让他们相信Abraaj是合适的合作伙伴这一点上，雅各布是最佳人选。

Abraaj对Fan Milk给出了报价，并在与伦敦私募股权公司英联和世界第三大乳制品公司法国达能在内的诸多竞标者的激烈竞争中胜出。[10]

但问题很快就出现了。Abraaj没有足够的现金来支付收购Fan Milk的费用。阿里夫的一位顾问把这种情况比作一个人看中了一栋漂亮的房子，一时冲动下单，最后却发现自己买不起。为了快速解决这个问题，阿里夫故技重演。当初在收购英之杰之前，他就卖掉了英之杰的部分股份。在Fan Milk的竞购中败给Abraaj的达能仍然渴望在非洲迅速扩张。它已经在非洲大陆的北部和南部开展了业务。

阿里夫向达能提供了与 Abraaj 共同投资的机会，并给予后者 49% 的 Fan Milk 股份。达能接受了这一建议。达能的投资使 Fan Milk 的估值超过了 3.6 亿美元，更重要的是，它帮助阿里夫完成了交易。达能在如何改进技术和产品方面，为 Fan Milk 提供了深厚的专业知识，但这家法国公司在西非没有任何经验可言。

交易完成后不久，Abraaj 和达能就发现，改善 Fan Milk 的任务比其预想中要难得多。新东家以为自己买下的是一支由两万辆自行车组成的车队。但是，数以千计的 Fan Milk 自行车破损不堪、锈迹斑斑。在城市间运送产品的卡车车队也状况不佳，它们被加纳和尼日利亚坑坑洼洼的道路折腾得面目全非。贿赂和腐败也在公司内普遍存在。

Abraaj 和达能需要为 Fan Milk 寻找一位了解当地情况的首席执行官。爱德华·施皮歇尔乍看之下似乎是一个不太合适的人选。作为瑞士石油公司高管的儿子，施皮歇尔年轻时辗转各地，十几岁时生活过的国家比一些人一辈子去过的国家还多。他从洛桑联邦理工学院工程专业毕业后，在世界最大的乳制品公司雀巢谋得了一份工作。

雀巢把施皮歇尔派到了加纳。他很喜欢这个充满活力的国家，街上到处都是卖芒果和"班库"（一种用发酵的玉米制成的当地美食）的摊贩。在海滩上，渔民们清晨推着涂着鲜艳油漆的独木舟驶入大西洋，然后在当天晚些时候带着渔获返回，并在市场上出售。

施皮歇尔在雀巢工作了 20 多年，走过了四个大洲。他曾主导这家瑞士公司在多米尼加共和国的冰激凌业务，并在加纳工作了一段时间。

2014 年，Abraaj 和达能任命施皮歇尔为 Fan Milk 的首席执行官。回到加纳后，施皮歇尔发现阿克拉与他第一次到访时相比，已发生翻天覆地的变化。公寓楼、酒店和购物中心在破旧的殖民地时期的别墅和漫无边际的贫民窟旁拔地而起。农田被改造成住房，供那些想搬到城市，从新的繁荣中分一杯羹的加纳人居住。该国经济快速增长，贫困率呈下降趋势，政局较为稳定。

许多加纳人为政府工作，高达 70% 的政府开支用于支付公务员的工资。但在 Abraaj 收购 Fan Milk 后不久，加纳经济就受到黄金价格暴跌的打击。[11] 加纳严重依赖这种贵金属的出口收入。金价暴跌减少了政府的宝贵收入来源，因为政府从出口中获得税收。收入的损失使政府更难支付公务员工资。

黄金危机也重创了加纳的货币。2014 年，加纳货币塞地是全球表现最差的货币，兑美元汇率下跌了约 40%。[12] 货币的自由落体式崩盘对 Abraaj 来说当然是个坏消息。Fan Milk 需要用美元进口牛奶，但其客户用塞地支付。本币贬值使生产成本增加，于是 Fan Milk 的利润下降了。

货币价值的剧烈波动是新兴市场投资面临的最大风险之一。货币崩盘是一个残酷的现实，无论公司经营是好是坏，都可能因此而倒闭。尽管 Fan Milk 业务增长迅速，销售业绩良好，但摇摇欲坠的塞地仍是一个严重的威胁。

既然成本上升了，一个可行的解决方案是相应地提高价格。但施皮歇尔知道，对于那些为了爱吃的零食省吃俭用的学生来说，如果冰激凌的价格翻倍,市场将立马冷淡下来。他需要另寻解决途径。

施皮歇尔采用了更便宜的包装来抵消更高的生产成本。他还在提高价格的同时增大了一些最受欢迎的产品的尺寸。这些变化有助于维持客户忠诚度和增加销售额。

没过多久,尼日利亚的形势变化让 Fan Milk 在当地的业务也陷入了危机。暴跌的油价重创了尼日利亚的经济和货币。尼日利亚奈拉对美元的汇率在一天内暴跌了 40% 以上。[13] 货币崩盘让 Fan Milk 在尼日利亚面临着和加纳同样的问题,进口牛奶变得更加昂贵了。

油价下跌也减少了尼日利亚政府的收入,政府难以支付公务员的工资。护士和教师有时几个月都没有工资可拿,所以他们给孩子买 Fan Milk 冰激凌的钱自然就更少了。

· · ·

阿里夫押注新兴市场的消费需求不受政治危机、经济风暴和货币崩盘的影响,但在土耳其、加纳和尼日利亚,他显然赌错了。Yörsan 正滑向破产边缘,Abraaj 及其投资者损失了超过 1 亿美元。[14] Fan Milk 的情况稍好一些,但加纳和尼日利亚的货币崩盘意味着 Abraaj 的投资者能收回他们投资的美元就已属万幸,至于利润则想都别想。

由于交易的保密性,Yörsan 和 Fan Milk 的问题在很大程度上不为公众所知。作为私营公司,二者没有义务披露详细的财务信息。而 Abraaj 巧舌如簧的市场营销话语更提供了额外的保护。阿

第九章 "土耳其人总是要喝牛奶的" 147

里夫大肆宣扬 Yörsan 和 Fan Milk 是他制胜战略的成功范例。他说："在加纳，Fan Milk 比可口可乐更有名。至于 Yörsan，你知道，'土耳其人总是要喝牛奶的'。"

阿里夫教导他的员工如何在公共场合只传达事物的积极一面。他的这套方法在 Abraaj 得以制度化，一些世界顶尖的商业专家就如何将阿里夫个人的方法转变为 Abraaj 全公司的方法出谋划策。哈佛大学投资银行学教授乔希·勒纳便是这些顾问中的佼佼者，他撰写的有关私募股权的著作和文章广受关注。

勒纳与阿里夫的关系充满了潜在的利益冲突。作为一名学者，他撰写了不少关于 Abraaj 交易的所谓公正的案例研究，包括对卡拉奇电力公司的改造。[15] 他将 Abraaj 描绘成一股向善的力量，它将资本和专业知识带到贫穷国家。这位来自哈佛大学的支持者对阿里夫非常有帮助，他不仅让世界银行等投资者放心，还成了 Abraaj 招聘美国最著名大学毕业的年轻专业人士提供了有力背书。那名被阿里夫从迪拜首都俱乐部的顶楼扔下衬衫和背心的印度员工，正是在读了勒纳关于 Abraaj 及其领导者专业性的精彩案例研究后加入该公司的。

阿里夫也向勒纳支付了数千美元的顾问费。勒纳在 2008 年至 2010 年担任 Abraaj 咨询委员会的成员，并在 2017 年之前一直担任该公司的顾问。他成立了一个学院，向 Abraaj 的员工传授阿里夫的方法。在他为学院制作的一段视频中，他将 Abraaj 描述为一家非凡的公司。[16]

在一段视频中，勒纳说："当阿里夫第一次提出建立学院的想法时，他确实有一个宏大的愿景。这一愿景背后最重要的一点，也是激励我们为之努力的真正动力,就是语言和沟通。"

勒纳在视频中解释说,阿里夫希望创造一种共同语言,在 Abraaj 的众多办事处和数百名员工之间建立紧密的联系。这套 Abraaj 的语言将新兴市场描述为充满机遇而非风险之地,并倡导"利义并举"的双重使命。这种共同的语言本应将 Abraaj 连为一体,将员工团结在共同的事业中。这家公司就像一座现代巴别塔,来自不同国家和背景的人却说着同一种语言。

可实际上,就像其他任何竞争激烈的私募股权公司一样,Abraaj 的高管们彼此也在争夺资源。奥马尔·洛迪和塞尔丘克·约奥乔卢合作并成功投资了 Acibadem 医院。但奥马尔在接受《福布斯》采访时却在话里话外传达了一个意思:这笔交易的所有功劳都该归他。该杂志后来还特意加了一条说明,澄清他并不是唯一的交易参与者。[17]

大多数时候,Abraaj 的公关团队确保公司运作得像一个平稳打转的"陀螺帝国",内部纠纷被妥善地隐藏起来,不为公众所知。Abraaj 制作了大量视频和新闻稿,对那些远离北美和欧洲国家的复杂交易做出简单的解释。

Abraaj 的高管们在接受记者采访时,都按阿里夫的讲稿回答。当一位美国记者问汤姆·斯皮奇利埃及政局不稳是不是问题时,汤姆给出的回答与阿里夫先前说的"土耳其人总是要喝牛奶的"大同小异。他说,阿卜杜勒·法塔赫·塞西将军取代埃及被罢黜的总统穆罕默德·穆尔西,对 Abraaj 在该国的医院和食品零售店来说不是什么问题。

"如果埃及的医生告诉患者,他们需要验血,他们就会去验血,不管是穆尔西掌权还是塞西掌权,"汤姆说道,"他们也可能还是会在同一家餐厅吃饭。"

尽管这些答案听起来很抖机灵,但它们并不能取代真正良好的投资,而且它们往往被用作掩盖困难局面的烟幕弹。

第十章

现金危机

"雄心壮志，这就是我们相聚在此的原因。"[1]

2014年，亿万富翁、电影制片人兼慈善家杰夫·斯科尔在他的社会创业世界论坛上迎来了上千名理想主义者。该论坛每年春季在英国牛津大学的草地广场和梦幻尖塔之间举行。斯科尔因帮助创办在线拍卖和购物网站eBay而发家致富。他通过出售eBay股份成为亿万富翁，并用这笔现金实现他的梦想——激励人们改善全人类的生存状况。

斯科尔相信，一个讲得动听的好故事可以改变社会。他创立了参与者影视传媒公司，制作励志电影以讲述那些他认为让世界变得更美好的人物故事。他制作的电影包括获得奥斯卡奖的亚伯拉罕·林肯总统的传记片，以及阿尔·戈尔关于气候变化的纪录片《来之不易的真相》。在他的另一部电影《查理·威尔森的战争》中，由汤姆·汉克斯饰演一名国会议员，该议员在20世纪80年代曾说服美国政府支持阿富汗抗击苏联入侵。

斯科尔的年度牛津论坛汇聚了众多亿万富翁和人道主义者。他们齐聚一堂，讨论如何改善医疗保健，提供清洁水源，并为世界上最贫穷的公民创造就业机会。

2014年会议所选定的主题便是"雄心壮志"。斯科尔邀请了两位他认为能够体现雄心壮志的超级明星演讲者。阿里夫就是其中之一。另一位则是英国亿万富翁理查德·布兰森，他是维珍大西洋航空公司和维珍银河航天公司的创始人。

斯科尔论坛的筹备工作历时数月，向各大洲的高管和活动人士发出了邀请。晚宴在古老的大学礼堂举行。一个媒体团队还准备了一部电影，在开幕式当晚放映。

当阿里夫收到论坛的邀请时，他却正在迪拜总部进行一项完全不同的筹备工作。

Abraaj的资金正在枯竭。

在混迹于全球政商界精英圈子的10年中，阿里夫早已不再如往日那般殚精竭虑。预计的巨额利润未能实现，他的亿万富翁生活方式又糜费不菲，再加上Abraaj的快速扩张令他难以负担，他在支付账单、工资和自身开销方面已是举步维艰。现金短缺的情况非常严重，Abraaj的财务部门对此无所适从。

一位财务经理在2014年1月9日给阿里夫的信中写道："到1月15日，我们的赤字将达到1亿美元。"[2]

阿里夫有两个选择，要么告诉投资者和贷款人Abraaj财务状况恶化的真相，要么假装一切仍在按计划进行。他选择了欺骗。全世界都对Abraaj的财务危机浑然不知，阿里夫决心对此秘而不宣。

美国司法部的检察官后来得出结论，正是从那时起，阿里夫走上了犯罪之路，并最终导致了史上最大的一场私募股权公司崩盘。[3]他指示员工利用 Abraaj 的所有资源，包括其国际网络和声誉，在世界各地进行盗取、贿赂和欺诈。

阿里夫有大量的现金来源，可以从中牟利。Abraaj 则拥有众多投资基金和银行贷款。他可以利用这些资金尽可能长时间地掩盖自己的财务问题，并希望永远掩盖下去。阿里夫盗用银行和投资者为收购目标公司而提供的资金，将其用于支付巨额工资和奖金，并为自己奢侈无度的生活方式买单。他向投资者发送虚假报告，夸大基金业绩估值，以此欺骗投资者。这些报道中的谄媚谎言给人留下了 Abraaj 业绩良好的虚假印象，并说服投资者向 Abraaj 投入更多的资金。

就在斯科尔完成 2014 年会议的筹备工作时，阿里夫正在向投资者发送他最新的保密文件。该文件称，Abraaj 每年的净回报率高达 17%，是全球最成功的私募股权公司之一。这个数字的得出对说服许多投资者交出资金起了决定性作用。文件中称，计算这一数字的方法"得到了乔希·勒纳教授的独立验证"。看来，这位哈佛大学教授已经对此盖章认可了。

而阿里夫收件箱中的电子邮件却讲述了另一个故事。

拉菲克·拉克哈尼是 Abraaj 财务部的现金总监，自 20 世纪 90 年代以来一直为阿里夫工作，他不断向老板汇报公司面临的窘境。拉菲克领导了一个主要由巴基斯坦会计师组成的小团队，他们负责维护记录 Abraaj 应付款项、手头现金以及预期的资金流入和短缺的电子表格。他们的工作甚至在财务部都是保密的。他们的忠诚让他们得到了高工资、奖金和晋升。

2014年3月，一名财务经理告诉拉菲克和阿里夫，他很难找到钱来支付拖欠Abraaj投资者的1 960万美元。根据拉菲克的说法，向投资者付款的唯一方法是拆东墙补西墙，从另一只基金，即第四期Abraaj私募基金（APEF IV）中抽调资金。[4]

拉菲克在给阿里夫的一封电子邮件中写道："在APEF IV的资金进一步流入之前，我们无法支付这笔款项。"

雪上加霜的是，拉菲克还需要另寻2 500万美元来偿还银行贷款，于是更多的现金从APEF IV中被抽走。

没有任何公开迹象表明这些问题存在。阿里夫继续乘坐私人飞机在世界各地穿梭，进行着令人眼花缭乱的自我推销，营造着逍遥自在的成功人士人设。2014年3月，他飞往巴拿马，与广告大师马丁·索瑞尔一起在世界经济论坛会议上发表演讲。[5]在会上，他向拉丁美洲的政客们大谈拉丁美洲糟糕的经济表现，告诉他们世界上最不平等的15个国家中有10个就在他们所在的地区。

阿里夫说："这个地区仍然存在着巨大的收入不平等，而收入不平等会导致社会问题。事实如此，不是吗？"[6]

这之后，阿里夫又飞往英国，参加斯科尔在牛津举行的论坛。对阿里夫来说，大学城交通十分便利，因为它距离他的乡村别墅只有25分钟的车程。

2014年4月的一个晚上，阿里夫在牛津新剧院的前排座位上观看斯科尔论坛的开幕式影片。罗纳德·科恩爵士就坐在阿里夫旁边，这位英国影响力投资先驱致力于激励各国政府，甚至包括梵蒂冈加入他的运动。

银幕上打出了一行字。

"在事情未成功之前，一切总看似不可能。"①

南非首任黑人总统纳尔逊·曼德拉的笑脸随即闪现在银幕上。

人类历史进步的画面——石磨、蒸汽机、电灯、在太空行走的宇航员——伴随着激昂的音乐一一呈现。然后，银幕上出现了诺贝尔奖获得者穆罕默德·尤努斯的身影，他是孟加拉国向穷人提供小额贷款的先驱。7

"如果我们今天想象我们向往的世界，那么这便是我们将要创造的世界，"尤努斯说，"如果我们不去想象，它就不会实现。"

随后的画面闪现的是：马丁·路德·金在游行，一名男子在推倒柏林墙，圣雄甘地在祈祷，一个埃及女孩在欢呼，几个非洲男孩在尘土飞扬的路上露出微笑。

"驱使我的既不是实用主义，也不是什么灵感，"苏格兰歌手安妮·伦诺克斯在影片中说道，"更多的是激情。"

银幕留白片刻。然后，有一个词以10种不同的语言闪过：

"雄心壮志"。

1 000多名观众发出了热烈的掌声。一位男士走上舞台。

"你们是胸怀雄心壮志的人，你们的目标也很远大，"牛津大学斯科尔社会创业中心负责人斯蒂芬·钱伯斯说道，"这无非是为了改善世界的状况。"

"当然，雄心壮志也有另一面，那就是野心。它可以带你翱翔天际，也会让你匍匐屈膝。

"而当你为野心卑躬屈膝时，它就会催生自私自利，这将与你

---

① 这句话为纳尔逊·曼德拉的名言。——译者注

第十章 现金危机　157

的愿望背道而驰。

"在这里,我们希望看到的是积极的雄心壮志。

"我们想要的是曼德拉,而不是麦克白。

"我们希望那些不合常理的目标和意图所具有的是一种崇高的、超乎理性的考量。

"我们不要麦克白那样的唯利是图和浅薄平庸。

"我要祝贺你拥有雄心壮志。"

这位牛津大学的学者恭敬地欢迎他的亿万富翁捐助者。他说,杰夫·斯科尔的雄心是宏大的,也是积极的。

斯科尔款步走上讲台。他赞扬了听众们的创造力和善良品质,并开始向他们讲述一个故事,讲述他为何真的受到了塞萨尔·查韦斯的启发。这位在20世纪60年代为加利福尼亚贫困农民奔走呼号的西班牙裔美国劳工领袖是斯科尔最新电影的主角。

斯科尔说,查韦斯的战斗口号是"si, se puede",意思是"是的,我们可以"。他要求全场起立,和他一起喊出这个口号。当这位加拿大亿万富翁大声叫喊并向空中挥拳时,罗纳德爵士和其他观众都"噌"的一下站了起来,挥舞着拳头高呼口号。

罗纳德爵士喊道:"是的,我们可以。"

随着听众们的热情逐渐升温,魅力四射的明星们入场了。阿里夫和理查德·布兰森代表着曼德拉的雄心壮志。斯科尔将他们奉为从马丁·路德·金到圣雄甘地等一系列公民英雄的继承人。他们的野心不应该如麦克白一般。在威廉·莎士比亚的悲剧《麦克白》中,这位诡计多端的苏格兰领主策划了一场背叛和欺骗,最终陷入犯罪和堕落的漩涡。麦克白请求天上的星星隐藏它们的光芒,以掩盖他内心黑暗而深沉的欲望。

台上的阿里夫似乎精疲力竭。布兰森含蓄地嘲笑了他乘着喷气式飞机到处摆阔的生活方式。

"他非常、非常累,"布兰森告诉听众,"得有人给他来杯双份浓缩咖啡。"[8]

阿里夫反驳道:"这是因为我住在飞机上。"

说话间真有咖啡端来了。

与太空旅行的先驱布兰森并肩而坐,对于这个来自卡拉奇的男孩来说是一个重大时刻。

阿里夫说:"和理查德一起坐在这个平台上,最令人兴奋的一点是,我记得当我还是个孩子的时候,我第一次看到人类在月球上行走,我记得我对自己说,哇,能看到这一切,我是多么荣幸。如果有一天你能带我一起前往太空,我会唱一首《带我去月球》。"

"你妻子让我给你一张单程票。"布兰森回答说。阿里夫和听众都笑了。

采访他们的人是美国社会和环境事业的活动家明迪·卢伯。她赞扬布兰森创办了数百家公司,并称赞阿里夫早在商业的社会影响力开始风行之前就认真思考了这一问题。

她问道:"是什么驱使您二位胸怀壮志,敢想敢做?"

"挫败感。"布兰森说。

他讲述了30年前,当一架飞往英属维尔京群岛的商业航班被取消时,他是如何冒出创办维珍航空公司这个念头的。他一时冲动,租了一架私人飞机,向滞留的乘客出售前往加勒比海岛屿的机票。

"胆量。"阿里夫则回答说。

他没有谈论他的任何投资。相反，他抨击了西方国家和发展中国家之间的不平等，并表示他的使命就是恢复平衡。

他说："我所生活的这部分世界，你们很多人错误地称其为'新兴市场'——这听起来有点屈尊俯就的意思——而我称之为'全球增长市场'。全球大部分增长将来自这些市场。"

阿里夫告诉听众，Abraaj 在赚取利益的同时还减少了贫困。他批评其他私募股权公司行事神神秘秘、自私自利。

阿里夫说："长期以来，私募投资者一直被当作炼金术士，在西方尤其如此。他们把手伸进黑盒子里，待伸出来后，手上的贱金属突然就变成了黄金。他们越是让人们对这些手段一无所知，就越是能赚到钱。"

他说，其实事实很简单，那就是他非常努力地工作。

"只有在字典里，成功才排在工作之前，"阿里夫说道，"成功的最大前提是什么？那就是回馈。"

布兰森穿着一件皮夹克，很随意。他也认为企业必须透明，并为社会进步做出贡献。

"看看商业中的腐败吧，"布兰森说，"我们要确保杜绝这种现象。"

"如果我们发现有商人腐败，我们就会揭发他们。"布兰森又说道。

阿里夫赞许地看着布兰森。阿里夫还强调，行善不会影响利润。

"我们非常赚钱，"阿里夫自信地笑着说，"别误会，各位，我们非常赚钱。"

阿里夫最后总结说，如果有更多的公司效仿 Abraaj，考虑其对社会的影响，那么未来将会非常美好。全场掌声雷动。毫无疑问，阿里夫的雄心壮志让他就像德高望重的曼德拉，而不是背信弃义的麦克白。

在斯科尔论坛的最后一个晚上，阿里夫来到牛津大学拥有百年历史的奥里尔学院用餐。他手里拿着饮料，与布兰森和他的两个孩子谈笑风生。然后，他在一张摆满美酒佳肴的长桌旁落座。杰夫·斯科尔、小布什的一个女儿、奥斯卡获奖影片制片人布莱恩·格雷泽以及其他许多全球精英人士也都在座。

然而环顾全场，却看不到一个穷人。

• • •

斯科尔论坛带来的光环提升了阿里夫的公众形象。但在Abraaj内部，资金紧张的情况却日益严重，这迫使阿里夫不得不更加不择手段地筹集资金。论坛结束一个月后，阿里夫的团队想出了一个新办法，将阿联酋廉价航空公司阿拉伯航空的股票作为抵押来借钱。[9]该航空公司的股份理应归Abraaj旗下一只基金的投资者所有，但却被抵押给了一家银行，作为9 000万美元贷款的担保。[10]阿里夫的团队并没有把这笔借来的钱分给持有股票的基金投资者，而是把钱拿去支付工资、奖金和其他费用。

阿里夫迫于压力，不得不寻找现金来填补Abraaj的漏洞，于是他开始为Abraaj投资的自有基金寻找买家。私募股权公司募集基金时，高管通常也会将自己的部分资金投入基金。阿里夫喜欢吹嘘，他和Abraaj的其他高管为自己的基金投资了数亿美元。现在，他需要出售这些股份。

阿里夫和欧瑞斯前首席执行官塞夫于2014年7月飞往纽约，为他们在Abraaj基金中的份额寻找美国买家。阿里夫收购欧瑞斯后，塞夫便成为Abraaj的高管。他们会见了资产管理公司汉领资本的高管，该公司管理着数十亿美元的资产。汉领资本的客户包括养老基金，这些基金代表教师、护士、警察、音乐家和其他劳动者管理资金。阿里夫向汉领资本的高管们吹嘘了一番Abraaj的高利润和低亏损，但对现金短缺只字未提。

汉领资本聘请了数十名分析师，为客户判断像阿里夫这样的私募股权公司高管所宣称的情况是否属实。阿里夫给该公司首席投资官埃里克·赫希和公司其他高管人员留下了深刻印象。他们听信了他的成功故事，同意代表客户投资1.5亿美元。作为回报，汉领资本及其客户获得了Abraaj五只基金的份额，其中包括阿里夫正在从中抽调资金的Abraaj四期基金。[11]

汉领资本注入的1.5亿美元现金并不足以令阿里夫的所有问题迎刃而解，但却使他无节制的消费得以维持，并让阿里夫和法耶扎仍有余裕资金在罗马为他们的大儿子阿赫桑筹备一场盛大的婚礼。

这场在2014年8月举行的婚礼是一场夸示纳克维豪门家族所有权力和煊赫荣光的庆典。他们发出了数百份邀请函。约旦王后拉尼娅接受了邀请，阿里夫最重要的商界人脉也应邀出席，其中包括麦肯锡的基托·德布尔、亿万富翁教育企业家桑尼·瓦尔基、富而德律师事务所律师佩尔韦兹·阿赫塔尔、毕马威迪拜业务负责人维贾伊·马尔霍特拉，以及渣打银行的银行家维斯瓦纳坦·尚卡尔。

宾客抵达罗马机场后，礼宾服务人员便会迎接他们并将他们送到酒店。在酒店房间里，宾客们会看到新郎新娘赠送的礼篮，里面有未来几天的详细行程安排。

第一天晚上，宾客们参加了在罗马 Cinecittà 电影城举行的招待会。查尔顿·赫斯顿曾在这里拍摄《宾虚》，奥黛丽·赫本和加里·格兰特曾在这里主演《罗马假日》。他们在此享用了一顿堪称奢侈的烧烤，还有木偶师和衣着清凉的女舞者为他们表演。

第二天，婚礼聚会在风景如画的罗马广场开场。喝完咖啡后，他们登上一辆巴士，前往芬迪家族拥有的一处庄园。新娘在那里做了指甲花彩绘——这是巴基斯坦的一种传统，被称为"曼海蒂"，在婚礼上很流行。

第三天，婚礼仪式在美第奇别墅举行。这是一座巨大的宫殿，坐落在佛罗伦萨城内树木繁茂的山顶上。这座古老的别墅曾经属于佛罗伦萨的美第奇银行家族。该家族在文艺复兴时期因巨额的财富、对艺术的赞助和所策划的残酷阴谋而声名远播。阿里夫是"现代美第奇家族"的一员。他一直谨慎地待在幕后，让自己的儿子和未来的儿媳在婚礼上占据中心位置。

美国歌星约翰·传奇在一架三角钢琴上演奏，并演唱了浪漫民谣《我的一切》。来自数十个国家的宾客漫步在装潢华丽的房间里，对墙上用数百朵红玫瑰制作的装饰赞叹不已。他们欣赏着新郎新娘那有着精致刺绣的巴基斯坦传统婚礼礼服。太阳下山后，他们在温暖的黄昏花园中伴着烛光聊天。

婚礼后不久，阿里夫又在伦敦大肆炫富。他宣布为皇家艺术学院设立奖学金项目。该学院位于他在南肯辛顿的公寓附近。[12] 德意志银行前高管、后来成为英国财政大臣的萨吉德·贾维德出席了启动仪式。佛罗伦萨的美第奇家族曾资助过当地才华横溢的意大利艺术家，比如桑德罗·波提切利和达·芬奇。而阿里夫的资助范围更加广泛，印度的谢洛伊·卡蒂拉、哈萨克斯坦的埃尔米娜·塔克诺娃、墨西哥的胡列塔·科尔特斯·加西亚、泰国的布拉查特·拉塔纳苏万和土耳其的德里亚·阿迪亚曼都在资助之列。

· · ·

与亿万富翁一起出席盛大会议、与各界名流聚会共饮，以及为艺术家提供资金支持，这些都是美丽的成功假象，它们掩盖了Abraaj资金紧缺的事实。2014年9月，耶鲁大学的杰弗里·加滕教授在网上发布了一段采访阿里夫的视频，无意间帮了他一把。[13] 与诸如加滕和勒纳这样的西方学者交往，对阿里夫掩饰自身问题颇有奇效。

加滕教授在采访中对阿里夫说："对我们来说，请到这样一位成就斐然的人，是一件意义非凡的事情。"

加滕的职业生涯可谓横跨政治、金融和学术三界。他曾担任耶鲁大学管理学院院长，在雷曼兄弟和黑石集团工作过，还曾为比尔·克林顿总统效过力。阿里夫在接受采访时情绪激昂，他吹嘘Abraaj拥有世界一流的收益率和便捷的融资渠道。

"你问我是否发现我们存在资本问题，或在筹集资金以帮助企业融资方面存在问题？"阿里夫告诉加滕，"我不得不说，完全没有。"

"你们在全球各地的新兴市场开展业务。"加滕表示。

"全球增长市场，"阿里夫纠正他，"我们不称它们为新兴市场。"

"哦，是的。好吧，全球增长市场。"教授回答道。

"中国已经不再是'新兴'的了。印度也是如此，"阿里夫说，"我们正在谈论的是一些非常庞大的经济体，全球经济体系的未来实际上与这些国家的发展和进步密不可分。"

加藤语气温和地反问，在阿里夫所言最为活跃的这些市场进行投资会有什么风险。

加藤说："也许我们能关注一下中东地区，因为很少有美国公司真正关注这个地区。让我们了解一下，这个地区存在着什么样的机遇，又存在着什么样的挑战。一些人曾对这个地区寄予厚望，但这些期望现在似乎卷入了某种程度的不确定性和政治风险，这让它看起来已是危如累卵。"

阿里夫用反问教授的方式回避了这个问题。阿里夫说，西方国家的风险其实比人们想象的要大得多。2008年的全球金融危机不就是从西方资本主义中心纽约肇始，随着加藤曾供职过的投资银行雷曼兄弟的倒闭而爆发的吗？

阿里夫说："你猜怎么着？当全球金融体系中出现风险时，它就出现在全球资本主义的中心。它出现在华尔街，对吧？

"这种风险水平实际上让全球金融体系经历了一次灾难性的发作。我们做了什么来应对和解决这个问题？什么都没有。我们是否在投资华尔街的大公司时附加了风险溢价？不，我们没有。"

"这就是为什么对我来说，是投资西方还是投资全球增长市场并不重要。投资机构的素质——其内部系统和流程——实际上的作用应高于市场固有机会所呈现的风险性。"

加藤认真总结了他听到的内容。

"你觉得我们太过重视量化模型，而经验和个人价值带来的判断则被看轻了吗？"加藤问道，"你是这个意思吗？"

"我觉得你说得比我好多了。"阿里夫愉快地回答。

阿里夫缓和了语气，巧妙地改变了论述的节奏和话题，为中东的形势给出了积极的辩护理由。也许是考虑到这位教授的犹太血统，阿里夫强调了中东三大宗教的共性。

阿里夫微笑着说："该地区是这个星球上三种宗教的发源地和最古老文明的家园，它们就是基督教、伊斯兰教和犹太教，实际上，我们是表亲。"

加藤问，投资者为什么要把钱交给 Abraaj？在该地区负面新闻不断的情况下，有什么理由让人相信中东经济前景光明呢？

阿里夫热情洋溢地谈到了中东的年轻人口、不断扩大的城市以及新兴的中产阶级消费者。

加藤说："听你这么描述，感觉你实际上是在谈论一个像中国这样的国家。"他似乎对自己的这个类比也感到惊讶。

阿里夫表示同意，并称一切皆有可能。中东确实存在诸多社会和教育问题，但积极的变革正在迅速到来。新的企业和企业家在不断涌现。

"如果我们能够开始着手解决全球不平等问题，如果我们能够开始在全球范围内提供医疗保健和教育，以及在世界上某些地区被视为理所当然的那些东西，那么各种导致冲突的问题将日益减少。"

"现在我们该如何实现这些呢？"阿里夫自问自答道，"一种方法是投入大量发展援助来解决现今的问题，另一种方法则是让自由市场得以运行。"

阿里夫说，但这必须是一个由具有足够胸怀的公司组成的自由市场，它们能够解决冲突的根源，即不平等问题。他说，Abraaj 就有这样的胸怀，美国和欧洲的公司应该以其为榜样加以效仿。

他说："如果西方和成熟金融市场的企业能够开始接纳我这里所说的政策，如果我们开始以一种更有同理心的方式投资这些市场，那么我认为，这些企业可以引领我们走向一个更加繁荣的未来。"

阿里夫将西方人认为企业只为追求利润的态度，与人们对宗教的陈旧观念进行了类比。

"看看我们这个世界上那些一成不变的东西吧，比如《圣经》《古兰经》，这些经典一旦写成便被认为是理所当然的。我们的想法是不应继续按照它们所书写的时代来解读它们，"阿里夫说，"而应根据现代社会来解读它们。"

"说得好。"教授说。

阿里夫的这番话赢得了教授的公开认可，并巧妙地掩盖了 Abraaj 的问题。

他的任务完成了。

• • •

随着越来越多的国际组织寻求与他建立联系，阿里夫似乎牢牢握住了命运的缰绳。2014 年 11 月，他加入了国际刑警组织"更安全的世界"基金会的理事会，从而奠定了他作为全球精英信赖的内部人士的地位。他还获得了国际刑警组织的特别通行证。

国际刑警组织将阿里夫纳入一个异常强大的网络。[14] 摩纳哥阿尔伯特亲王是国际刑警组织"更安全的世界"基金会的名誉主席，他让阿里夫负责一项特别项目，以保护银行、航空公司和酒店免受欺诈。阿里夫与世界最大银行之一汇丰银行的首席执行官以及最大汽车制造商之一雷诺汽车公司的领导人卡洛斯·戈恩共同担任该基金会的理事会成员。戈恩后来因金融犯罪在日本被捕。[15] 为了逃避审判，戈恩在2019年雇了一个私人安保专家团队。他们用一个大黑箱子将戈恩偷运出日本，然后将他送往黎巴嫩。他在那里拥有一座豪宅。

阿里夫在国际刑警组织这个基金会的职位，使他能够在众目睽睽之下不露破绽。当国际刑警组织秘书长于尔根·斯托克出席阿里夫在迪拜举行的一次投资者会议时，他还提及阿里夫协助打击犯罪的重要工作。

"到目前为止，我从未见过如此错综复杂的局面，"斯托克在Abraaj会议上说，"全球化也在助推有组织的犯罪。"[16]

阿里夫与国际刑警组织的联系让银行家、政客和亿万富翁对他更觉可靠放心。当一位投资者问阿里夫如何规避发展中国家的腐败风险时，阿里夫说，只消打两个电话，他就能通过国际刑警组织的人脉，查到世界上任何地方、任何人的任何信息。

阿里夫经常告诉人们，他是国际刑警组织的理事，并利用这个职位威吓他人——可实际上他只是国际刑警组织一个基金会的理事。有一天，一名新来的女员工错过了阿里夫的电话，整个公司顿时陷入一片混乱。当天晚上，他把这名员工叫到自己的办公室。当她进屋时，阿里夫告诉她，他是国际刑警组织基金会的理事，在机场人们都向他鞠躬致意。因为他的国际刑警组织通行证可以让他去任何地方,所以他是一个有权越过任何国界的人。

"在这个世界上,你不希望我成为你的敌人。你想要我做你的朋友。"这名员工称阿里夫这样说。她还说:"那天晚上我回家时,我完全被吓坏了。"

· · ·

美国亿万富翁们越发频繁地邀请阿里夫参加他们的聚会。2015年,当金融媒体大亨、纽约前市长迈克尔·布隆伯格在迪拜主持会议,讨论如何改善城市管理时,阿里夫也出席了会议,并为Abraaj总部所在的这个国家大唱赞歌。

同年,私募巨头TPG的创始人戴维·邦德曼与阿里夫合作完成了一笔交易。TPG和Abraaj共同收购了一家名为Kudu的沙特连锁餐厅。这笔交易证明,阿里夫吸引西方资本家进入中东的能力日益增强。

但随着阿里夫越来越接近富豪圈子,他发现自己需要更多的现金来维持自己铺张的生活方式。到2015年5月,Abraaj的财务缺口已扩大到2.19亿美元。为了掩盖赤字,阿里夫和他的团队开始系统地将Abraaj的基金、公司和银行贷款中的所有可用现金转入一组秘密银行账户,调查人员后来将这些账户命名为"Abraaj金库"。[17]

阿里夫在"Abraaj金库"中将来自不同基金的投资者资金混在一起,犯了资产管理行业的大忌,也触犯了法律。Abraaj本应代表其基金的投资者收购公司,且在Abraaj出售这些公司时将利润及时返还给投资者。但在 Abraaj，情况并非总是如此。

Abraaj 拥有一家名为综合诊断控股（IDH）的公司，该公司在埃及经营一家连锁医疗检测诊所。2015 年 5 月，Abraaj 在伦敦证券交易所首次公开募股中出售了持有的 IDH 股份。IDH 是一个名副其实的成功故事。在 Abraaj 控股之下，IDH 度过了"阿拉伯之春"的混乱时期，并将诊所网络的规模扩大了一倍有余。

Abraaj 用其总值 20 亿美元的基础设施和增长资本基金中的资金投资了 IDH，因此出售 IDH 股份所得的利润本应立即返还给该基金的投资者。可事实却是，阿里夫保留了 1.54 亿美元的收益用于他认为合适的用途，剥夺了投资者的应得收益。[18]

阿里夫本可以通过减薪来缓解 Abraaj 的财务压力，但这对他来说从来都不算是一个真正的选择，即使是在现金短缺恶化的情况下也是如此。阿里夫在 2015 年为自己开出了 5 375 万美元的薪水。[19] 按巴基斯坦的平均工资计算，一个普通巴基斯坦人要挣到这笔钱需要超过四万年的时间。[20] 这笔工资还不包括阿里夫从 Abraaj 公司账户秘密转移到他个人银行账户的数百万美元。

在资金短缺问题进一步恶化的同时，阿里夫却开始商议用他的超级游艇"拉斯塔"号换购一艘造价超过 4 000 万美元的新型游艇。"拉斯塔"号是作为二手游艇购入的，名字是阿里夫改的，它的乌尔都语为"Raasta"，意为"道路"或"途径"。"拉斯塔"号有三层甲板，还有被遮阳板包围的按摩浴缸。游艇上有一个酒吧和五间卧室，可以让阿里夫和他的客人们以极尽奢华的方式横跨地中海，前往科西嘉岛、那不勒斯、卡普里岛，还能前往摩纳哥观看格兰披治大奖赛。

阿里夫联系的船厂不愿意同意以旧船抵消新船的部分付款，但还是开始了协商。2014 年初，一名销售人员被派往"拉斯塔"号游艇上与阿里夫会面。同年晚些时候，阿里夫仍在努力压低豪华游艇的价格。他把游艇公司的高管召集到自己在迪拜的家中。销售员在首席执行官和另外两名高管的陪同下不远万里飞来与阿里夫会面，但在会面期间，阿里夫宣称某家竞争对手的船厂将会出和他们一样的价格。这群一脸茫然的高管原本以为能达成交易，但离开迪拜时却两手空空。

讨价还价一直持续到 2015 年，当时阿里夫打电话给游艇销售员，让他到纽约的一个公寓会面。当销售员到达时，发现阿里夫和他的两个儿子及儿媳在一起。销售员对无休止的价格谈判感到厌倦，但还是在阿里夫对面的桌子旁坐了下来。阿里夫当即要求进一步降价。销售员受够了，他已经明确表示不会再降价了。这件事给他的印象是，阿里夫在享受谈判的过程，并向他的儿子们炫耀。这位销售员通常和他的超级富豪客户们相处甚欢，因为尽管他们都很精明，但他们认为给家人和朋友造一艘船是一件快乐的事，而不是要争个你死我活，证明谁是最高明的交易者。销售员从桌边站起来，打电话给他的首席执行官。

销售员在电话里说："如果您不介意的话，我恐怕要收起文件走人了，因为我觉得我们在浪费时间。"

他的上司同意了，于是他又回到了谈判桌前。

"纳克维先生，我很抱歉，如果这是你想要的方式，我们退出。"他说罢便收起文件，站起来祝阿里夫有个愉快的上午。

关于新游艇的谈判于 2015 年 6 月告一段落。[21] 当时 Abraaj 的一位高管给阿里夫发了一封电子邮件，称公司正面临着 1.68 亿美元的现金短缺。[22]Abraaj 已经资不抵债，缺乏支付员工工资、房租和电费等最基本业务开支所需的合法收入。但这场危机似乎并没有让阿里夫惊慌失措。同月，法耶扎带着儿子和儿媳前往巴黎领取一个享有盛名的慈善奖。法国最大的银行法国巴黎银行通过推特宣布了这一奖项。[23]

> 祝贺2015年法国巴黎银行慈善大奖获得者：法耶扎与阿里夫·纳克维夫妇，和平基金会的创始人。@Aman_Foundation＃回馈＃医疗保健＃教育。

银行祝贺纳克维家族和他们的和平基金会在卡拉奇运营了一支救护车车队，并在巴基斯坦各地组织卫生、教育和就业培训项目。法耶扎说，和平基金会代表了她毕生的心血。

她说道："当我的朋友过来说，'你知道，你的救护车救了我父亲、母亲和孩子的命'时，我感到无比满足和责任重大。"

这次捐赠并不像纳克维家族所宣称的那样慷慨，因为阿里夫的个人财务状况与 Abraaj 纠缠不清，他经常用公司的钱来支付自己的开销。[24]拉菲克请求阿里夫允许他从 Abraaj 的投资者那里挪点钱给和平基金会。

"我能从 Abraaj 走这笔钱吗？"拉菲克在一封电子邮件中问道。[25]

"谢谢。"阿里夫回复道。

第十一章

织梦者

"再没有任何其他大厅、其他平台,可以让世界上的领导人面向全人类发表讲话。几十年来,许多领导人正是在此实现了这一夙愿,不管他们是国王、女王,还是总统、首相或教皇。"

2015年9月,联合国秘书长潘基文在纽约宽敞的联合国大会堂欢迎各国政治领导人,来自195个国家的政府首脑和外交官齐聚一堂。[1]

这是一次历史性的会议,因为潘基文经过多年努力,制订了一项旨在解决人类面临的问题的宏伟计划,并准备分享他的新愿景。为此他征求了各界人士的意见。阿里夫作为联合国全球契约组织理事,曾向潘基文建议发展中国家需要更多的私募股权投资,以创造就业机会和提升服务。

潘基文宣布了到2030年消除一切形式贫困的17项可持续发展目标。这些目标包括消除饥饿,为地球上数十亿人口中的每个人提供清洁水、可再生能源、优质教育和医疗保健。

"世界人民要求我们照亮充满希望和机遇的未来道路。"潘基文说,"新议程是各国领导人对世界各地所有人民的承诺。它是一个普世的、全面的、变革的愿景,致力于创造一个更美好的世界。"[2]

联合国计划通常需要各国政府通力合作,但潘基文明确表示,他的17项目标也需要企业的帮助。这些目标需要数万亿美元的投资,而每年有2.5万亿美元的资金缺口,单靠政府是无法提供的。[3]这一缺口必须由企业和全球金融市场的投资者来填补。只有像阿里夫这样的资本家愿意为此伸出援手,消除贫困才有可能。

潘基文还呼吁世界精神领袖提供帮助。他邀请教皇方济各出席联合国会议,以支持他的可持续发展目标。

"欢迎来到世界的讲坛,"潘基文在向政界人士介绍教皇时说,"我们在此聆听。"

这是70年来第五次有教皇来到联合国。[4]联合国消除贫困的计划与教皇方济各自身的信念不谋而合。主教们已经在探索如何通过影响力投资来行善了。这位阿根廷裔教皇希望将造福穷人作为任期内的核心使命并以此来革新天主教会。教会因几个世纪以来的金融丑闻而名誉败坏——从相对较近的阴谋事件,到中世纪的赎罪券(当时主教们用金钱换取宽恕),不一而足。

教皇方济各站在绿色大理石讲台前,推了推眼镜,用其母语西班牙语对各国领导人发表了讲话。口译员提供阿拉伯语、汉语、英语、法语和俄语的现场翻译。他说,可持续发展目标是希望的象征,而金融机构在所有国家的发展中可以发挥重要作用。

但教皇也给出了警告。

"对权力和物质成功的自私和过度渴望正在破坏全球经济和环境。"他说。如果人们的动机不是出于对他人福祉的真正关心,那么追求改善生活水平就不过是幻想,或者更糟糕的是,它成为掩盖各种权力滥用和腐败的空谈。

教皇方济各最后说:"我向你们保证,我将给予你们支持并为你们祈祷。上帝保佑你们。"

全场掌声雷动。

对阿里夫来说,联合国和教皇将商业作为消除贫困的工具,这一意图给他打开了一个潜力无限的聚宝盆。多年来,他一直将自己定位为肩负着"通过资本主义消除贫困"这一使命的人。现在,政治家们提出了一项以企业为中心来改善人类的计划,可谓正中下怀。可以说,世界上最重要的精神领袖已经给予他祝福。阿里夫将私募股权投资带入最贫穷国家的福音必将散布。他行使的是上帝之职。

而 Abraaj 简直就是为实现联合国目标筹集所需资金并进行投资而量身打造的。该公司在一些最贫穷的国家拥有学校、医院、食品生产商和能源供应商。阿里夫声称,他对这些公司的所有权使他在如何实现可持续发展目标(SDG)方面堪比专家。在各国政府以及联合国和天主教会的支持下,他还将收购和建立数百家公司,为自己和投资者在积德行善的同时创造丰厚的利润。

阿里夫对政界人士和投资者说:"你们中的一些人可能会觉得我完全疯了,竟然提议将全球 290 万亿美元的资产用于满足这些可持续发展目标的要求。可这种认识的谬误在于,人们一直在犯这样的错误——认为在用投资帮助世界和以正常方式投资获利之间,只能二选一。这是一个彻头彻尾的误解，因为你可以鱼与熊掌兼得，而且可以富有成效地做到这一点。"[5]

阿里夫继续说道："在当今世界，我们中的许多人都无法满足自身最基本的需求。我们如今的全球经济模式存在严重的缺陷。这是毋庸置疑的。不平等在加剧，而不是缩小。我们可能在克服极端贫困方面取得了长足进步，但我们不能否认，地球上每10个人中就有一个人每天靠不到两美元生存。贫困群体非常庞大。"

阿里夫的强大人脉网络使他成为一个颇具影响力的变革传播者。他与许多国家领导人之间几无隔阂。例如，就在联合国会议前后，Abraaj 的高管瓦希德·哈米德出席了奥巴马总统的生日庆典。[6] 在此之后不久，Abraaj 的高管塔里克·卡比尔被任命为埃及贸易和工业部长。[7]

来自媒体的盛赞使阿里夫更受瞩目。《福布斯》在 2015 年秋季发表了一篇题为《Abraaj 资本在全球私募行业惊人崛起背后的故事》的精彩报道。[8] 记者伊丽莎白·麦克布赖德在阿里夫位于麦迪逊大道的办公室采访了他本人。她描述说，阿里夫操着带点巴基斯坦口音的英语优雅地与她交谈。

"在亚洲、非洲和拉丁美洲这些看似危机四伏的市场上，Abraaj 是无可争议的私募股权投资之王，不乏重量级投资者希望入股其最新基金。"麦克布赖德如此写道。她曾为美国消费者新闻与商业频道和《华盛顿邮报》撰稿，采访过包括英国前首相托尼·布莱尔在内的一众领导人。

她写道，Abraaj 在法治环境存疑的地方创造了 17% 的年收益率，其业绩值得称道。

"我们在西方误称为'新兴市场'的地方投资，同时将风险降到了最低，"阿里夫告诉她，"它们应被称为增长型市场。"

阿里夫的朋友和投资者对 Abraaj 的支持使这篇文章锦上添花。

世界银行旗下的国际金融公司主管说："在我看来，他们（在新兴市场）比那些大型参与机构更具深度和广度。"国际金融公司为 Abraaj 基金和包括卡拉奇电力在内的交易提供了超过 3.5 亿美元的资金。

哈佛大学的乔希·勒纳盛赞了他的金主，称阿里夫高瞻远瞩。

他说："在真正了解快速增长市场中私营家族企业的投资价值潜力方面，阿里夫较其他人领先了至少 10 年。"

汉领资本的埃里克·赫希也为 Abraaj 背书。

"Abraaj 所给出的，一直是我们所求的。"他在文章中说。

麦克布赖德写道："Abraaj 依靠其遍及各地的办公网络和训练有素的员工来避免腐败。"

"我有一个员工负责哥伦比亚的业务，还有一位同事负责印度尼西亚的业务，"阿里夫在文章中说，"有人可能会对他们说'收购这家公司是一笔很棒的交易，你可以赚两亿美元'之类的话。而他们会看着他说'不，谢谢'，因为他们知道经营这家公司的是个骗子。"

《福布斯》的这篇文章详细介绍了阿里夫的慈善工作，并解释了他签署比尔·盖茨和沃伦·巴菲特发起的"裸捐誓言"（承诺捐出数百万或数十亿美元）的动机。

"我所定义的成功目标之一，就是改变人们对穆斯林的看法，"阿里夫说，"除非像我这样的人站出来改变有关穆斯林的叙事，否则它不会发生变化。"

阿里夫的高谈阔论让人觉着他像是人类最开明的施恩者之一。但他从未在公开场合提及的是，作为回报，Abraaj 对其管理的基金收取 2% 的年费，并保留 20% 的利润。这是按照私募股权投资行业久经考验的规则制定的。当然，他也没有提到如何图谋盗用投资者的资金。

在公开场合，阿里夫与政客们并肩而立发表演讲，用他们所编织出的梦幻般的未来愿景鼓舞人心。而私下里，他监守自盗、谋划贿赂，甚至在教皇警告空谈改善生活的愿景可能会成为腐败的幌子时，他也充耳不闻。

阿里夫大手大脚的花销，迫使 Abraaj 在资不抵债的境地中越陷越深。仅在 2015 年，Abraaj 就亏损了 1 亿美元。[9] 因此，阿里夫需要找到更多的钱，而且要快，才可避免一场堪称耻辱的破产。联合国在纽约开会期间，Abraaj 向旗下一只基金的投资者发送了一封电子邮件，要求后者在两周内将总计 2.385 亿美元打入 Abraaj 的银行账户。[10] Abraaj 表示，需要这笔钱来为新的交易融资。汉领资本、美国银行和其他投资者按要求汇了款。但在上亿美元涌入 Abraaj 银行账户后，阿里夫和拉菲克并没有按照其承诺将这笔资金用于收购企业，而是将其中的 9 500 万美元转入了"Abraaj 金库"的一个秘密银行账户，挪作他用。[11]

其中一些钱用来支付工资，5 000 万美元用来填补 Abraaj 基金被抽出的资金，部分资金用于支付给仍在等待出售埃及医疗公司 IDH 股份应获收益的投资者，而其中 540 万美元经由阿里夫拥有的一家名为 Silverline 的神秘开曼群岛公司转给了他本人。[12]

......

为了筹集更多急需的现金，阿里夫决定出售他最大、最引人注目的资产卡拉奇电力。如果成功出售这家电力公司，他就可以获得数亿美元的收益。

《福布斯》的文章向读者信誓旦旦地宣称，阿里夫不会行贿。但在这篇文章准备发表的同时，联合国消除贫困会议正在纽约召开，而阿里夫正在研究如何贿赂巴基斯坦官员。巴基斯坦政府仍然拥有卡拉奇电力四分之一的股份，出售该公司需要得到政府的批准。阿里夫需要得到巴基斯坦政府高层的支持。他向与高层关系密切的巴基斯坦商人纳维德·马利克请教，如何获得他们的青睐。

阿里夫正式聘请美国投资银行花旗集团为卡拉奇电力公司寻找买家。[13] 收购这家电力公司需要胆子够大的买家，因为尽管在 Abraaj 控股期间，该公司业绩有了显著改善，利润上升，许多用户不再经历定期停电，但其仍然存在诸多问题，足以吓退大多数公司。2015 年夏天，一场致命性的热浪袭击了卡拉奇，气温飙升超过 40 摄氏度，造成 1 000 人死亡，穷人和老人首当其冲。这座港口城市再次爆发抗议活动，政客们在媒体上攻击卡拉奇电力公司。巴基斯坦塔利班组织指责卡拉奇电力公司造成了致命的停电事故，并以牺牲市民利益为代价牟取暴利。[14] 卡拉奇电力仍被市政府所有的自来水公司拖欠数百万美元，而卡拉奇电力又欠国有天然气公司数百万美元。

曾为卡拉奇电力力挽狂澜的 Abraaj 高管塔比什辞职了，于是阿里夫任命奥马尔·洛迪监督公司的出售。奥马尔毕业于伦敦政治

第十一章 织梦者

经济学院和哈佛商学院，在 Abraaj 工作了近 10 年。他是一位经验丰富的交易人，喜欢雪茄和丝绸衬衫。他人脉广泛，花旗集团在巴基斯坦的业务负责人是他的兄弟。奥马尔可能会在会议上与阿里夫激烈对质，但没有人质疑他对阿里夫的忠诚。他的这份忠诚为他赢得了"迷你阿里夫"的绰号。[15] 他曾对记者说："我的 DNA 就是 Abraaj 的 DNA。"

出售卡拉奇电力的任务不可避免地带有政治色彩，因为巴基斯坦的商业与政治是紧密交织在一起的。

为了获得高层的支持，阿里夫让中间人纳维德·马利克在 Abraaj 领一份工资，并将他的薪酬一直追溯到 2015 年初。奥马尔会见了纳维德，讨论如何继续进行这笔交易。见面后，奥马尔给阿里夫写了一封邮件，转达了纳维德对高层的评价。

奥马尔在 2015 年 10 月的一封电子邮件中写道："高层允许他与我们合作，但告诉他，与我们的任何会面都不应该明确提及巴基斯坦（也就是说，在这一点上应该保持沉默）。"

奥马尔说，他已经告诉中间人纳维德，签署一份关于资金的协议非常重要。

"他说他了解经济方面的考量，并会向我汇报，因为他还需要得到签字同意，"奥马尔在给阿里夫的信中写道，"他说，重要的是他要与高层分享每一个细节，并得到他们的同意，以及他们关于如何分配这笔钱的指示（例如，一部分捐给慈善机构或一部分捐给选举基金）。"[16]

· · ·

阿里夫仍然不改其一掷千金、挥霍无度的生活方式。2015年，他在俯瞰迪拜河的迪拜柏悦酒店宴请了数百名Abraaj员工，举行了一次盛大的全体会议。美籍埃及裔喜剧演员艾哈迈德在酒店如宫殿般豪华的宴会厅里进行了一场私人表演。阿里夫还邀请了全球青年总裁组织的朋友们进行励志演讲。在一名被"投资帮助穷人"的愿景所吸引而加入Abraaj的新员工眼里，公司的文化有点匪夷所思。

"在Abraaj举行的年度会议上，至少有300人从世界各地飞到迪拜。从早上8点到晚上8点，我们一整天都在经历讲座和谈话的狂轰滥炸，"这名员工说道，"但到了晚上，每个人都烂醉如泥，尽情狂欢。这是一种金融文化，但这种金融文化的运转已经过载了。"

人们频频举杯，饮酒如喝水。许多员工不得不熬夜痛饮，直到阿里夫离开这场聚会。这让他们备感压力。

这名员工说："你会有一种感觉，如果你离开聚会去睡觉，他就会盯上你，并和你对着干。"

要为这样的聚会买单，就需要从基金和投资中抽取更多的资金。

2015年11月，Abraaj同意出售Network International。这是一家总部位于阿联酋的公司，在中东和非洲各地提供数字支付服务。[17] Abraaj及其投资者将从这笔交易中获利3.3亿美元。从表面上看，将Network International出售给两家大型美国私募股权公司并从中获利是一次巨大的成功，且验证了阿里夫关于世界经济重心正在向发展中国家转移的理论。但阿里夫却暗中扣留了这笔交易所得的数百万美元，这些钱本应立即返还给 Abraaj 的投资者。他自有他的理由，而其中之一就是，他必须赶上迫在眉睫的财务期限。

Network International 的买家于 2015 年 12 月 30 日向曾拥有这家公司的 Abraaj 四期基金的银行账户汇入了 1.35 亿美元的首笔款项。[18] 这些钱随后本应该发给该基金的投资者。但在这笔资金到达 Abraaj 基金银行账户的当天，阿里夫和拉菲克就将全部款项转移到了他们的一个秘密银行账户。然后，他们从那里挪用了 9 200 万美元，以填补基础设施和增长资本基金的窟窿。而这个窟窿的存在是因为他们曾从后一只基金中抽出资金来支付各种工资、租金和其他开支。

他们迫切需要为基础设施和增长资本基金恢复足量资金，因为全球会计师事务所毕马威将对该基金 2015 年的年度账目进行审计。如果毕马威发现基金的钱不翼而飞，那么阿里夫的盗取行为就会露出马脚。为了通过审计，Abraaj 必须在 2015 年底之前向毕马威证明，20 亿美元基金中的资金数额正确无误。基金中的窟窿总算被及时填补上了。

毕马威对该基金进行了审计，并因年末基金中的资金数额正确，开出了该基金状况良好的证明。但是，如果毕马威在 2015 年 12 月看一眼该基金的单一银行对账单，或者在几天前检查过该账户的余额，就会发现基金里的钱失踪了，那么这场游戏可能在那时就结束了。

毕马威和 Abraaj 之间的关系非常密切，前者为后者服务多年。毕马威驻迪拜负责人维贾伊·马尔霍特拉是阿里夫的密友，他的儿子曾在 Abraaj 公司工作过。

糊弄完会计师后，阿里夫将盖有毕马威会计师事务所印章的财务报告，寄给了基础设施与增长资本基金的投资者。如果全球最大的审计机构之一都无法发现Abraaj的猫腻，那么投资者就更不可能发现了。

从一只私募基金拿钱，让另一只基金的投资者受益，这等同于"庞氏骗局"。这种欺诈是以查尔斯·庞齐的名字命名的，他是20世纪20年代活跃在美国的一名意大利裔诈骗犯。他的伎俩就是用新投资者的钱来偿付早期投资者。美国基金经理伯纳德·麦道夫所编织的庞氏骗局多年不被发现，最终在经济衰退时才被揭露。因为那时投资者可以要求退钱，而欺诈者却无法从新投资者那里筹集资金还钱。

阿里夫和他的团队为了拆东墙补西墙，在不同的Abraaj基金及其投资者之间反复腾挪转移资金。如此一来，就把公司本已复杂的财务状况变成了一团乱麻，这堪称会计师的噩梦。

· · ·

事到如今，阿里夫仍不愿削减自己的开支。2016年初，他在伦敦的一次旅行中入住了五星级的丽兹酒店。这家酒店位于多佛街，离Abraaj位于梅费尔区的办公室不远。酒店向Abraaj的迪拜总部寄去了一张数千英镑的账单。Abraaj的一名员工认为酒店可能搞错了，因为金额实在太高，但这名员工随后发现，是阿里夫为自己和他的前秘书吉兹兰预订了套房。

不久，阿里夫访问米兰，下榻一家豪华酒店。几天后，一个装有一双优雅女鞋的盒子从酒店送到了 Abraaj 的迪拜总部。阿里夫的一位忠诚管家以为这双鞋是送给阿里夫的妻子法耶扎的,并准备把鞋送到阿里夫位于阿联酋山庄的豪宅。但另一名员工注意到鞋盒上有吉兹兰的名字,于是在鞋盒离开办公室前将其截获。这名员工把鞋子放在了阿里夫的办公室,本以为老板会对此表示感谢,但阿里夫发现鞋子后却皱起了眉头,沉默不语。

· · ·

管理 Abraaj 的压力开始让阿里夫吃不消,他的脾气也愈发失控。2016 年初的一个下午,阿里夫在迪拜召集穆斯塔法、塞夫和其他几位高管在 Abraaj 的会议室开会。这次讨论本应是专业人士之间开诚布公的交流。在阿里夫说话时,穆斯塔法礼貌地插话,澄清了一个他认为很重要的细节。

阿里夫对此怒不可遏。

"你怎么敢打断我?"他说。

"抱歉。"穆斯塔法回答道。

然后阿里夫说:"既然这么重要,那我们就听听吧。"

阿里夫沿着会议室的长桌来回踱步,直到穆斯塔法说完了他要说的话。

"你说完了吗?"阿里夫问道。

"是的。"穆斯塔法回答。

"在没有人打断你的情况下有礼节地发言,这种感觉不错吧?"阿里夫说。

"是的。"穆斯塔法回答。

"以后别再打断我！"阿里夫怒气冲冲地说。

一位现场目击者感到非常震惊。穆斯塔法在公司里是一位颇有人缘、受人尊重的高管，但阿里夫却因为一个微不足道的理由就对他如此发难。这番咆哮让会议室的气氛一下子凝固了，其他人都噤若寒蝉，唯恐阿里夫会有什么过激反应。这位目击者也知道高管们为什么会容忍阿里夫的行为：因为他们得到了丰厚的报酬。

也许阿里夫的脾气之所以愈发频繁地爆发，是因为 Abraaj 债务的增长速度超过了阿里夫找钱偿债的能力。由于公司不断接近财务悬崖的边缘，阿里夫信任的现金总监拉菲克无疑陷入了日益强烈的焦虑之中。截至 2016 年 3 月底，Abraaj 需要 2.97 亿美元来支付账单和进行已达成协议的投资，其中包括对印度在线生鲜零售配送公司 Big Basket 的投资。

拉菲克在 2016 年 2 月给阿里夫、瓦卡尔和穆斯塔法的信中写道："在没有任何收入的情况下，我们在 3 月份将没有资金来承付各种日常款项。"[19]

让拉菲克松了一口气的是，几天后，出售 Network International 所得的第二笔分期付款 1.95 亿美元汇入了 Abraaj 的银行账户。[20] 拉菲克没有将这笔钱返还给拥有 Network International 基金的投资者，而是将现金转入了另一只基金，用于支付他们已经同意的新投资。

数日后，Abraaj 通过出售一家摩洛哥保险公司 Saham Finances（Saham）获得了 1.85 亿美元。[21] 同样，这笔利润也没有返还给投资者，有一半被转入一个秘密银行账户，用于其他目的。

大约就是在这个时候，阿里夫在开曼群岛的公司 Silverline 又

收到了一笔付款。²²

Network International 和 Saham 的出售总共为 Abraaj 及其投资者带来了 5.15 亿美元的收益。但根据拉菲克与阿里夫、穆斯塔法和瓦卡尔共享的一份内部文件，其中 2.19 亿美元被转入了秘密银行账户。²³

就在 Network International 和 Saham 的售出资金被抽走的同时，阿里夫乘坐的飞机降落在了世界上最富有的国家之一卡塔尔的首都多哈哈马德国际机场灼热的跑道上。他当时正在拜访卡塔尔富可敌国的统治家族成员谢赫·哈娜迪·宾特·纳赛尔·阿勒萨尼阁下。阿里夫被邀请参加"珍珠倡议"的董事会会议。该组织旨在改善中东公司的治理和透明度。²⁴

"珍珠倡议"的董事会成员是中东企业高管中的头面人物。其中许多人与阿里夫有联系，包括 Abraaj 的投资者、前任董事哈米德·贾法尔，毕马威合伙人，以及 Abraaj 的主要贷款人之一沙迦银行的首席执行官。谢赫·哈娜迪本人也是一家金融公司的创始人，Abraaj 早先曾对该公司进行过投资。

董事会成员齐聚一堂开了一上午的会，并与卡塔尔高管及王室成员共进午餐。谢赫·哈娜迪告诉阿里夫和"珍珠倡议"组织的其他成员，他们正在以身作则，确保问责制和透明度已成为中东公司的首要任务。

会议结束几天后，阿里夫遭遇了一个令人不快的意外，它令"珍珠计划"的崇高立意顿时失色不少。一家位于纽约的投资机构注意到，它还没有从 Network International 和 Saham 的出售中收到一分钱。²⁵ 该投资机构于 2016 年 3 月 17 日向阿里夫发送了一封电子邮件，询问何时能收到回款。

阿里夫将邮件转发给了穆斯塔法和拉菲克。

阿里夫说："我认为我们应该开始有选择地支付费用，以摒除质疑的杂音。"

2016年4月1日——这一天是精心策划恶作剧的日子，在一些国家被称为"愚人节"——阿里夫制订了一项计划，以防止投资者发现资金被盗。Abraaj将根据两个标准在几个月内向投资者付款：标准一，投资者发现被欠款的可能性；标准二，投资者是否有可能再次投资Abraaj基金。阿里夫可不是在开愚人节玩笑。他向拉菲克和穆斯塔法发送了一份付款时间表。"质疑者和回头客"被排在了名单的前列。[26] "传统投资者和人云亦云者"则排在末尾。

"（这件事）需要在内部悄悄地处理，可能必须成立一个小团队，由我们这些人（还有其他人）组成，对一切都要守口如瓶，没有外人会知道发生了什么。

"对于公司其他人员，就让他们认为所有款项都已经支付。"

"对此的构想是，第一批付款立即进行，然后在4月底、5月底、6月底分次付款。我的分配合适吗？"阿里夫写道。

穆斯塔法没有立即回复，所以阿里夫又给他发了封电子邮件。

"把注意力集中到这个问题上。"阿里夫在信里说。

穆斯塔法回复说："我一直在跟踪这条线，也会按你说的去做，但很难做到严丝合缝。然而我们别无选择。我们必须这么做。"

阿里夫询问这个付款时间表是否合理。

"看起来还行，"穆斯塔法回答道，"但我们越是缩小头尾之间的间隔，出现质疑声音的可能性就越小。"

他们同意执行该计划。阿里夫于 2016 年 4 月 4 日回复了纽约投资机构，这距离他收到关于何时付款的问题已经过去了近 3 个星期。

阿里夫写道："最迟 4 月 15 日，付款已近在眼前。现金已基本到位，正在进行最后的税务和公司签字。"

Abraaj 于 2016 年 4 月向部分投资者汇出一些资金。至于其余的投资者——所谓传统投资者和人云亦云者——则被蒙在鼓里。赌一些投资者不会注意到他们的钱不见了，这是有风险的，但似乎行之有效。问题暂时解决了，阿里夫得以继续他的全球旅行，所到之处均受到热烈欢迎。

世界银行国际金融公司的一名高级主管玛丽亚·科兹洛斯基在 2016 年 5 月于华盛顿举行的一次会议上说："对于这一位，或许无须我多言。他是国际金融公司强有力的合作伙伴。现在，请允许我介绍 Abraaj 集团执行总裁兼首席执行官阿里夫·纳克维。"[27]

在一片掌声之中，阿里夫大步走上舞台。他穿着惯常的藏青色西装，打着领带，双手潇洒地插在口袋里，在台上踱来踱去，显得自信心十足。在一场没有讲稿的即兴演讲中，他对新兴市场进行了乐观的辩护。

"我们看待商业的方式将发生结构性转变，"他说道，"未来 10 年，将有 10 亿人迈入中产阶层消费者行列，其中大多数人将身处增长型市场。

"宝洁、联合利华、雀巢、可口可乐和金佰利等国际化企业都意识到了这一点。

"我当然希望充分利用这一机会，让世界变得更加美好。我希望你们大家也能这样做。"

他走下台时，收件箱里又多了一封来自拉菲克的新邮件。拉菲克希望他允许从 Abraaj 基金中再拿 4 700 万美元来支付开支。[28]

拉菲克问道："能否请您批准转账？"

阿里夫同意了这一盗用，但这仍然不够，因为一个严重的问题正在迅速逼近。几周后，也就是 2016 年 6 月 30 日，毕马威将对总价值 16 亿美元的 Abraaj 四期基金进行审计，先前阿里夫不断抽走这只基金的资金以补他处之缺。到 6 月底，该基金必须资金充盈，但目前却少了 1.94 亿美元。

"没看到任何其他资金流入，"瓦卡尔写信给阿里夫，"这件事你一定得上心。"[29]

阿里夫为了摆脱困境，在一个出人意料的场合向朋友求助。他是廉价航空公司阿拉伯航空的董事会成员，他请求公司的管理团队借给他 1.95 亿美元。令人惊讶的是，他们竟然同意了。[30]

Abraaj 于 2016 年 6 月 22 日收到了阿拉伯航空的贷款，阿里夫将其用于填上四期基金的窟窿。这使他能够给毕马威和投资者留下该基金没有任何资金流失的印象。2016 年 7 月 5 日，也就是审计进行完才几天，这笔贷款被偿还给阿拉伯航空，于是基金再次被掏空。Abraaj 向阿拉伯航空支付了 490 万美元的费用，作为这笔为期 13 天的贷款的利息。

与此同时，越来越多的投资者开始注意到，他们被拖欠了 Network International 和 Saham 的出售款项，并开始心怀不满。阿里夫和他的团队制定了一个新的包含不同优先级别的付款时间表，根据投资者的投诉强度对他们进行排名。穆斯塔法说，最好是承诺一个他们能切实遵守的付款日期。

穆斯塔法在给阿里夫的信中写道:"最好有一个我们可以切实付款的日期,即使时间拖得很长,也比再次推迟要好。"

"好的,教授,"阿里夫回答道,"既然你已经在处理这件事了,如果你能更多地参与进来,帮助解决我们一直在不停应对的各种危机,那就太好了。"[31]

第十二章

健康生活

1993年，比尔·盖茨和梅琳达·盖茨第一次来到非洲，进行了一次奢华的游猎之旅。[1]根据他们后来讲述的一个故事，这片大陆最让他们震惊的不是野生动物，而是贫穷。

比尔·盖茨是当时的"美国首富"，也是《福布斯》杂志有史以来该头衔最年轻的获得者。这位年轻的亿万富翁是微软公司的创始人之一，这家电脑软件公司引发了人类信息处理方式的革命。

据组织这次旅行的英国退役军官乔斯·肯特说，比尔·盖茨和梅琳达的非洲探险被安排成一次对人类起源的浪漫探索，预算没有任何限制。[2]从世界各地空运来的美酒供这对即将步入婚姻殿堂的新人享用。他们租用了一架老式卡塔利娜水上飞机，并招募了一名加拿大消防飞行员来驾驶它。整个团队有十几人，其中包括致力于人类基因组计划的科学家，以及发现了一具非洲古代骸骨（被命名为露西，其揭示了人类起源的线索）的唐·约翰森。团队里还有一位医生，以及别忘了还有一位红酒专家。

他们在马赛马拉扎营。这是一个广阔的肯尼亚自然保护区，因在广阔的热带草原上的狮子、斑马和大象而闻名。他们还飞往刚果民主共和国的布卡武湖，到那里的卡胡兹-别加国家公园看大猩猩。

肯特说："看着比尔·盖茨与这些大猩猩面对面，真是不可思议，因为他对大脑的起源，以及如何操控计算机并令其获得与大脑相匹敌的能力非常感兴趣。"

到了晚上，他们就在篝火旁喝酒、玩猜字游戏。比尔·盖茨向随行人员讲述了互联网如何改变世界的故事，后者听得津津有味。

在游览非洲时，比尔·盖茨和梅琳达遇到了一些当地人。他们用不上电或自来水，更不用说电脑或互联网了。

比尔·盖茨后来在一次公开演讲中说道："那里的风景很美，人们很友好，但我们第一次看到那里的贫穷，这让我们感到不安。显然，我们知道非洲部分地区很穷，但身临其境却让原本抽象的概念变成了我们无法忽视的不公。"[3]

非洲之旅激发了比尔·盖茨和梅琳达的好奇心。为什么世界上会有如此极端的不平等现象？是什么造成了贫困？问题到底有多严重，真的非得如此吗？在非洲桑给巴尔岛的海滩上漫步时，他们决心投入数十亿美元，为消除贫困做出努力。

这正是比尔·盖茨探索之旅的开始，而正是这一旅程让他找到了阿里夫。

回到家乡西雅图后，比尔·盖茨又重新陷入管理微软的日常琐碎中。微软很快成为世界上最有价值的公司。几年后，微软还卷入了与美国政府调查人员的一场大规模法律诉讼中。调查人员认为微软从其垄断地位中非法获利。但是，比尔·盖茨所深切认知到的非洲及其贫困问题始终在他的脑海中挥之不去。

"我们回来后，就开始翻阅资料以了解我们所看到的一切。数百万非洲儿童死于腹泻、肺炎和疟疾，这让我们感到震惊。"比尔·盖茨在给他的朋友、同为亿万富翁的沃伦·巴菲特的信中写道，"富裕国家的孩子不会死于这些疾病，非洲的孩子却因为贫穷而死亡。对我们来说，这是世界上最不公平的事。"[4]

比尔·盖茨拥有的巨额财富为他打开了与世界各地重要政治领导人相识的大门。他们向他介绍了各自国家的情况，有些人还请求他为生活水平与美国迥异的遥远国度提供帮助。1994年，比尔·盖茨第一次与纳尔逊·曼德拉交谈。这位南非前总统和自由战士请求他为南非的首次民主选举提供资金。

1997年，比尔·盖茨和梅琳达在《纽约时报》上看到一篇文章，这再次坚定了他们采取行动解决贫困问题的决心。记者尼古拉斯·克里斯托夫以《对第三世界来说，水仍然是救命的》为题，将健康问题置于全球贫困问题的中心。[5]他讲述了印度女佣乌莎·巴格瓦尼的故事，她的一儿一女均死于痢疾。这种不难治疗的疾病每年却可夺去300万人的生命，其中几乎都是儿童。比尔·盖茨把这篇文章寄给了他最信任的顾问之一，他的父亲。

"爸爸，"他写道，"也许我们能为此做点什么。"[6]

2000年，盖茨家族创立了世界上最大的私人慈善组织比尔及梅琳达·盖茨基金会。几年后，一直与比尔·盖茨同在富豪榜前列的沃伦·巴菲特宣布，他将把自己的大部分财富捐给盖茨基金会。比尔·盖茨和沃伦·巴菲特还创立了"裸捐誓言"，鼓励其他亿万富翁捐出自己至少一半的财富。

医疗保健是比尔·盖茨和梅琳达的核心使命。

"我们的工作基于这样一个简单的理念:每个人,无论生活在哪里,都应该有机会过上健康而富有成效的生活,"比尔·盖茨在政治家曼德拉去世后的一次纪念演讲中解释道,"当人们不健康时,他们无法将注意力放到其他优先事项上。而当健康状况改善时,无论从哪个层面来讲,生活都会得到改善。"[7]

在基金会成立之初,比尔·盖茨和梅琳达曾投入数十亿美元,用于开发疫苗和药物,以根除小儿麻痹症、肺炎、疟疾和艾滋病等可怕疾病。但要真正解决全球健康状况不佳的问题,比尔·盖茨和梅琳达还希望找出办法,为生活在非洲、亚洲和拉丁美洲的数十亿贫困人口提供基本医疗服务。

现在轮到阿里夫出场了。

• • •

1948年,英国工党政府成立了国民医疗服务体系(NHS),英国对医疗保健制度进行了彻底的改革。纳税人为NHS提供资金,使其能够为每个公民提供免费的医疗服务,而无论他们财富多寡或地位高低。美国建立了私人医疗系统,在许多慈善诊所和医院的支持下,为大多数公民提供服务。

在贫穷的发展中国家,病患或伤者很少有机会获得免费药物或找到可堪一用的医院。这使得肺炎和腹泻等本可治疗的疾病变成了生命收割器。而面对严重事故或疾病时,存活率则更低。

在贫困人口众多的发展中国家，昂贵的私立医院往往是唯一的医疗选择。可这些医院对那些每天靠几美元维生的人来说通常太贵了。因此它们主要服务于少数精英阶层，如政府高级官员、富有的企业高管和有医疗保险的大公司员工。

印度女孩杰西的经历给我们展示了成长于拥挤的发展中国家的风险。[8] 她在印度瓦朗加尔市被一辆公共汽车撞倒。当杰西躺在路边生命垂危时，她的父母用毯子裹住她被撞得瘫软的躯体，把她送到了最近的医院。他们被拒之门外，因为他们太穷了，付不起钱。无奈之下，他们又赶往下一家医疗机构，那里的医生再次拒绝治疗他们的女儿。还是一样的问题：他们被告知，没有钱，就没有治疗。

最终，这对父母来到一家由私营医疗公司 Care 医院运营的救治中心。该中心接收了他们的孩子。尽管杰西的伤情复杂，包括骨盆粉碎性骨折，但医生团队还是立即开始了治疗。医生们挽救了她的生命，两个月后，她开始尝试重新走路。

杰西是个幸运儿。

・・・

比尔·盖茨并不是唯一努力为发展中国家的医疗服务寻找解决方案的人。联合国和世界银行等数十家国际组织和慈善机构都在研究如何改善这方面的服务。

在世界银行位于华盛顿的国际金融公司（IFC），斯科特·费瑟斯顿和埃米特·莫里亚蒂正在研究这个问题。IFC 是世界银行的私营分支机构，主要是为贫穷国家的企业提供资金，并相信这将有助于减少贫困，创造就业机会。斯科特是一位直言不讳的澳大利亚人，他和爱尔兰同事埃米特正在规划 IFC 的医疗保健战略。两人在工作中已成好友，经常一起出入社交场合。在华盛顿的一家酒吧喝啤酒时，他们就如何改善非洲的医疗保健进行了辩论。他们决定聘请一家领先的咨询公司以获得帮助，但这些咨询公司的费用昂贵。他们请示了上司，得到的答复是，如果找到另一家愿意加入的组织，他们就可以得到一些现金支持。于是斯科特和埃米特请求盖茨基金会提供帮助。基金会同意了。他们借此筹集了大约 200 万美元，委托麦肯锡公司开展两项研究。

麦肯锡公开发布了第一份报告《非洲的卫生事业》。[9] 报告指出，如果没有私营公司的参与，仅仅改善政府管理的医院是行不通的，因为私营医疗服务在新兴市场牵涉甚广。

而在未公布的第二份报告中，麦肯锡建议 IFC 成立私募基金，投资新兴市场的医疗保健公司。麦肯锡还建议世界银行成立一个团队，负责游说新兴市场的政府，鼓励其与私营医疗保健公司合作。

一位参与该项目的人士表示："这样做的理由是，在许多此类国家，私人医疗保健部门在医疗服务中占有很大比重，而政府基本上对这一点视而不见。"

鼓励投资新兴市场的私营医疗保健公司是有争议的。反贫困慈善机构乐施会在一篇题为《盲目乐观》的文章中，对 IFC 进行了尖锐批评。[10] 乐施会表示，帮助政府发展像英国 NHS 这样由纳税人出资的医疗保健服务体系，才更便宜、更公平、更有效。

"对于贫穷国家公共卫生系统面临的问题，私人部门没有提供任何出路。"乐施会如此表示。

IFC 并未理会乐施会，而是接受了麦肯锡的建议，为非洲的医疗保健行业成立了一只私募基金。斯科特和埃米特开始联系潜在的投资者。盖茨基金会同意投资该基金——这是盖茨基金会的第一笔私募股权投资，由此加入了 IFC、德国政府和非洲开发银行组成的投资行列。它们承诺总共向基金投资 5 700 万美元。

现在，IFC 需要找到一家公司来管理该基金。它在 2008 年进行了招标。塞夫领导的伦敦私募股权公司欧瑞斯应标。[11] 塞夫声称，欧瑞斯可以通过投资那些专为非洲最贫困人口提供服务的医疗保健公司，在"金字塔的底部"赚取利润。

塞夫提议，欧瑞斯医疗团队的薪酬高低取决于他们能否达到为更多穷人提供服务的目标。他们为越多的极端贫困人口提供服务，就能获得越多的报酬。塞夫团队的一名成员将这种方法形容为"狂欢式影响力投资"。

IFC 和盖茨基金会向欧瑞斯提供了新医疗保健基金的管理合同，塞夫接受了。塞夫认为，管理该基金是结识盖茨基金会等重要新投资者的绝佳机会，而且欧瑞斯还可以通过管理该基金获得管理费以及利润分成。

塞夫在欧瑞斯的一些同事对这只非洲医疗基金并无好感，他们认为这是一个由西方人资助的满足虚荣心的项目。出资人没有明确的目标，对新兴市场更是一无所知。他们对于将自己的薪酬与所谓的影响力指标挂钩的新举措持谨慎态度。要知道，光是在新兴市场投资获利已实属不易了。

欧瑞斯的高管对塞夫给出的管理基金的任务唯恐避之不及。他

第十二章　健康生活　201

们不明白，为负担不起医疗费用的穷人提供医疗服务，怎么可能赚钱呢？不需要数学家也能算出，这些数字加起来是得不出这个结果的。

塞夫亲自揽过这件事，并命令沙基尔·梅拉利领导医疗基金。沙基尔勉为其难地同意了。虽然握着一手烂牌，但他还是想做好这件事。他试图找出一种让投资者满意的策略，这需要在实现盈利的同时为非洲穷人提供医疗保健服务。随着思考的深入，他开始发现其中蕴藏着一个巨大的商机。

沙基尔在肯尼亚出生并长大，他深知非洲人在获得优质医疗服务方面所面临的挑战。非洲大陆新兴的中产阶层几乎没有多少选择。少数富裕者选择独家私立医院，或飞往欧美接受治疗。但许多贫困者只能选择由政府和慈善机构运营的、长期资金不足的诊所。

沙基尔在肯尼亚首都内罗毕一栋破旧的大楼里发现了他的第一个投资机会。[12] 大道医院是提供全服务的连锁诊所的一部分。它为有医疗保险或有足够资金支付低价治疗费用的肯尼亚中产阶层提供基本医疗服务。病人候诊室是一间位于停车场的木制建筑。

大道医院的模式非常成功。沙基尔决定向该公司投资250万美元。这笔钱被用来在肯尼亚西部的基苏木市新建一家医院，并开设更多的诊所。大道医院的年营业收入在几年内从欧瑞斯投资时的约30万美元大幅增加到约100万美元。正是大道医院让沙基尔相信，行善也能赚钱。在帮助一家非洲医疗保健公司扩大规模后，他认为有可能在更大的范围内如法炮制。他提出一个泛非医疗保健公司的构想，并将其命名为"乌兹玛"（Uzima）计划。"*Uzima*"来自斯瓦希里语，意思是"充满生机"。

当 Abraaj 在 2012 年接管欧瑞斯时，提出宏伟计划的沙基尔终于得遇知音。他向阿里夫解释了"乌兹玛"计划，而后者则提出了一个更宏大的计划，即建立一个覆盖所有新兴市场的医疗保健基金。阿里夫委托沙基尔和 Abraaj 值得信赖的老员工阿比纳夫·孟希（人称"阿比"）为一只新的新兴市场医疗保健基金制定战略。

• • •

Abraaj 收购了欧瑞斯及其非洲医疗保健基金，这意味着比尔·盖茨现在是阿里夫的投资者之一了。阿里夫十分希望和比尔·盖茨套上近乎，因此当比尔·盖茨于 2012 年 10 月前往阿联酋时，他邀请这位美国人到他家共进晚餐。

比尔·盖茨之所以来阿联酋，是要在阿布扎比酋长国王储谢赫·穆罕默德·本·扎耶德·阿勒纳哈扬主办的一场会议上发表演讲。这位微软创始人向在场的一群中东富豪解释了他致力于慈善事业和医疗保健的原因，并请求他们给予帮助。[13]

"拯救数百万儿童的生命不是我们能够独自完成的任务。我们没有足够的资源，没有足够的知识，在世界上许多地区，我们也没有足够的渠道，"比尔·盖茨说，"我们需要合作伙伴。这就是为什么我很高兴能来到这里。"

他恳求听众集中精力帮助穷人，他还意图激发听众的好胜心，要求他们比西方国家做得更好。

他说："长期以来，我们西方几乎只是为了满足富裕世界的需求而开发和应用技术，只为那些付得起钱的人服务。而我希望你们能不断探索如何应用技术来帮助那些付不起钱的人。"

演讲结束后,比尔·盖茨沿着阿拉伯海岸北上前往迪拜,作为主宾出席了阿里夫和法耶扎在阿联酋山庄豪宅举行的晚宴。阿里夫也邀请了当地知名人士。

比尔·盖茨和阿里夫有很多事情要讨论。几周前,他们商定两人的慈善基金会将在巴基斯坦合作开展一项计划生育项目。阿里夫似乎正是比尔·盖茨要寻找的人,他富甲一方,但他关心穷人。

阿里夫也对比尔·盖茨有所求。他们可以携手改变亚洲和非洲数百万最贫困人口的生活,不是通过捐钱,而是通过创建一只新的大型私募基金,投资新兴市场的医院和诊所。比尔·盖茨投资的现有非洲医疗保健基金存在的问题是规模太小、不成气候。于是,成立 Abraaj 成长市场医疗基金的想法应运而生。

晚宴后的几天里,比尔·盖茨和阿里夫明确承诺合作的消息出现在中东各地的报纸上。新闻报道中的一张照片显示,比尔·盖茨身着西装,打着领带,面带微笑,但不太自在地望着地板。阿里夫穿着西装,敞开衬衫领口,脸上洋溢着灿烂的笑容,显得更加从容。

"这是一段重要的共同投资合作关系,"比尔·盖茨说,"这也是一段模范的明智伙伴关系,它为未来带来了巨大的希望。"[14]

• • •

有了比尔·盖茨这个投资者和盟友,对阿里夫来说是一个巨大的惊喜。比尔·盖茨的身家高达 670 亿美元,甚至超过了当时肯尼亚的经济总量,名副其实富可敌国,而他的认可是阿里夫吸引其他投资者的一个绝佳广告。阿里夫为自己与这位微软创始人的关系感到无比自豪，甚至还在自己的办公室里放了一张两人的合影。可阿里夫当时并不知道，他与比尔·盖茨及盖茨基金会的关系终将导致他走向毁灭。

阿里夫让沙基尔和阿比加紧创建全球医疗保健基金的工作。如果计划得当，该基金将巩固 Abraaj 在影响力投资中的领导者地位，并通过收取管理费用和利润分成赚取巨额资金。

2013 年 1 月，阿里夫将他的新医疗保健基金计划带到了世界经济论坛。全球医疗行业最重要的两位人物也来到达沃斯参加会议——皇家飞利浦电子公司首席执行官万豪敦和美敦力公司首席执行官奥马尔·伊什拉克。他们领导着全球最大的两家医疗保健公司，总价值接近 1 000 亿美元。[15]2013 年 5 月，在开普敦举行的一次讨论非洲问题的世界经济论坛会议上，阿里夫与飞利浦首席执行官谈论了他的计划。

飞利浦和美敦力的机会显而易见。若能与盖茨基金会共同投资这个全球医疗保健基金，其日后要销售医疗设备给阿里夫计划购买和建造的医院和诊所，自然便能近水楼台先得月。该基金将使其在北美和欧洲以外的快速增长市场占有一席之地。这些市场对价格合理、质量上乘的医疗服务有着巨大的需求。

2013 年底，随着 Abraaj 的财务状况日益紧张，阿里夫准备公布其医疗保健基金计划的更多细节。他邀请了一小群投资者——其中包括盖茨基金会的朱莉·桑德兰——在他位于牛津附近的乡间别墅盘桓数日。管理顾问们也到场帮助讨论战略。

在背后，阿里夫却濒临崩溃。在客人到来的前一天午夜，他和塞夫、穆斯塔法、瓦希德及其他团队成员坐在豪宅的客厅里，翻阅着沙基尔和阿比花了几个月时间制作的医疗保健基金演示文稿。两人对自己的工作很满意，但阿里夫却很不满意，对着阿比咆哮了近一个小时。他大声斥责，说文件的语气措辞完全不对。塞夫、穆斯塔法和瓦希德在旁边一言不发。阿里夫说他不可能向投资者提交这份文件，并威胁要取消会议。这次爆发让沙基尔和阿比大为受挫。

"你需要重做这个演示文稿。"阿里夫说。

阿比一直工作到凌晨4点左右。他对文件做了一些表面上的修改，调整了一些页面的顺序，最后上床睡觉了。早饭时，他再次把文件提交给阿里夫。

"这样很好。"阿里夫说。

员工们都很熟悉老板这种发脾气的模式。阿里夫经常大发雷霆，要求员工在最后一刻做出改变。一名员工说，这个过程让阿里夫相信，他对发现和解决问题至关重要。

那天早上，阿里夫在迎接他的客人时，显得魅力十足。他详细介绍了该基金将如何运作。阿里夫的乡间别墅给来访者留下了深刻的印象。一位管家始终候在他们身边满足他们的需要。他们徜徉在老宅四周格调优雅的花园里，其乐融融。

管理顾问们在谈话中夹杂着各种行业术语，如"协同增效""全面升级"等。这让一位与会者感到困扰。他们提出的概念似乎与这场关于如何改善极度贫困国家医疗服务的讨论格格不入。

"那里有很多人对自己在说什么一无所知，也没有新兴市场医疗保健方面的经验，"该人士表示，"这些领域非常具有挑战性。"

阿里夫让这一切听起来好像很简单。[16]

他稍后告诉投资者："收入的增加、城市化和生活方式的改变，正在推动市场对优质医疗系统的需求，而这些市场历来都是系统性投资不足的典型。"

阿里夫希望投资者为该基金提供 10 亿美元。这笔资金将用于在非洲和亚洲的高需求、低收入城市购买和建立十多家医疗保健机构。阿里夫希望在他儿时的家乡卡拉奇、尼日利亚的拉各斯、埃塞俄比亚的亚的斯亚贝巴、印度的海得拉巴、南非的德班和加纳的阿克拉进行投资。阿里夫告诉投资者，Abraaj 可以轻松应对基金运营所面临的挑战，比如能否找到足够的医院来进行购买，以及招募在这些医院工作的医生和护士。他谈到了 Abraaj 投资医疗保健机构的经历，其中确实包括一些重大的成功案例。例如，Abraaj 曾通过出售土耳其连锁医院 Acibadem 大赚了一笔。

作为管理 10 亿美元基金的回报，阿里夫希望收取标准的 2% 的年费，即每年 2 000 万美元，还要加上利润分成的五分之一。

阿里夫游刃有余地向投资者进行了推销，但在牛津举行的会议上却出现了意见分歧。Abraaj 的高管希望该基金投资那些极有可能盈利的公司，但盖茨基金会的团队更感兴趣的是那些更有可能帮助最贫穷非洲人的投资，而不太看重盈利的前景。沙基尔在这个问题上与盖茨基金会官员发生了冲突。他决定只收购那些能够产生足够利润、自负盈亏、不需要施舍就能茁壮成长的医院和诊所。他认为，在非洲和亚洲建立一个自给自足的医疗体系，将结束这些地区对西方援助的需求。

这场冲突给阿里夫出了个难题。沙基尔是团队的重要成员，但阿里夫不能失去盖茨基金会的支持。阿里夫开始为新的医疗保健基金寻找一位更加长袖善舞的领导者。

能言善道的财务主管卡瓦尔·曼符合这一要求。他出生在英国第二大城市伯明翰的一个贫困社区，父母是从巴基斯坦移民到该地定居的。他的父亲靠开公共汽车和送邮件来养家糊口。卡瓦尔早慧，在英国教育体系中快速成长。他曾获得剑桥大学医学专业的录取资格，但后来改学了法律。毕业后，他循规蹈矩地来到了伦敦金融区，进入金融城工作，20多岁便在年利达律师事务所成为一名收入丰厚的公司法律师。1995年，他辞去了律师事务所的工作，进入著名的宾夕法尼亚大学沃顿商学院攻读工商管理硕士（MBA）课程。随后，他在罗纳德·科恩爵士的私募股权公司安佰深集团工作，并成为该公司医疗保健投资团队的合伙人和联席主管。

在斩获交易之余，卡瓦尔会去英国王储查尔斯王子创办的一家慈善机构帮忙。该慈善机构为贫困社区（如卡瓦尔成长的社区）的年轻人提供指导项目。卡瓦尔的慈善工作为他赢得了大英帝国勋章，这是英国女王伊丽莎白二世授予他的一个令人艳羡不已的殊荣。

但卡瓦尔在英国金融界的崛起之路就此戛然而止，因为他在安佰深的一项医疗保健投资业绩不佳，损失了数百万美元。[17] 他离开安佰深，前往莫斯科，在一家私营医疗保健公司谋得了一份工作。这家公司的老板是一位俄罗斯寡头，后来面临洗钱指控。前往俄罗斯的就职并不顺利。他有一年在达沃斯见到过阿里夫，于是卡瓦尔开始与阿里夫洽谈。阿里夫认为他很适合吸引投资者。正如一位投资者所说，"卡瓦尔甚至可以把沙子卖给阿拉伯人"。卡瓦尔于2014年加入Abraaj，帮助领导医疗保健基金。他对改变发展中国家医疗保健的宏伟愿景感到兴奋不已。

阿里夫还为医疗保健基金聘请了一位金融界大亨。阿利·杰迪曾是纽约麦肯锡公司的高级合伙人，领导该咨询公司为美国私募股权公司提供咨询服务。阿利的履历中不乏著名学府。他在达特茅斯学院以全班第一名的成绩毕业，获得了经济学学位，又在耶鲁大学获得了法学学位。[18] 他曾在联合国前南斯拉夫战争罪行法庭的检察官办公室工作，并在就职于世界银行期间为埃及设计福利计划。他曾是纽约上东区一所私立预备学校道尔顿的理事，也是达特茅斯学院校友理事会的成员。他还是一家为巴基斯坦盲人服务的慈善机构的董事会成员。

阿利与阿里夫相识约有10年了。阿利曾就 Abraaj 的战略向阿里夫提供建议。阿里夫任命阿利领导医疗保健基金，卡瓦尔担任副手。包括 IFC 在内的投资者对阿利的的任职持谨慎态度，因为尽管他拥有精英资质，却没有在最贫穷国家投资医疗保健领域的相关经验。

"我们不明白为什么会任命阿利，"一位投资者说，"他没有新兴市场经验，没有医疗保健领域相关经验，也没有投资经验。"

阿利和卡瓦尔与阿里夫、塞夫一起，为医疗保健基金准备营销文件。虽然他们都不是新兴市场医疗保健领域的真正专家，但都是向投资者推销私募基金的个中高手。

阿利告诉《福布斯》杂志："现在，全世界正在向我们的市场蜂拥而来。"

阿利与塞夫一起飞往美国会见投资者，并向盖茨基金会和 IFC 进行了精心设计的宣传。

但阿利很快就开始怀疑自己加入 Abraaj 的决定是否明智。在目睹了公司的内部运作方式后，他对一些同事的职业道德感到担忧。阿里夫的行事方式也让他感到不安。

"他清醒过来了。"一名前同事说。

他在加入 Abraaj 几个月后就离开了，回到了麦肯锡。

阿利的退出给投资者敲响了警钟，但阿里夫迅速采取行动以遏制损失。他告诉投资者，他将亲自领导医疗保健基金，卡瓦尔则负责日常管理运营。

阿里夫希望雇用更有名气的人物，以提高他在医疗保健领域的声誉。他准备为此支付高到令员工感到荒谬的薪金来吸引知名高管。于是，他找到了英国 NHS 的前首席执行官戴维·尼科尔森爵士。

尼科尔森在加入共产党不久后就进入了 NHS。[19] 起初，他只是一名胸怀理想主义的培训生，后来步步高升，并赢得了强有力管理者的美誉。2006 年，他被任命为英国 NHS 的领导人，负责管理 900 亿英镑的预算，以及一个拥有 100 多万名医生和护士、数千家医院和诊所的庞大官僚机构。

这是一份压力很大的工作，但按照政府的标准，他的工资很高，还有其他福利。2010 年，英国女王封他为爵士。他的任期也充满了争议。除了高达 21 万英镑的工资外，他每年还获得 4.16 万英镑的额外津贴，这让他饱受批评。他还因一些医院的管理人员过于关注财务状况而导致院内死亡率过度升高而受到批评。作为一个首席执行官，他不得不道歉。[20]

离开 NHS 以后，卡瓦尔邀请戴维爵士加入 Abraaj。应盖茨基金会的要求，卡瓦尔当时成立了一个影响力委员会来筛选投资项目。

卡瓦尔为戴维开出了 12 万美元的年薪，但他每月只工作 4 天。他的年薪足以支付肯尼亚 6 名医生的工资，但他的责任十分有限。

其合同规定，"提供服务的方法、细节和手段应由顾问决定。Abraaj 无权也不得控制提供服务的方式或方法。"

戴维爵士接受了任命。这一任命在医疗保健基金员工中引起了轩然大波，他们不明白为什么这位爵士拿着这么高的薪水却做着这么少的事。

在阿里夫和卡瓦尔为基金的营销材料做最后润色时，包括 IFC 在内的一些投资者表示，10 亿美元的要价太高了。但阿里夫对此充耳不闻。

他说："要么大干一场，要么回家睡觉。"

基金规模越大，Abraaj 的管理年费就越高。

在与投资者的讨论中，另一个特别棘手的问题也徘徊不去。私募基金通常有 10 年的存续期，在此期间必须交易。IFC 和盖茨基金会认为，医疗保健基金需要比通常情况更长的期限，以便在充满挑战的情况下建立持久经营的公司。医疗保健行业法规复杂，寻找员工也很困难。难上加难的是，Abraaj 还提议从零开始建设一些医院。阿里夫将这些问题搁置一旁，因为他不想阻止该项目所汇聚的势头。他决定，最好将医疗保健基金作为典型的私募基金来构建。

到 2015 年夏天，Abraaj 已经准备好进行私募股权投资行业所称的"首轮关账"。[21] 此时，该基金已筹集到足够的资金，可以开始收购公司。盖茨基金会兑现了投资 1 亿美元的承诺。美敦力和飞利浦也投入了资金。IFC 也想投入资金，但事实证明，这笔投资很难获得批准。一个负责决定如何使用世界银行资金的委员会不愿意批准这项1亿美元的投资。斯科特·费瑟斯顿告诉阿里夫，IFC决定最多投资5 000万美元。阿里夫很不高兴。几天后，斯科特接到一个电话。

"我只是想恭喜你。"阿里夫告诉他。

斯科特不解地问为什么。

"IFC将投资1亿美元，"阿里夫窃笑着说，"所以恭喜你，斯科特。"

IFC的高管们也搞不懂阿里夫是如何从他们的组织获得1亿美元的。他们认为，他利用了自己与IFC首席执行官的关系。阿里夫也亲口告诉国际金融公司的一名员工，情况就是这样。

IFC的资金加入使首笔关账的融资总额达到了4.6亿美元。阿里夫邀请投资者到他位于梅费尔区的办公室庆祝。这是朱莉·桑德兰离开盖茨基金会创办自己的医疗保健投资公司之前与Abraaj的最后一次会面。走出会场时，她留下了最后一句话。

"别搞砸了。"她说。

手握大量新资金的阿里夫开始向卡瓦尔施压，要求他寻找交易目标。

一个大好机会很快就出现了。Care医院正在出售。这家挽救了女孩杰西生命的印度公司以其高素质的医生而闻名。一些病人甚至认为该医院的主治医师是一位拥有近乎神秘的治愈能力的大师。这家印度公司归安宏资本所有。这家美国私募股权公司通过翻新旧医院并在印度各地开设新医院，扩大了Care医院的规模。安宏资本聘请了投资银行莫里斯处理Care医院的拍卖事宜。莫里斯的银行家们邀请各路医院运营商、私募股权公司和主权财富基金出价，一场激烈的竞购战随之展开。[22] Abraaj 的对手是美国私募股权公司 TPG 和新加坡主权财富基金淡马锡。新加坡医院运营商汤姆森医疗也参与了竞争。[23]

卡瓦尔一心渴望获胜。他希望 Care 医院及其医生能成为 Abraaj 医疗保健基金的支柱。他的计划是将这家医院扩展到亚洲其他地方和非洲。Care 医院的医生和护士可以为孟加拉国和尼日利亚的医院培训新员工。一些 Abraaj 高管对卡瓦尔处理拍卖的方式并不满意。他们认为卡瓦尔太早摊牌，他让人看出来他对这笔交易有多么渴望。

最终报价应于 2015 年秋季提出，预计将于 12 月公布。一切都归于平静，Abraaj 的高管们以为他们输了。有传言称，由比尔·麦格拉申领导的 TPG 团队将胜出，他是影响力投资界的领军人物，也是爱尔兰摇滚明星波诺的朋友。

随后，卡瓦尔收到了一则意想不到的消息：TPG 退出了，Abraaj 成为了领跑者。安宏资本为 Abraaj 提供了迅速达成交易的机会。它给了 Abraaj 几周时间对 Care 医院进行检查，以证明 Care 医院的盈利能力如其所说那样好。一些同事认为，卡瓦尔当时没有花更多时间分析该公司的财务状况，这是冒了很大风险的。这笔交易于 2016 年初达成，Abraaj 投资了 1.3 亿美元。[24]

· · ·

2016 年 1 月，阿里夫重返达沃斯，迫不及待地向全世界介绍

第十二章　健康生活

他的新医疗保健基金。世界经济论坛也很乐意帮助传播这一消息。阿里夫年复一年不惜支付数百万美元参加这场在瑞士阿尔卑斯山举行的会议。论坛安排了一场关于发展中国家未来医疗保健的新闻发布会。阿里夫在盖茨基金会、飞利浦和美敦力的高管人员的陪同下走上舞台,它们是医疗保健基金最大的三家投资者。[25] 会议没有邀请发展中国家的医生或护士发言,也没有任何贫困患者来讲述他们的故事。会议主持人格奥尔格·施米特以一个问题作为开场白,这实际上就是给阿里夫机会来宣传他的新基金。

"请告诉我们,如何利用私人资本为解决和应对这一全球卫生挑战做出贡献。"

"显然我们有双重目的。首要目的是赚钱。"阿里夫回答道。

第二个目的则是提供医疗保健,对此他说:"如果你去拉各斯、卡拉奇或加尔各答,你会惊讶地发现,那里甚至连基本的医疗保健都不存在,所以我们的工作实际上就是要把这一基准落实到位。"

盖茨基金会的人几乎无法抑制对阿里夫新基金的热情。

马克·苏斯曼表示:"能够与在座的各位共同成为 Abraaj 成长市场医疗基金的合作伙伴,这让我们感到非常兴奋。之所以如此,是因为这一基金有可能为这些市场目前所提供服务的方式带来真正的变化——称其为'革命性变化'可能有点太过了,但这肯定是我们中期的希望。我们对前景非常乐观。"

阿里夫说,Care 医院是新基金将要进行的交易的完美范例。Abraaj 将把 Care 医院的印度医生所具备的专业知识传授给其他国家的诊所和医院。

阿里夫说:"那里的医生和卫生技术人员实际上是世界一流的。

如果我们能够将这些专业知识和培训能力应用到整个非洲,那么就能实现共赢。"

・・・

回到迪拜后,卡瓦尔却遇到了一些问题。

在完成第一笔交易的兴奋劲过去之后,卡瓦尔仔细查对 Care 医院的账目时,发现了将要面对的财务挑战。由于急于完成交易,Abraaj 漏掉了一些重要的警示信号。Care 医院资深管理团队的成员开始离职,医院的财务指标也落后于预期。Care 医院的问题并非不可解决,但 Abraaj 为了获得解决这些问题的资格,却付出了高昂的代价,这就让它有点当冤大头的感觉。在一次内部会议上,阿里夫当场让卡瓦尔向其他员工解释 Care 医院交易中出现的问题,令卡瓦尔尴尬不已。

卡瓦尔的领导风格让团队中的一些人感到不安。对于在新兴市场拥有几十年交易经验的人来说,他提出的某些想法一听就是不可能实现的。有一次,他把同事们拉进一个房间,要求他们在尼日利亚开展一个项目。他给了他们 6 个月的时间来建造一家医院并为其配备人员。对团队来说,这听上去是个疯狂的要求。因为他们知道在尼日利亚招聘和培训员工有多么困难,更不用说从零开始建造一家医院了。

医疗保健团队士气低落。基金的设计者之一阿比辞职了。沙基尔也想离开,但阿里夫要求他留下来,直到募资结束。沙基尔同意了。

高管们的铺张浪费让该医疗保健基金的一些员工备感震惊。一位高管乘坐商务舱从迪拜飞往内罗毕,只为参加一场会议,并且还在诺福克酒店过夜。该酒店在殖民时期曾是英国贵族们的最爱,以价格高昂著称。这次短暂出差的费用远远超过了一名肯尼亚护士的年薪。

即使按照私募行业的标准,支付给医疗保健团队中一些人的薪水也令人瞠目。萨米尔·卡利夫是一位著名的癌症专家,也是阿里夫的朋友,他的年薪高达数十万美元。

Abraaj 于 2016 年 7 月完成了医疗保健基金的募集。银行、富人、美国基督教联合教会养老基金、英国 CDC 以及法国政府管理的金融开发机构 Proparco 承诺投资总计 8.5 亿美元。再加上 Abraaj 与美国政府的海外私人投资公司(OPIC)正在进行谈判的 1.5 亿美元,该基金的规模很快就能达到 10 亿美元。

比尔·盖茨不仅将自己的 1 亿美元委托给阿里夫,还借此又为该基金吸引了 9 亿美元,用于为穷人建造医院。现在,阿里夫和比尔·盖茨拥有了改变数百万人生活的资金。但阿里夫另有打算。他在完成资金募集后的几个月内,就要求医疗基金的投资者提供数亿美元。盖茨基金会、IFC 和其他投资者按照要求将资金汇给了 Abraaj。Care 医院是一家连锁医院,曾救活了被公交车撞倒的印度女孩杰西。Abraaj 告诉投资者,这笔钱将投资包括 Care 医院在内的多家机构,但阿里夫却将其中数千万美元据为己有。[26]

• • •

Abraaj 医疗保健基金确实开始在巴基斯坦、肯尼亚、尼日利亚和印度开展一些项目。它收购了巴基斯坦的一家医疗诊断公司和肯尼亚的几家医院，并开始在拉合尔、卡拉奇和拉各斯建设医院。

即使Abraaj未曾从医疗保健基金中窃取数百万美元，这个立志为世界上最贫困人口提供私人医疗服务的伟大资本主义实验也不太可能成功，至少在一开始是这样。Abraaj的文件显示，该基金获准投资于诊所和医院，为人类社会经济金字塔的中层，日收入在3~10美元的人，以及生活在金字塔底层、日收入不足3美元的人提供服务。该基金的战略是首先为那些负担得起相应服务的人提供优质的护理和诊断服务，然后通过向政府和慈善机构争取资金来帮助最贫困者。当卡瓦尔参观Abraaj位于拉合尔的医院时，他眺望周围的田野，映入眼帘的情景是赤贫的农民牵着耕牛辛苦劳作。他深知，尽管他想为他们提供服务，但他们永远也看不起病。

Abraaj无法提供免费医疗服务。因为它在达沃斯大张旗鼓地宣布成立基金，为此不惜豪掷千金，还向私募股权公司、管理咨询公司和私立医院招聘来的高管们支付数十万美元的年薪，所以这只基金需要赚取巨额利润才能生存。

第十三章

深呼吸，微笑，说"Alhamdullilah"，然后继续

拉菲克是一个留着白胡子的虔诚教徒，他献身于安拉，也献身于阿里夫。除了每天祈祷5次的时间，其他时间拉菲克会在Abraaj迪拜总部一间位于角落深处的办公室里埋头工作，周围是成堆的纸质收据。这个忠诚的现金管控人在整个2016年都在不停地搜罗Abraaj的银行账户，以求从中寻到些美元以维持收支平衡。他发现给Abraaj做假账越来越难，巨大的压力也损害了他的健康。阿里夫的一位秘书回忆说，拉菲克在准备进入老板办公室时会浑身发抖。办公室里挂着美国拳王穆罕默德·阿里的照片，以及阿里夫与比尔·盖茨、阿里夫与沃伦·巴菲特的合影。房间里弥漫着一种巴黎香水公司Diptyque生产的香水的气味，一位管家喜欢喷洒这种香水。有时，秘书们会听到阿里夫播放爵士乐和20世纪80年代的摇滚民谣，如柏林乐队演唱的《带走我的呼吸》。

拉菲克每天都在Abraaj的全球基金、公司和银行账户网络中将资金腾来捣去。他的举动得到了阿里夫、瓦卡尔和阿希什·戴夫的指导和批准。戴夫从毕马威会计师事务所重新加入 Abraaj，第二次担任首席财务官。

拉菲克反复告诉阿里夫，财务诡计对 Abraaj 的运行和他自己的身心健康都造成了巨大的压力，令他难以承受。但他的老板似乎对此不以为意。

阿里夫仍然对自己回避付款期限和寻找新资金来源的能力信心满满。他确信，出售他最大的资产卡拉奇电力便可解决现金危机。Abraaj 在卡拉奇电力的运营方面确实取得了进步，但这还不能保障未来无虞。电力公司的发电量仍然不足以让这个巴基斯坦最大的城市灯火通明，它需要更多的投资，而 Abraaj 无法提供这些投资。城市自来水公司仍欠卡拉奇电力数百万美元，而后者又欠国有天然气供应商数亿美元。这些未付账单引发了一系列悬而未决的诉讼和政治纷争。阿里夫希望找到一个能在 Abraaj 所做改进的基础上再接再厉，将卡拉奇电力发扬光大的买家。但世界上鲜有公司能胜任这项任务。

在这一点上，阿里夫很幸运。当时，中国正在提出一项历史性倡议，向包括巴基斯坦在内的国家进行一万亿美元的基础设施投资。中国的目标是建立一个现代化的贸易和运输网络，重现那条曾将中国丝绸源源不断运往西方的古代丝绸之路的盛况。上海电力有意收购卡拉奇电力，其高管已开始与 Abraaj 洽谈。

2016 年夏天，随着中方与 Abraaj 的谈判有了眉目，阿里夫和奥马尔再次努力试图争取政坛高层的支持。阿里夫和奥马尔以及负责协调他们与巴基斯坦政客关系的中间人纳维德·马利克正式签订了协议。2016 年 6 月，奥马尔为纳维德准备了一份价值 2 000 万美元的合同，并通过电子邮件发送给阿里夫，供他审查。[1]

"老板，"奥马尔写道，"请参阅附件，并给出您的意见。我们力求简单明了。"

"合同应泛化一些，"阿里夫回复道，"用你的 Gmail 发给他。"

阿里夫还说，这份文件中不应提及 Abraaj 和卡拉奇电力公司的名字。

阿里夫说："这份文件要是落到某些别有用心的人手里，会产生爆炸性影响。不要就此事再咨询任何顾问。"

"记下了。"奥马尔回答道。

两个月后，上海电力公开宣布准备竞购卡拉奇电力。阿里夫欣喜若狂。不过这笔交易激怒了一些美国官员，他们认为这将让中国具备更大的影响力。

巴基斯坦总理公开对收购谈判表示祝贺。他欢迎阿里夫、纳维德和上海电力董事长参加在首都伊斯兰堡举行的正式会议。总理在一间会议厅里接待了这些高管。房间里摆放着巴基斯坦国父穆罕默德·阿里·真纳的巨幅画像，他那憔悴的面容严厉地注视着房间里的这些政商人士。肖像前摆放着一个华丽的花瓶，旁边是深绿色的巴基斯坦国旗。阿里夫就坐在纳维德和总理之间。会议结束后，阿里夫将 2 000 万美元的合同交给了纳维德。

· · ·

大多数见过阿里夫的人都会相信阿里夫希望他们相信的：他是一个富有的投资者，致力于让世界变得更美好。但并非所有人都对他抱有信心，伊斯兰堡会议后几天，一封偶然的电子邮件就表明了这一点。

阿里·谢哈比已经很多年没有和阿里夫说过话了。2002 年，他和阿里夫曾在 Abraaj 的前身 Rasmala 做过几个月关系紧张的商业伙伴。阿里夫和阿里是创业五人组中的两个，在他们的合作关系迅速破裂之前，他们曾发誓要本着"人人为我，我为人人"的精神一同工作。

彼此沉默多年后，阿里于 2016 年 9 月向阿里夫发送了一封电子邮件。他在网上找到了一份自己的传记，上面错误地将他描述为 Abraaj 的首席执行官。

"不知怎的，这些说法在网上某些地方流传，我只能不断地纠正它，"阿里在给阿里夫的信中写道，"不管怎么说，我帮他们改正了，但你也得到了一些免费的品牌宣传。"

"我无所谓，"阿里夫回答，"说不定哪天，这能给你带来一份工作。"

"是的，当然，也许我可以作为控方证人。"阿里回答道。

"希望你一切安好，老朋友。"阿里夫说。

• • •

2016 年 10 月，上海电力宣布以 17.7 亿美元收购 Abraaj 持有的卡拉奇电力控股权。这笔交易有望为 Abraaj 带来巨额收益。但在阿里夫收钱之前，他必须获得巴基斯坦多个政府部门的书面批准。[2] 这是一个复杂的过程。一些巴基斯坦政府官员对于将卡拉奇电力出售给中国人的协议感到不满,其他人则嫉妒 Abraaj 倒个手就能赚到 5.7 亿美元。卡拉奇电力未支付的天然气账单是另一个复杂因素,一些官员希望在达成出售协议之前解决这一问题。

奥马尔和纳维德在政府办公室外汗流浃背地忙活了好几天,试图从官员那里收集他们所需的签名。奥马尔变得越来越不耐烦,对官员们怒目而视,乃至疏远了那些至关重要的支持者。有些官员在政府中的地位比总理低很多级,但他们仍然有权阻挠出售。阿里夫实施的是一套精英策略,即试图赢得组织高层的影响力,从而影响决策。但这在巴基斯坦政府那里行不通。

卡拉奇电力的出售一拖再拖,使得阿里夫和拉菲克不得不从 Abraaj 的基金中挪用更多现金来维持公司的运转。他们在出售 Network International 和 Saham 的交易中还欠着投资者数百万美元。更多的投资者注意到他们被拖欠了资金,并向阿里夫施压,要求他支付这些款项。为了拖延付款,Abraaj 的高管们找借口说信息技术问题扰乱了他们的系统。

2016 年 11 月,Abraaj 要求医疗保健基金的投资者汇入 4.14 亿美元,用于支付交易金额。投资者迅速汇了款。现金到达医疗保健基金后,阿里夫和拉菲克将其中的 1.4 亿美元抽走,存入秘密银行账户。[3] 其中,320 万美元被阿里夫收入私囊。[4]

阿里夫需要支付 Abraaj 对医疗保健基金投资者的认购份额。由于他已经没钱了,他决定将医疗保健基金中的 7 300 万美元返还给基金,并假装这是 Abraaj 的钱。[5] 可事实并非如此,这些钱是属于投资者的。

当资金在 Abraaj 的账户间不断非法流转时,阿里夫又开始了新一轮的自我推销。

他在伦敦和纽约招待投资者，向他们介绍 Abraaj 的出色业绩和稳健的财务状况。在纽约的一次聚会上，Abraaj 旗下公司的高管与他一同登台，其中包括土耳其在线零售商 Hepsiburada 的创始人汉扎德·多安·博伊纳。[6]

她在一段宣传视频中谈到 Abraaj 时说："我爱我的合作伙伴。我们拥有相同的愿景和文化。"[7]

· · ·

到 2017 年 1 月，公司的现金危机已经到了触目惊心的地步。拉菲克告诉阿里夫，Abraaj 在 3 月底之前需要 8 500 万美元——即使在最近从医疗保健基金中大肆抽走资金的情况下，也依旧填不上这个漏洞。[8] 拉菲克说，更糟糕的是，医疗保健基金承诺过在交易中投资 1.73 亿美元，但由于所剩资金不足，它已无力负担这些交易。[9]

医疗保健基金在尼日利亚需要资金。Abraaj 正在该国与数十名医生洽谈，以建造一家拥有 350 张床位的医院。

肯尼亚也需要资金。医疗保健基金已同意对内罗毕妇女医院进行投资，该医院是被男性虐待的妇女的专业康复中心运营方。

医疗保健基金在巴基斯坦同样需要资金，它已承诺在拉合尔新建一家拥有 290 张床位的医院。

由于这些挽救生命的项目面临资金缺失，阿里夫决定在 2017 年 1 月世界经济论坛的聚会上更加不遗余力地圈钱。在一年一度的亿万富翁聚会上，他的表现比以往任何时候都要亮眼。1月18日晚，瑞士度假胜地大雪纷飞，阿里夫在莫罗萨尼·施威策霍夫酒店设宴款待了巴基斯坦总理及其随行人员。

这场盛宴总共花费 Abraaj 348 673 美元，相当于巴基斯坦人均年收入的271倍。用鲜花装饰餐桌的费用为 7 357.5 美元，相当于巴基斯坦5个普通人的年收入。巴基斯坦歌手阿赫塔尔·沙纳尔·扎里和米沙·沙菲以3.5万美元的价格到场演出，以娱乐精英观众。另有1.2万美元用于为来宾购买礼物。纳维德·马利克组织了这次晚会，并向 Abraaj 收取了 3 433.5 美元，用于支付他在随巴基斯坦官方代表团前往达沃斯途中入住苏黎世巴尔拉克酒店的费用。他还加收了981美元未披露用途的额外服务费用。

晚宴上，阿里夫就坐在总理身边。席间他起身介绍这一特别嘉宾，言辞间极尽阿谀奉承之能事。由于卡拉奇电力的出售仍在推迟，阿里夫比以往任何时候都更需要总理的帮助。

"奉至仁至慈的真主之名，"阿里夫开始了自己的发言，"阁下，朋友们，我在巴基斯坦之外建立了生活和事业，建立了一家以其所作所为而闻名于世的企业，但相比我所做的事情，我最引以为豪的一点是，我是一个巴基斯坦人。"

50位客人报以热烈的掌声。Abraaj 为每位客人的餐费花了250瑞士法郎。

"这是一个你们所有人都目睹过其历史过往的国家。她经历了伤痛、苦难、日益增长的麻烦，以及我在板球场上的失败，没有什么比这更让我心烦的了。"阿里夫说道，引来一片笑声。

"但现实是，巴基斯坦是一个不断发展的国家，巴基斯坦是一个极具潜力的国家。

"很少有地方能如此明确政府的监管规定。我非常高兴地说，根据我的经验，本届政府比以往任何一届政府都更努力地营造一个有利于商业的环境。"

这次讲话的话外音可以理解为请求总理加快批准卡拉奇电力的出售。总理感谢阿里夫的盛情款待，但没有就卡拉奇电力的问题做出公开保证。

晚餐结束后，阿里夫给拉菲克发了电子邮件。拉菲克急切地想和阿里夫谈谈财务问题。阿里夫答应他很快就会谈这个，同时，他还告诉拉菲克要运用他的常识。

"千万别关停业务就是了！"阿里夫写道。[10]

• • •

阿里夫不断出席各种会议并接受媒体采访。这也算是他为维持Abraaj生存所做的部分贡献，因为他的抛头露面向投资者和银行家传递了一个信息：该公司状况良好。

达沃斯会议结束几天后，阿里夫飞往纽约，在《经济学人》杂志举办的影响力投资峰会上发表演讲。他在台上接受了记者马修·比索普的采访。比索普曾在《慈善资本主义》中讲述资本家如何通过投资和捐赠相结合的方式拯救世界，而阿里夫在描述他自己的慈善资本主义时情绪最为高昂。[11]

"这不仅仅是为了赚美元，"阿里夫说，"这是为了让世界变得更好一点。"

阿里夫举了一个离奇的例子，说明 Abraaj 如何通过强制要求卡拉奇电力的客户支付电费来做到利义并举。他说："这也是一种影响力——塑造更多有社会责任感的公民——这就是影响力。"

阿里夫坚持认为，Abraaj 是值得效仿的典范。

"如果你想建立一家伟大的公司，你必须从建立一家好公司开始，"他解释说，"我们应该透明，我们应该以治理为导向，我们应该专注于为社会做更多。"

就在《经济学人》辩论会结束几小时后，阿里夫从拉菲克那里收到了更可怕的消息，Abraaj 需要 420 万美元来支付紧急账单。拉菲克说，他将从医疗保健基金中再拿出 500 万美元来支付这些账单。[12] 拉菲克在电子邮件中附上了一张图表，显示几周前从医疗保健基金中提取的 1.4 亿美元没有返还给该基金。

拉菲克很快又发来一封电子邮件，但这次他有了一些稍好的消息，他想出了获得更多现金的办法。拉菲克告诉阿里夫，他们可以从 Abraaj 四期基金中再拿出 1.1 亿美元。但他们需要一个理由，让基金的投资者将资金拱手送上。于是阿里夫告诉投资者，他将代表他们收购突尼斯的主要电话公司突尼斯电信公司。这笔交易的代号是"狄多计划"，灵感来自迦太基第一位女王的名字，迦太基是一座古城，正位于现代突尼斯所在的地方。[13] 2017 年 2 月底，Abraaj 向投资者发出了 1.1 亿美元的募资请求，并在一个月后收到了这笔钱。但 Abraaj 从未收购突尼斯电信公司。相反，阿里夫将其中的 1 000 万美元现金给了另一批投资者，因为出售 Network International 和 Saham 所得的收益还没给他们，这些投资者已经等了一年多。

他并没有就此罢手。他要求医疗保健基金的投资者再投入 1.15 亿美元。[14] 彼时，Abraaj 总共向医疗保健基金投资者申请了 5.45 亿美元。但根据发给投资者的财务报告，只有 3.05 亿美元被用于购买诊所和医院，还有 2.4 亿美元竟然未被动用。[15] 因此，医疗保险基金的个别投资者开始怀疑，为什么 Abraaj 还要求他们投入更多的钱呢？投资者并不知道的是，阿里夫正在利用 Abraaj 的资金资助一系列匪夷所思的开支和个人项目，其中就包括由他的前秘书吉兹兰领导的一家初创公司。

吉兹兰在 2017 年 3 月国际妇女节推出了 Modist。Modist 是一家针对穆斯林女性的在线精品时装公司。与阿里夫参与的所有商业活动一样，Modist 也披上了行善的外衣。

吉兹兰在一篇新闻稿中说："我们的使命是建立一种强烈的目标感，以赋予妇女自由选择的权利。我们的目标就是打破先入为主的观念，同时建立社群，开展对话，为时尚、现代、谦虚的女性注入活力，提供信息，并为她们大声喝彩。"[16]

· · ·

Abraaj 捉襟见肘的财务状况并没有削弱阿里夫的信心。2017 年 2 月，他飞往柏林参加全球最大的私募基金高管年会，并向大多是欧美交易人的与会群体大谈他的使命是造福行善。[17] 他甚至蔑视"私募股权"这个词，说他更愿意把自己描述为从事合伙资本业务的人。阿里夫在会上说，私募股权行业已经失去了合作意识。他提醒高管们，私募公司在业内被称为普通合伙人，而他们的投资者则是有限合伙人。但给了阿里夫钱的合伙人却被他洗劫一空。

柏林会议几天后,拉菲克心急火燎地通知阿里夫,Abraaj 最大的基金之一已经被掏空。Abraaj 四期基金里已经没有资金了。

"四期基金的现金余额为零,"拉菲克说,"现金状况已经失控,我不知道该怎么办。"[18]

阿里夫让拉菲克从医疗保健基金中多拿一些钱。拉菲克从该基金中又取走了 2 500 万美元,存入了一个秘密银行账户。

当阿里夫在世界各地穿梭奔波时,拉菲克的邮件从未中断。2017 年 5 月,阿里夫在约旦时收到了一封真正令人不安的邮件。当时,阿里夫正在死海边的一家酒店主持世界经济论坛的一场会议。他与法国广告公司高管莫里斯·莱维和麦肯锡咨询公司负责人鲍达民坐下交谈之际,读到了这封邮件。[19]

拉菲克在电子邮件中写道:"请注意,我们将没有资金支付集团 6 月的工资和任何其他重要款项。"

拉菲克问阿里夫是否应该继续用 Abraaj 的钱来支付老板的个人开销。阿里夫冷静地回答道。[20]

"深呼吸,微笑,说'Alhamdolilah',然后继续。"

阿里夫用阿拉伯语"Alhamdolilah"(意为"赞美真主")来安抚心急如焚的现金管控人。他让拉菲克向他的大儿子阿赫桑支付 30 万美元,并向吉兹兰的公司 Modist 支付同样的金额。

阿里夫说:"这两个人都没钱了,明天就需要现金。"[21]

随后,阿里夫向拉菲克保证一切都会好起来的。他告诉拉菲克,德意志银行正在批准一笔 1.2 亿美元的贷款。他还说,日本投资巨头软银有意购买 Abraaj 的大量份额。更多的资金将来自伊斯坦布尔、沙姆沙伊赫和迪拜的房产销售。愿真主保佑——阿里夫这样说。

他告诉拉菲克，巴基斯坦总理正全神贯注于结束这一噩梦般的局面。

他说："有很多事情要处理，但我觉得你应该知道如何处理。"

拉菲克终于忍不住了。

"我已经按照您的指示将资金转给了阿赫桑和 Modist，"他回答道，"我冒昧地指出几件事。"

他列举了阿里夫从 Abraaj 榨干现金的所有方式。阿里夫的支出账户欠款 2 580 万美元。[22] 另有 300 万美元流向吉兹兰的时装公司，660 万美元流向他儿子经营的一家投资公司。和平基金会与阿里夫在伦敦、日内瓦和开曼群岛的私人公司又拿走了数百万美元。

拉菲克说："正如您所知，我在管理 Abraaj 现金方面也面临巨大压力。现金严重短缺，目前我没有资金支付 6 月的工资等基本款项。您应该对这种情况知根知底。"[23]

土耳其的 Abraaj 团队正在索要拖欠的现金。他们没有钱支付医疗保健投资交易款项了。科威特养老基金被拖欠贷款。供应商的货款也到期了。

拉菲克说："这种情况不胜枚举。面对这种局面，我谦卑而恭敬地请求您帮助我。我无法忍受这种紧张和压力，它们正在影响我的健康、工作效率和工作表现。我不知道还能说什么。"

"我会解决的。"阿里夫回答道。[24]

同一天，拉菲克又通过 Silverline 向阿里夫转账 160 万美元。

拉菲克一筹莫展，因为一个避无可避的财务期限正在逼近。2017 年 6 月 30 日，他必须提交医疗保健基金和四期基金的年度账目。但医疗保健基金中少了 2.25 亿美元，四期基金中则少了 2.01 亿美元。他们需要资金同时填补这两个漏洞，否则盗用行为就会败露。

拉菲克说："我们必须筹集现金来解决这个问题。"

而阿里夫心里有了一个计划。

他建议将四期基金的财务年度结算时间从 6 月 30 日改为 12 月 31 日。这将使完成完整财务报表的时间再往后推迟 6 个月，从而让他们有时间找到现金来填补基金的漏洞。

拉菲克认为这是个好主意，但他们需要找一个借口，或者用他的话说，找一个"业务理由"来掩盖他们的勾当，并让投资者相信这一改变是必要的。阿里夫决定直接告诉穆斯塔法。

"就这样干吧。"阿里夫说。

穆斯塔法照做了。他向投资者发了一封信，通知他们该基金的年度结算将从 6 月 30 日改为 12 月 31 日。

现在，阿里夫和拉菲克必须填上医疗保健基金的漏洞。[25] 为此，阿里夫故技重施，再次求助于他在阿拉伯航空公司的老朋友。他向航空公司高管提出了新的贷款要求，他们又同意了。[26] 2017 年 6 月 24 日，从阿拉伯航空公司借来的 1.96 亿美元汇入了医疗保健基金。这笔借款的转入让人以为，截至 2017 年 6 月 30 日，基金中的钱并没有丢失。几天后，即 2017 年 7 月 19 日，阿里夫偿还了阿拉伯航空公司的借款。还款后，医疗保健基金只剩下 2 800 万美元可用于投资贫困国家的医院和诊所。

阿里夫的财务诡计又一次让他逢凶化吉。

"这有点像打扑克。"他对拉菲克说。[27]

第十四章

"美国优先"

2016年11月，基托·德布尔，也就是曾在2001年建议阿里夫创办一家私募股权公司的那名管理顾问，在迪拜的一个朋友家做客。当他收看美国有线电视新闻网的节目时，看到了令他大跌眼镜的一幕——唐纳德·特朗普当选美国总统。

基托当时已从麦肯锡离职，大幅减薪后成为以色列和巴勒斯坦和平谈判联合国四方代表团团长。这个身材高大的荷兰人在职业生涯中一直注重培养与世界各地著名商界领袖和政界人士的关系。与包括他的朋友阿里夫在内的众多达沃斯精英人士一样，基托一直寄希望于希拉里·克林顿赢得总统大选。特朗普的意外获胜令他们的世界天翻地覆。

基托的一生堪称全球化教科书中的典范。他出生于委内瑞拉，父母是荷兰人。他曾在英国拉夫堡大学学习管理，之后开始了跨国职业生涯，曾在荷兰皇家壳牌石油公司和意大利家居用品制造商伊莱克斯公司任职。1985年，他加入伦敦麦肯锡公司，1993年移居新德里。6年后,他搬到迪拜,开始了麦肯锡在中东的业务。他在耶路撒冷和伦敦都有住所。他位于南肯辛顿的那栋刷成白色的联排别墅就在海德公园西侧,价值400万英镑,离阿里夫的公寓只有几步之遥。房子里摆放着印度艺术品、法式家具、纽约沙发,地下室里还有一个游泳池。

基托坚信全球化是一股向善的力量。他认为商界人士可以在赚取利润的同时解决社会和政治问题——甚至是棘手的巴以冲突。在麦肯锡任职期间,他的工作包括领导该公司在欧洲、中东和非洲的公共部门和社会部门业务,并为阿里夫这样的首席执行官提供咨询。

基托知道,中东需要更多的就业机会和投资,以改善这个饱受战争蹂躏的地区的民众生活。在麦肯锡时,他曾为富有的影响力投资先驱罗纳德·科恩爵士起草了一份关于如何改善巴勒斯坦经济的计划。基托和罗纳德爵士相信,尽管以色列和巴勒斯坦的政界人士仍顽固地拒绝在政治问题上合作,比如就未来巴勒斯坦国的边界和首都位置达成一致,但他们却可以通过促进对就业和公司的投资来推动巴以和平进程。

基托和罗纳德爵士发展巴勒斯坦经济的计划得到了托尼·布莱尔的认同。布莱尔在2007年卸任英国首相后,成为联合国、美国、俄罗斯和欧盟(四方)调停中东问题的代表。

2015年,布莱尔和美国国务卿约翰·克里邀请基托加入四方会谈。基托同意了。起初他负责经济政策,后来接替布莱尔成为使团团长。在耶路撒冷工作期间,基托在与以色列人和巴勒斯坦人合作的基础上,制订了一项更为宏大的中东变革计划。在与约翰·克里的讨论中,基托勾勒出他们所谓的"中东马歇尔计划"。约翰·克里多年来一直在鼓吹这样一个计划，其目标是从各国政府和投资者那里筹集数十亿美元，用于在伊拉克战争和"阿拉伯之春"之后重建中东地区的基础设施。根据基托的设想，阿里夫将在这一计划中发挥领导作用，担任顾问，为如何投资数十亿美元出谋划策。

"未来 20 年里，利比亚、也门、叙利亚、伊拉克和伊朗等国家将需要超过 5 000 亿美元的资金。"基托在 2016 年 5 月给阿里夫的一封电子邮件中写道，"我们需要的是一个'马歇尔计划'2.0 版——一个承认私募股权投资可以发挥关键作用的计划。"

"必须探索和发展激励资本。各国政府、主权财富基金、多边金融机构和超高净值个人都正在寻找途径，以便从提供援助转向可持续地为有社会价值的举措提供资金。此外，还有基于信仰的资金。巴勒斯坦是基督教和伊斯兰教的交汇点。伊斯兰国家正试图投入大量的天课①资金，不过需要以一种不会让人们担忧不透明性和影响力等问题的方式。还有基督徒——许多亚洲基督徒——希望在圣地投资，并正在寻求投资于支持和平项目的方法。"

基托设想，包括英国前首相戈登·布朗和尼日利亚前财政部长恩戈齐·奥孔乔-伊韦阿拉在内的政界重量级人物，将与比尔·盖茨、世界经济论坛创始人克劳斯·施瓦布和黑岩集团总裁拉里·芬克等人一起，与他和阿里夫联手开展这个项目。他认为 Abraaj 对这一项目至关重要。这个世界需要 10 家、20 家甚至上百家这样的公司，以将投资引向中东。

基托对记者说："Abraaj 就是满足我们所需的一个绝佳例子。

---

① "天课"是伊斯兰教的宗教课税。——译者注

它拥有最出色的关系网络和过往业绩表现,能够在大多数人认为的、与自己国家情况迥异且风险居高不下的市场上搭建潜在可投资项目并进行投资。"[1]

阿里夫在美国也有自己的政治人脉。他曾赞助过克林顿家族的年会,在华盛顿的精英阶层中颇有名气。理查德·奥尔森是一名职业外交官,在担任美国驻阿联酋和巴基斯坦大使期间与阿里夫过从甚密,并在 2016 年初为阿里夫创造了与约翰·克里会面的机会。后来,奥尔森还与阿里夫谈到了他在辞去政府公职后加入 Abraaj 的事宜。

奥尔森向曾经的美国驻意大利大使、国务院顾问戴维·索恩建议,阿里夫应于 2016 年 1 月在达沃斯与约翰·克里会面。索恩表示同意。索恩与克里关系特别密切,是克里的终身挚友,他的双胞胎妹妹是克里的第一任妻子。索恩是马歇尔计划方面的专家,部分原因是他的父亲曾是二战后援助欧洲的原版行动的管理者。他的儿子也曾在 Abraaj 工作过一段时间。

阿里夫在达沃斯会见了克里,并谈到了他对世界的看法。

如果支持全球主义的希拉里·克林顿在 2016 年的总统大选中获胜,那么随后的态势将使阿里夫成为美国更加核心的合作伙伴,并成为政府数十亿美元资金的管理者。但她输给了局外人特朗普,后者凭借高涨的民族主义情绪上台。克林顿、克里和他们的盟友被边缘化,华盛顿则被这位傲慢的纽约房地产大亨兼电视明星所把持。

随着特朗普入主白宫,基托和克里的"中东马歇尔计划"的前景立刻黯淡下去。曾考虑资助该计划的阿拉伯国家也失去了兴趣。

基托和阿里夫与大多数达沃斯精英一样，在大选中站错了队。2017年1月，特朗普就职的几天前，克里在华盛顿美国和平研究所的一次会议上发出了"中东马歇尔计划"的最后呼吁。他的措辞不免让人想起阿里夫的论点。[2]

克里说："我们迫切地需要一个新的马歇尔计划，该计划会将重点放在世界上最关键的国家。在某些地区，特别是中东、北非和中亚南部，我们必须面对年轻人口的激增。从长远来看，这种投资可以以多种方式获得回报。它为我们节省了资金，也能让我们不必把我们的年轻人送到其他国家去参战。而我们之所以陷入战争的泥潭，仅仅是因为我们未能防患于未然，我们本该做到这些的。"

记者朱迪·伍德拉夫问克里，他是否希望在卸任后继续就这些问题开展工作。

"嗯。我正在试图找到最好的方法，不过——是的，我会继续。"克里说。

"你要创办自己的组织吗？"伍德拉夫问道。

"不，我不想自立门户。我希望在现有的情形下找到正确的做法。"克里说。

但是，特朗普政府对新马歇尔计划的呼吁置若罔闻，因为特朗普的胜利是对克里、基托和阿里夫等人多年来成功驾驭的全球化力量所发起的一次反击。克里发表讲话几天后，这位新总统在美国国会大厦台阶上发表了就职演说，谴责全球化令美国陷入困局。特朗普说，全球化夺走了美国的财富，偷走了美国的公司，还摧毁了数百万个工作岗位。

"我们让其他国家变得更加富有，而我们国家的财富、力量和信心却在视野范围内消失了，"特朗普说道，"我们中产阶层的财富已经从他们的家园被夺走，再被重新分配到世界各地。"

"从今天开始，一个新的观念将指引这片土地。从现在开始，只有'美国优先'。"[3]

阿里夫毫不掩饰自己对这位美国新总统的厌恶之情，因为后者的政治愿景似乎与自己南辕北辙。

"民族主义、民粹主义、孤立主义，这些都是重新开始抬头的力量，"阿里夫在2017年初对投资者说，"我们正在见证美国的重大转变。"

就在特朗普大谈'美国优先'之际，一位全球化新倡导者登上了世界舞台。2017年1月，中国国家主席习近平前往达沃斯世界经济论坛发表演讲。

"经济全球化曾经被人们视为阿里巴巴的山洞，现在又被不少人看作潘多拉的盒子，"习近平主席在这个瑞士小镇说道，"经济全球化确实带来了新问题，但我们不能就此把经济全球化一棍子打死，而是要适应和引导好经济全球化，消解经济全球化的负面影响，让它更好地惠及每个国家、每个民族。"[4]

中国国家主席给达沃斯与会者留下了深刻印象。他说的是他们的语言。阿里夫告诉人们，中国正在成为经济全球化的拥护者。

尽管阿里夫十分认可习近平主席对全球化的热情，但这对他的募资目的而言却是远水解不了近渴。因为阿里夫试图从西方世界的养老基金和资金池中筹集资金，而特朗普的孤立主义正在对他的愿景和营销策略构成真正的威胁。

阿里夫利用一切机会向美国人宣扬全球化，试图让自己的说辞在他最需要的人的耳边盖过总统的说辞。他在达沃斯接受彭博电视台采访时说，一个全球大市场是最好的构思。几天后，他又在柏林鼓吹全球化。[5]

"在印度，每30天就有将近100万人年满18岁，"阿里夫说，"这种情况不会因为美国在与世界其他国家的贸易往来中日益奉行孤立主义而改变。这些人想要工作。他们想踏入中产阶层。他们想要消费。"

随着特朗普的掌权，那些相信双赢结果的全球主义者与美国政府合作的机会越来越少。基托从未与华盛顿的新政府看对眼过，很快就辞去了联合国四方领导人的职务。

由于需要一份新工作，基托以数十万美元的年薪加入了Abraaj。阿里夫在2017年9月发布的一份新闻稿中表示，基托将协调公司的影响力投资工作，以帮助实现联合国消除贫困的可持续发展目标。

在Abraaj内部，基托在给阿里夫和其他20多位同事的一封电子邮件中，阐述了公司影响力投资战略的局限性。他提到了人类的经济金字塔。印度学者普拉哈拉德曾说，金字塔的底层蕴藏着巨大的财富。基托却不这么认为。

基托写道："我们的目标市场将是金字塔的下半部分，而不是金字塔的底层，因为金字塔的底层在经济上是不太可能可持续发展的。我们将专注于帮助处于经济金字塔下层的人向上攀登。我们将专注于创造下一代消费者。"

第十五章
———

加倍下注

从太空俯瞰的话，在1969年阿里夫第一次为人类登上月球而发出惊叹后的几十年里，地球的面貌发生了翻天覆地的变化。新的黄白色光簇遍布非洲、亚洲和拉丁美洲。这些灯光标志着全球化的蔓延。这些地区的城市规模不断扩大，甚至可与伦敦、巴黎和纽约相媲美。黑夜之中，迪拜、卡拉奇、开罗、利雅得、加尔各答、雅加达、利马和拉各斯各自熠熠生辉，在原先由北美和欧洲的电气化城市中心所组成的"全球城市星座"中占据了一席之地。

对阿里夫来说，这些城市就像金子般闪闪发光。它们是可供开发的宝藏，是全球化的成果，是随着数百万人迁出农村而出现的新繁荣的灯塔。

"推动经济增长的是城市，而不是国家。"阿里夫告诉投资者和政界人士，"你可以投资于城市的基础设施，以及你由此触及的几乎任何事物，无论是物流、医疗保健、教育还是金融服务和消费品，我还可以继续列举。在城市化进程中，总会有可投资的机会最终帮助你赚钱。"[1]

为了抓住这个机会,阿里夫构思出了他最宏伟、最孤注一掷的计划。2016 年,他决定加倍下注,为全球有史以来最大的新兴市场私募基金筹集 60 亿美元。[2] 该基金将收购那些在灯火通明的新兴城市中为新兴中产阶层服务的公司。Abraaj 为该基金取的内部代号是"盘古大陆",取自数亿年前存在于地球的联合超级大陆。

筹集 60 亿美元的基金是为 Abraaj 续命的唯一办法。公司的许多投资项目都陷入了困境,阿里夫如果不盗取资金就无法支付账单。但说服投资者交出 60 亿美元并非易事,阿里夫讲故事的技巧面临着最严峻的一次考验。他发起了一场声势浩大的营销活动,为这只雄心勃勃的新基金预热。他们设计了华丽炫目的宣传材料,并将其发送给投资者,他们还在互联网上发布了亮眼的新视频。Abraaj 自诩年净收益率高达 17.9%,在全球私募股权公司中名列前茅。[3] Abraaj 还声称其投资损失率异常之低,不到 2%。[4] 这些数字都纯属杜撰。

新基金正式命名为 Abraaj 第六期私募基金,与 Abraaj 的大多数基金和运营单位一样,在开曼群岛注册。这有助于高管和投资者最大限度地减少纳税额。但 Abraaj 过度依赖开曼群岛作为法律辖区,也意味着该公司没有获得在迪拜管理投资者资金的正当授权。这一法律上的技术性细节让一些员工感到紧张。阿里夫与迪拜、伦敦和纽约的银行家和律师一起为基金殚精竭虑。世界各地律师事务所、银行和会计师事务所的数百名人员的支持对 Abraaj 的筹资工作至关重要。纽约威嘉律师事务所是阿里夫新基金的法律顾问。伦敦富而德律师事务所和安理国际律师事务所也曾与他密切合作。毕马威进行了审计。

"非常感谢你们所有人的支持,"阿里夫在给纽约的一位顾问的信中写道,"让我们取得一场空前的成功吧!"

. . .

资金雄厚的美国养老基金是私募股权公司融资的"圣杯"。阿里夫雇用了更多的美国员工,以此赢得这些基金的青睐。维奈·查乌拉从美国国务院卸任后加入了 Abraaj。阿里夫还从田纳西州挖来了福音派基督徒马克·布儒瓦。马克个子不高,皮肤黝黑,头发向后梳,很有南方人的魅力。他的穿着像极了 20 世纪 80 年代的华尔街银行家,他喜欢穿细条纹西装和色彩鲜艳的衬衫,衬衫的领口和袖口用不同的颜色点缀着。在金融界打拼的 20 年里,马克为私募基金募集了数十亿美元。在瑞士信贷和瑞银投资银行工作了一段时间后,他成为纽约一家咨询公司大西洋太平洋资本的首席执行官。他的客户遍及全球,他还与汉领资本的埃里克·赫希关系密切。汉领资本为美国养老基金投在私募基金上的数十亿美元提供咨询。

阿里夫第一次见到马克是在他试图聘请大西洋太平洋资本帮助 Abraaj 筹集资金的时候。马克的同事们决定不与 Abraaj 合作,但马克开始兼职为阿里夫工作。当他的秘密副业被曝光后,大西洋太平洋资本的高管与马克当面对质,马克深感汗颜。他很快离开了这家公司,全职加入了 Abraaj。

阿里夫让马克负责筹集规模达 60 亿美元的新基金。马克热情地支持阿里夫的行善使命。他积极参与当地教会的活动,并为非洲的一家孤儿院提供支持。但利他主义并不是他在 Abraaj 工作的唯一动机——如果募资成功，他将大赚一笔。

在马克为阿里夫打开华尔街大门的同时，另一位新雇员也提高了阿里夫在华盛顿的声誉。马特·麦圭尔是一位 40 多岁的蓝眼睛美国人，曾在美国商务部和一家对冲基金任职，后担任美国在世界银行董事会的代表。提名马特担任世界银行职务的正是奥巴马总统——两人多年前在芝加哥结交，他们一起打篮球，女儿在同一所学校上学。[5]

马特从小就对美国以外的世界非常感兴趣。他的父母都在志愿者组织"和平队"工作过，父亲在东巴基斯坦（后来成为孟加拉国），母亲则在加纳。他的父亲在他 6 岁时去世，但却给他留下了深刻的影响。父亲给这个年轻人灌输了利用美国的力量和影响力让世界变得更美好的愿望。

当马特在世界银行的工作接近尾声时，他突然萌生了一个想法，即成立一个政策研究所，以促进对新兴市场的投资。他向包括凯雷集团戴维·鲁宾斯坦在内的美国私募大亨们提出了这个想法，并与 KKR 的一名高管对此进行了探讨，然后与阿里夫取得了联系。马特和阿里夫一拍即合。马特是阿里夫的完美陪衬，而阿里夫则对马特建立政策研究所的构想表示支持，并表示愿意聘用他。马特打电话给奥巴马，就他的下一步职业发展向后者征求意见。奥巴马让马特联系他在大学结识的老朋友瓦希德·哈米德。瓦希德是 Abraaj 的合伙人。马特联系了瓦希德，瓦希德没有阻止他加入，但建议他先观察一下。

2017 年 3 月，马特飞往迪拜参加 Abraaj 的年度投资者会议。

与会者有 500 人，包括顶级银行家、政客和记者。刚刚卸任国务卿的约翰·克里发表了演讲。阿里夫支付了 25.05 万美元请他出席。马特听说阿里夫想聘用克里，让他加入 Abraaj，并为这位前国务卿提供每年数百万美元的薪酬。克里正在考虑这个机会，并向朋友和同事打听了 Abraaj 的情况。

在高耸入云的哈利法塔内参加 Abraaj 的活动时，马特一边吃着晚饭，一边打量着聚集在会场周围的达官显贵们。这种会议并不会给他留下太深刻的印象，但不得不承认，这次聚会意义重大。这里有约翰斯·霍普金斯大学高级国际问题研究学院院长瓦利·纳斯尔，还有联合国基金会负责人凯西·卡尔文。《金融时报》记者亨尼·森德主持了部分讨论。马特认为，所有迹象似乎都表明，阿里夫是一个值得信赖的人。他决定加入 Abraaj。

· · ·

2017 年，阿里夫开始了新一轮的全球巡演，以传播他正在筹集新基金的信息。马克、马特和其他 Abraaj 高管经常随行。在洛杉矶，阿里夫在一次会议上发表了演讲，前总统小布什也出席了这次会议，其他发言人包括摩根大通和谷歌的负责人，以及会议组织者迈克尔·米尔肯。他是美国的一位亿万富翁、慈善家，曾因金融犯罪入狱过一段时间，彼时正试图重建声誉。轮到阿里夫发言时，他把自己比作《圣经》中的先知摩西。[6]

阿里夫说："这愿景是为了创造一个更美好的世界。它不会是凭空出现在一块火焰山的石板上的指示。它将由我们来勾勒。我们将是改变世界思维方式的先行者。"

但是，创造一个更美好的世界比阿里夫在会议演讲中所说的要困难得多。他的帝国已危机四伏。

在巴基斯坦，最高法院于 2017 年 7 月判处纳瓦兹·谢里夫，此后他不再担任总理。[7] 这一判决重创了阿里夫迅速完成卡拉奇电力出售的希望。雪上加霜的是，曾领导巴基斯坦联邦调查局、受人尊敬的警察巴希尔·梅蒙调查了卡拉奇电力的欠款账单，发现该公司拖欠一家国有天然气公司的费用高达数亿美元。

在沙特阿拉伯，Abraaj 的两项投资陷入困境。Tadawi 连锁药店和 Kudu 连锁餐厅濒临破产，投资者的数千万美元资金有可能化为乌有。

在土耳其，Yörsan 情况危急。这家乳制品公司在同业竞争榜中已跌至第 6 位，2017 年上半年销售额下降了 27%。[8]

一回到迪拜，阿里夫就召集最高级别的同事开会，讨论这个严峻的形势。如果他们告诉投资者所面临的真实困难，他们就不可能筹集到 60 亿美元的基金。由于他们的投资组合表现不佳，他们决定以欺诈的手段提高 Abraaj 旗下公司的估值，而不管它们的真实业绩究竟如何。尽管 Yörsan 的销售额和利润都在下降，他们还是提高了这家乳制品公司的估值。[9] 估值提升让 Yörsan 在纸面上看起来比实际情况要好，有助于阿里夫在筹集新基金时维持业绩强劲的假象。阿里夫还指示他的同事们提高其他投资的估值。[10]

瓦卡尔告诉阿里夫："估值没有朝着我们要求的方向调整。"

阿里夫与一名忠诚的员工坐下来商讨此事，后者帮助协调了估值过程。当他们的讨论结束后，这名员工联系了 Abraaj 的首席交易人穆斯塔法。

这名员工告诉穆斯塔法："我们与阿里夫一起讨论了估值问题，并提出了修改意见。"

新的虚高估价很快被送到阿里夫那里，供他参详。

"这样够了吗？"阿里夫在写给拉菲克和 Abraaj 首席财务官阿希什的电子邮件中写道，"我们还需要什么才能解除风险？"[11]

阿希什将这封电子邮件转发给了一名员工，他让这名员工将被操纵的估值"插入"给投资者的一份营销文件中。

在 Abraaj 担任高级合伙人的欧瑞斯前首席执行官塞夫也参与其中，并建议为医疗保健基金的投资增加 500 万美元估值。

Abraaj 内部的系统性估值欺诈行为并非完全没有遭受质疑。一些基层员工知道这是错误的，并进行了抵制。[12] 阿里夫和他的团队希望将沙特连锁餐厅 Kudu 的估值定为 Abraaj 投资额的 1.4 倍。但 Abraaj 的一名基层员工在一封内部邮件中指出，美国私募股权公司 TPG 也是 Kudu 的投资者，TPG 认为该公司的价值只有 Abraaj 提出的一半。

另一名员工回复道："我们需要将估值降至投资成本。"

穆斯塔法将这些邮件转发给了阿里夫，而阿里夫却没有心情进行讨论。阿里夫告诉穆斯塔法，估值不能降，并称后者需要做更多的工作来让他的团队保持意见一致。

阿里夫在一封电子邮件中说："让他们明白大局，明白我们为什么执意如此。即使是降低 Kudu 估值这样的小事也不应该去做。我们应该让我们的志向在其他人身上有所贯彻。"

"我需要在 Abraaj 控股的公司获得至少 2 000 万至 2 500 万美元的利润，才能让这个该死的业务维持下去，并向银行展示我们的稳健实力。"

勇敢反对估值欺诈的基层员工被晾在一边。阿里夫命令穆斯塔法让所有提出减记估值建议的团队成员闭嘴。Kudu 被夸大的价值被添加到公司的业绩记录中。Abraaj 总共使资产价值虚增了 5 亿多美元。

紧张的讨论让阿里夫与穆斯塔法的关系日渐破裂。穆斯塔法开始无法忍受阿里夫越来越暴躁的脾气。2017 年夏天,阿里夫在一次会议上对穆斯塔法、他的妹夫瓦卡尔和他的智囊阿努沙训话。在一次紧张的交流中,他和穆斯塔法差点大打出手。

"你能重复一下你刚才说的话吗?"穆斯塔法礼貌地问阿里夫,"我不确定我听懂了。"

阿里夫开始大爆粗口。遇到这种情况,穆斯塔法通常会道歉或保持沉默,但这次他决定针锋相对。

穆斯塔法说:"如果你不愿意解释你刚才说的话,那我在这里就没有意义了。"

"如果你走出去,你就再也别想进来了。"阿里夫说。

穆斯塔法说:"这也许不是个坏主意。"

他起身走了出去。阿里夫跟着他来到走廊,与他对峙,摆出一副咄咄逼人的架势,并用手指戳穆斯塔法的胸口。穆斯塔法骂了阿里夫一句,然后走开了。那天晚上,当穆斯塔法在家时,他的电话响了,是阿里夫打来的。穆斯塔法不想和他说话,但还是接了电话。

"我真的感觉很沮丧,"阿里夫说,"你能到我家来吗?"

"为什么?"穆斯塔法问道。

阿里夫说,他对两人的冲突感到遗憾,并希望就此进行讨论。

他要求穆斯塔法道歉。穆斯塔法拒绝了。阿里夫说他需要告诉阿努沙，穆斯塔法向他道歉了，因为阿努沙看到穆斯塔法站出来反对他了。穆斯塔法再次拒绝。阿里夫后来还是告诉阿努沙，穆斯塔法已经道了歉。他必须维护自己的公众形象。

阿里夫反复无常的乖张行为让穆斯塔法对他的好感大打折扣。这位资深员工决心辞职。但是，他并没有那么容易逃出生天，因为阿里夫奇怪地展现蛮横和善意，让他束手无策。在他们发生冲突后不久，穆斯塔法的母亲因癌症去世了。他回到开罗参加母亲的葬礼。他暂时放下了 Abraaj 的压力，与家人和朋友一起悼念母亲。阿里夫听说后，也飞到开罗吊唁。阿里夫是穆斯塔法最不想见到的人，但当阿里夫出现在穆斯塔法家中时，他却无法回避。穆斯塔法让他进屋，两人一起坐了几个小时。阿里夫这一姿态感动了穆斯塔法。他很快回到工作岗位，以完成 60 亿美元的募资。

· · ·

欺骗投资者的决策收到了预期效果，新基金的资金滚滚而来。华盛顿州投资委员会是世界上最大、最有经验的私募股权投资者之一，它当时正考虑首次向 Abraaj 投资 2.5 亿美元。为华盛顿州投资委员会提供咨询的汉领资本推荐 Abraaj，因为后者显然回报高、亏损少。

阿里夫飞往华盛顿州首府奥林匹亚，会见管理养老基金的官员。瓦希德和阿努沙随行。当他们抵达时，华盛顿州投资委员会官员法布里齐奥·纳塔莱表示支持他们的资金请求。

纳塔莱告诉同事们:"Abraaj 拥有一个庞大的制度化团队,拥有丰富的新兴市场和前沿市场经验,并在实地开展业务。"

阿里夫向华盛顿州的官员解释说,Abraaj 在发展中国家的各个城市投资消费品、金融服务、物流、医疗保健和教育公司等众多领域。他给官员们留下了积极的印象。

养老基金创新总监斯蒂芬·巴克霍尔姆对该基金的首席财务官说:"一定要看看今天市场会议上 Abraaj 的报告。报告很棒,透露的信息很吸引人。我发现(进行演讲的)创始人非常善于表达,而且很有见地。"

华盛顿州投资委员会一致批准向 Abraaj 投资 2.5 亿美元。这是一次重要的认可。随后得克萨斯州退休系统、路易斯安那州教师退休系统、夏威夷雇员退休系统以及美国音乐家和雇主养老基金联合会也纷纷承诺投资。

阿里夫终于令美国养老金对他门户大开。但在 Abraaj 内部,关于阿里夫操纵投资估值的传言不胫而走。这些流言蜚语让一些老员工感到坐立不安。塞夫虽与阿里夫合谋,但也感受到了良心上的刺痛。他知道,自己在 Abraaj 的存在为阿里夫的不法行为提供了掩护。

"正是我们这样的人,给了阿里可信度。因为投资者虽然知道阿里夫是个自行其是的人,但同时他们又认为我们可能不会支持这类不法勾当,"塞夫告诉一位同事,"既然我们在他们面前为阿里夫说的那些鬼话作证,他们就忽视了自己的直觉。"

第十六章

盛极一时

如果不是2017年末出现的一个关键节点——安德鲁·法纳姆注意到一些数字合不拢——阿里夫的谋划可能会继续瞒天过海而不被发现。安德鲁在盖茨基金会管理着20亿美元的资金，其中包括向Abraaj医疗保健基金投资的1亿美元。[1] 他不明白为什么Abraaj要在似乎并没有使用他已经汇入的现金的情况下，不断要求他向基金汇入更多资金。

安德鲁是一位心思缜密的投资者，对工作认真负责。他身材修长，笑容和蔼可亲，言辞恳切。他坚信从事金融行业的目的应该不仅仅是赚钱。他曾在普林斯顿大学学习分子生物学。但由于不喜欢长时间待在实验室解剖白鼠，他儿时成为一名神经科学家的梦想由此破灭。1999年毕业后，他开始追求自己的另一个爱好——金融，并在高盛集团找到了一份颇有声望的工作。当时正值科技泡沫高峰期，互联网和电信公司的估值一路飙升。安德鲁是通信部门的一名投资银行家，他的工作之一就是争取当时股市投资者的"宠儿"——世界通信公司的业务。在这家电信公司倒闭之前,他曾多次与该公司飞扬跋扈的创始人伯尼·埃伯斯会面。埃伯斯后来被判犯有欺诈罪。安德鲁与埃伯斯的交往让他获得了局内人的视角。他不仅见识到欺诈者的言行举止,而且也亲历了一家公司从世界之巅迅速跌落到一无所有的过程。

安德鲁很快就不再满足于在高盛工作。2001年夏天,安德鲁与他的兄弟和一位朋友开始了长达一年的探险之旅,去探索世界上的偏远角落。他们造访了俄罗斯、乌克兰、印度、中国和尼泊尔。2001年9月,他们抵达土耳其东部。在那里,他们的旅行发生了意想不到的转折。他们惊恐地看到电视画面中两架飞机撞向纽约双子塔,而那里离安德鲁以前在高盛的办公室并不远。友好的当地人待他们不错,这缓解了他们的震惊和愤怒。但恐怖袭击使他们的旅行计划受阻,他们放弃了前往巴基斯坦的计划,因为那里太危险了。

安德鲁所到之处,景色美不胜收,但他所遇之人却一贫如洗。当他最终回到美国时,再回到银行工作似乎并不合适。于是,他开始以一种新的方式思考金融问题。他能否通过投资来帮助他所到访过的发展中国家的穷人?

他先是尝试在TPG谋得一个职位,为这家私募股权公司投资水利项目的基金工作。该基金在发展中国家运作,但对安德鲁来说,它的主要目标似乎仍然是让富人更富。他希望自己的人生能有更大的成就。于是他回到校园,在哈佛大学学习发展经济学,这让他获得了千禧年挑战公司的一份工作。千禧年挑战公司是一个向发展中国家提供援助的机构,受美国政府管理。这份工作给人以一种更崇高的使命感,但安德鲁无法忍受为政府工作时的缓慢节奏和官僚作风。

2008年，他搬到伦敦，为亿万富翁、英国对冲基金经理克里斯·霍恩工作。在伦敦工作几年后，一个让他无法拒绝的机会出现了。比尔·盖茨当时在安德鲁家乡附近的西雅图启动了影响力投资项目。安德鲁于2011年加入盖茨基金会，为朱莉·桑德兰工作。朱莉负责安排基金会对Abraaj医疗保健基金的投资。2016年朱莉离职后，安德鲁接手了她的工作，包括与Abraaj的业务往来。他一直很难与Abraaj的高管们打成一片。他很难信任他们，因为他们总是对他提出的问题顾左右而言他。

当Abraaj将非洲医疗保健基金中的几项投资出售给自己价值10亿美元的全球医疗保健基金时，安德鲁首次心生疑窦。他担心Abraaj的高管在相应的激励制度下，可能会为非洲医疗保健基金所拥有的资产支付过高的价格，以便为自己赚取分红。

当他看到Abraaj要求投资者为全球医疗保健基金提供数亿美元，却没有将资金用于购买医院和诊所时，他的担忧加剧了。2017年9月12日，他的耐心耗尽了。[2]

"我担心向投资者收取的资金与实际投入的资金脱节。似乎有非常多的资金在基金中闲置了相当长的一段时间。"安德鲁在给Abraaj的电子邮件中写道，"有两个问题与此相关。第一，你们能否向我详细说明这些资金的去向以及目前的投资情况；第二，你们是否可以发给我一个时间表，以说明预计何时进行实际投资。"

安德鲁的语气彬彬有礼，但他的问题却暗含不祥。他要求Abraaj证明自己并没有滥用世界首富之一的资金。

"我已经要求会计提供确切的资金去向，"Abraaj的高管拉杰·摩尔加利艾回答说,"我们会很快联系你。"

当安德鲁发送电子邮件时,阿里夫正在热带城市新加坡,准备在一个关于驱散新兴市场迷雾的会议上发言。当时阿里夫正与全球金融界的一众大佬同台,[3]而全球最大的资产管理公司之一贝莱德的高管马克·怀斯曼正在提问。阿里夫的左手边坐着亿万富翁戴维·邦德曼,他是安德鲁的前雇主TPG的创始人,该公司刚刚与爱尔兰摇滚明星波诺共同创办了一只影响力投资基金。第四位参与讨论的成员是来自尼泊尔的亿万富翁比诺德·乔杜里,他是靠卖面条发家的。

阿里夫流露出冷峻的自信。他的银发整齐地向后梳着。他带着资深教授般的沉着和权威开始了演讲,向听众讲述为什么新兴市场应该被称为全球增长市场。

阿里夫说:"称它们为新兴市场,可以说是惰性使然,也可以说是自以为是。"

贝莱德的怀斯曼点了点头表示同意。他问:"但这些市场不是有一个问题吗?一言以蔽之:腐败。"

尼泊尔面条大王乔杜里对此表示赞同。腐败是一个长期存在的问题。他承认,太过恪守法律在这些国家是行不通的。

"我们正在谈论一种完全不同的游戏规则,"乔杜里说,"如果你将自己定位为一个可信、透明的组织,并保持这种身份和形象,同时又有自己的机制来应对一些不可避免的恶,也就是说,学会符合一些人'要好处'的预期,你才可以在这些市场生存下来。"

这一坦白引发了阿里夫的强烈反驳。

"很抱歉,比诺德,我绝对不同意你的观点。"阿里夫说,"腐败存在于世界各地的每个市场。

"关键是,作为一个自律的投资者,你必须有所为、有所不为。如果你过分聚焦那些你不会做的事情,我只能用非常宽泛的术语,比如称其为'公司对外宣传政策'。

"私募股权投资实际上很能暴露企业的本质。在尽职调查过程中,你实际上可以窥见企业的内部真实情况,并弄清楚你是想经营下去,还是想离开,"阿里夫说,"我们知道自己的立场,也知道自己不会做什么,因此,我们实际上正在做的——不必宣之于口——就是把好的做法引入我们的市场。我认为,这是我们所做的最重要的事情之一。"

这个宣讲很精彩,但乔杜里并不信服。

他说:"如果有人告诉我,在新兴市场——无论你是世界上最大的跨国公司,还是私募股权公司——你不会沉溺于行贿和受贿,我并不能苟同。"

"这样辩论才有意思嘛。"阿里夫回答。

为了赢得争论,阿里夫拿出了最佳范例——他自己。

"8年前,我们在巴基斯坦卡拉奇投资了一家公用事业。这是一个以不透明著称的国家。在这个国家的政府机构中,你会被索要好处、金钱或各种其他东西。

"我们接手那家公司时就知道,即使你雇用世界上所有的顾问来专程设计一家烂公司,你也不会设计出比那家公司更糟的了。

"我们所做的一切都是照章办事,以至世界各地的商学院都在撰写相关的案例研究。我们避免了与政府私下接触,因而避免了必须向某些政府官员塞钱的每一个环节——即使这是一家公用事业。

因为我们坚持做正确的事，所以民间团体团结在我们周围。

"你可以做到这些，问题只是你想如何定位自己。"

这位尼泊尔面条业的亿万富翁只好认输了。

乔杜里说："发生这种情况是因为他是阿里夫·纳克维。政府，还有与他打交道的人，不需要在特定的基础上达成交易。他们知道阿里夫在那里就够了。"

阿里夫说："这说法过于简单了。"

"那该怎么说呢？"乔杜里气呼呼地问。

"这就是所谓的血性，"阿里夫说，"就是要以正确的方式做事。"

当阿里夫在新加坡宣扬要做正确的事情时，他的同事们正在迪拜做着错误的事情。他们在讨论如何让安德鲁·法纳姆和盖茨基金会不再追踪资金用途，用以掩盖历史上最大胆的欺诈行为之一。首先，他们决定用一个含糊的回答来搪塞安德鲁的问题。

"资金目前由基金工具之一的顶级开曼控股公司持有。"Abraaj 的拉杰·摩尔加利艾于 2017 年 9 月 15 日告诉安德鲁。[4]

这个回答还不够好。

"这个账户里有数亿美元，"安德鲁回复说，"你可以让我看看银行账户或投资信息吗？"

他这种穷追不舍的提问让 Abraaj 的首席财务官阿希什忧心忡忡。把医疗保健基金真实的银行对账单寄给盖茨基金会可不是个好办法，因为这样会暴露资金并不在它该在的地方。

阿希什有一个更好的计划。[5] Abraaj 可以给安德鲁发送一份几个月前的银行对账单，上面显示 2017 年 6 月 30 日医疗保健基金中有 2.24 亿美元，不过当时基金里的钱都是从阿拉伯航空借来的。

阿希什和高管同事们还试着威胁安德鲁，并将他与其他投资者隔离开来，这样他就不会与他们共担自己的担忧。

几天后，他们给安德鲁寄了一份迪拜商业银行的旧对账单，上面显示 2017 年 6 月 30 日基金中有 2.24 亿美元。一名员工强调，他们破例分享了银行对账单。

该员工写道："基于这一次的请求以及 Abraaj 和盖茨基金会之间的关系，我们最终同意发送这些信息。此信息仅供内部使用，请予以保密。"

· · ·

给安德鲁发送伪造银行对账单的做法为阿里夫继续在全球巡回募资赢得了时间。2017 年 9 月 18 日上午，他在纽约发表了最重要的演讲。他当天的目标是说服更多投资者保证向他的新基金投资数十亿美元。当阿里夫在中央公园旁的文华东方酒店发表演讲时，世界各国领导人正在几个街区外的联合国总部参加联大年会。

在大多数旁观者看来，阿里夫此时正如日中天。他得到了媒体的狂热追捧，而来自监管世界财富的金融家们的支持让他如虎添翼。Abraaj 与美国银行共同赞助了这次影响力投资会议。阿里夫是会议的主讲人。他在台上声称，影响力投资者的时代已经到来。他唯一愿意承认的罪行就是有可能失去行善的机会。[6]

阿里夫说："我们正处于一个罕见拐点的开端，机会就在我们面前。如果我们现在不抓住它，不专注于它所蕴含的巨大能量，就会错失良机。"

他提醒台下以美国人为主的听众，认为新兴市场的风险高于美国是傲慢的想法。

"我们对风险的感知与风险的实际来源相差甚远。我敢厚着脸皮说，危及全球金融体系并波及我们所有人生活的最大风险就来自纽约，那就是2008年这里的雷曼兄弟崩盘了。"

阿里夫谈到了问题——当然不是他的问题，而是全球经济和全人类的问题。

"让我们从金融体系的渠道开始说起，"阿里夫说，"它已经坏了。我们一直以来为经济增长提供资金的全球金融体系根本没有发挥应有的作用。我的意思是，它没有将资本分配到需求最大，因而回报也可能最高的地方。"

阿里夫认为，Abraaj正是解决这些问题的途径。因为他的公司已经证明，在赚取高额利润的同时，还可以改善社会。

"我们组织的存在就是这一事实的证据，"阿里夫说，"这就是我们进行投资的方式。"

这是一个雄心勃勃的宣传口号，也是必要之举，因为Abraaj已经真的破产了。拉菲克曾给阿里夫发邮件，要求他推迟三个医院项目，因为Abraaj没有足够的资金支付这些项目的款项。[7]治病救人的宏愿也只能草草了事。至于钱，则已经被阿里夫花在了公司和他自己身上。

在9月那一周剩下的时间里，阿里夫仍与世界上最有权势的达官显贵们把酒言欢。他在迈克尔·布隆伯格发起的首届全球商业论坛上发表了特邀演讲。在那里，他还与比尔·盖茨、比尔·克林顿、贝莱德首席执行官拉里·芬克、高盛首席执行官劳埃德·布兰克费恩以及时任联合国秘书长安东尼奥·古特雷斯有过接触。

"是否需要在行善和赚钱之间进行取舍？"阿里夫在彭博论坛上反问听众，"答案是不必。你可以两者兼顾。"[8]

他对联合利华的首席执行官保罗·波尔曼和意大利汽车制造商菲亚特的家族继承人约翰·埃尔坎说，全球金融体系已经崩溃。他说，人们对 Abraaj 投资的市场缺乏足够的信任，西方人误以为这些市场风险太大。

那一周在纽约见到阿里夫的人都不会相信他身陷困境，但 Abraaj 所面临的问题就快捂不住了。一名 Abraaj 员工发现阿里夫有欺诈行为，但他不想同流合污。当阿里夫身在纽约时，这名员工不顾公司规定，向新成立的、欲募资 60 亿美元的基金的投资者发送了一封匿名电子邮件。这封邮件警告他们 Abraaj 多年来存在不法行为。

> 如果正确地进行尽职调查并恰当地提问，你会惊讶于自己的发现。你应该关注的方面包括并未实现的收益的估值——这些估值被操纵的程度不难发现，而且超出了你所见的任何基金。不要相信合伙人发给你的信息。
>
> Abraaj 四期基金是最大的受害者，它多年来一直为 Abraaj 控股公司的资产负债表提供资金以填补漏洞。审计一下那些真正仍在为 Abraaj 工作的董事总经理吧，以及那些早在几个月前就辞职但却在等待六期基金关账完成才会宣布辞职消息的董事总经理。
>
> 询问一下 Abraaj 的财务状况。审计关联着交易，不要相

信合伙人的话。董事和下面的人知道真相。深挖一下被描述为Abraaj成功案例的卡拉奇电力公司的故事吧。

不要相信幻灯片和演说，也不要相信任何呈现给你的信息，自己去仔细研究一下原始数据，你就会发现真相。

不要相信他们的一面之词，要核实事实。

保护好你自己。

阿里夫对Abraaj已无法做到一手遮天，但他对重要投资者仍有相当大的影响力。汉领资本的员工塔朗·卡蒂拉负责管理公司与Abraaj的关系，当一位资历更深的同事把这封匿名邮件发给他时，他将邮件转发给了阿里夫，提醒阿里夫注意告发者。卡蒂拉在汉领资本和阿里夫之间摇摆不定，因为他与阿里夫建立了牢固的关系。阿里夫曾经在Abraaj募集到60亿美元的新基金后给了他一个高薪加入Abraaj的机会。所以卡蒂拉对匿名邮件大肆宣扬并不完全符合他的个人利益。

尽管如此，汉领资本的高管还是就电子邮件中的指控询问了阿里夫，他气愤地回应了他们。

阿里夫告诉汉领资本："有人暗示集团将有限合伙人的资金作为营运资金使用，这个说法太荒谬了，坦率地说，这令人费解。"他没有提供任何证据证明电子邮件中的指控不属实。[9]

阿里夫的首要任务是找到告发者并让其闭嘴。他让资深员工向一名心怀不满的前员工支付了50万美元，因为他怀疑是这名员工发送了这封邮件。他还雇用了纳德罗公司来寻找告发者，这是由前联邦检察官丹尼尔·纳德罗在纽约创办的调查公司。纳德罗多年来一直在抓捕罪犯。而现在，他却在不知不觉中为一个即将与执法部门正面交恶的人工作。纳德罗的团队一直在寻找这名告发者，但一无所获。告发者使用了一个俄罗斯的电子邮件账户，团队无法追踪到他。

阿里夫编织的谎言之网正在迅速瓦解。海外私人投资公司的官员也开始起疑。2017年9月底，美国政府基金给Abraaj医疗保健基金汇去了6 800万美元，但阿里夫并没有将这笔钱用于在贫困国家建设诊所和医院，而是立即将一半以上的钱用于其他目的。[10]

在Abraaj内部，阿里夫尽可能表现得信心十足。2017年底，在迪拜希尔顿酒店举行的公司年度全体会议上，他告诉从世界各地飞来的350名员工，一切都在按计划进行：新基金已经筹集到了30亿美元。听到数十亿资金滚滚而来，员工们都很高兴。为了拿到分红，他们已经等了将近6个月。也许现在他们就快能拿到钱了。

在台上，阿里夫随手从金鱼缸里抽出员工写在纸上的问题，其中一个问题特别具有挑战性。纸条上的问题是：Abraaj北非地区负责人艾哈迈德·巴德埃尔丁是否会离开公司？阿里夫把问题抛给了台下的艾哈迈德本人。

"你会离开吗？"阿里夫问道。

艾哈迈德对阿里夫让他回答这个问题感到惊讶，因为阿里夫知道答案。几个月来，他一直在与阿里夫商讨自己离职的事宜。

"我是要离职了。"他回答说。

面对这一直接将事实公之于众的回答，阿里夫大为震惊，像一头愤怒的熊在台上来回踱步。台下观众提出了更多关于何时发放奖金的问题，这如同火上浇油。一些员工低下头，避免与阿里夫的目光接触。现场气氛十分尴尬，一位员工说他宁愿爬过碎玻璃离开会场，也不愿观看阿里夫的表演。

更多的高管正在谨慎地计划离开公司。汤姆·斯皮奇利是自 Abraaj 成立之初便最得阿里夫信任的顾问之一，他也想开溜了。高管们在酒店各处低声交谈，讨论有关医疗保健基金问题的传言。

要同时解决 Abraaj 的所有问题已变得不可能。不只一个付款期限近在眼前，厚颜无耻的谎言是搪塞债权人的唯一手段。科威特政府养老基金的一笔 500 万美元的贷款利息即将到期。阿里夫问同事们该怎么办。

"你们能想出什么蒙混过关的办法来拖延几个星期吗？"阿里夫问道。

阿希什建议，可以告诉科威特人，就说出售一家公司的款项迟迟没有到账。[11] 阿里夫同意了。

· · ·

可阿里夫的这套伎俩对盖茨基金会没用。安德鲁对自己得到的答案并不满意，他与其他几位医疗保健基金的投资者谈到了自己的担忧。2017 年 10 月 12 日，在内罗毕举行的一次医疗保健基金会议上，投资者们开始发难。

英国政府 CDC 的高管克拉丽莎·德·佛朗哥询问，为什么 Abraaj 只提取了超过 50% 的医疗保健基金，却没有使用所提取的全部资金。

Abraaj 的一位高管回答说，这笔钱之所以没有动用，是因为医院建设项目出现了意外延误。安德鲁从西雅图的办公室调人参加了内罗毕会议，并要求 Abraaj 确认基金的资金在哪个银行账户。

医疗保健基金首席财务官巴德尔丁·希拉勒说，这笔钱存在开曼群岛标准银行的一个账户里。这位新入职的员工正在转述他从拉菲克那里得到的信息，可安德鲁却对这个答案十分惊讶。因为 Abraaj 之前给他寄来的是迪拜商业银行而不是标准银行的银行对账单。安德鲁请巴德尔丁对此加以解释。

现场陷入了一阵尴尬的沉默。曾任微软高管的巴德尔丁说，他需要查一下钱在哪里。一旦有了答案，他会尽快给投资者答复。

安德鲁脑海中的警钟已经升级成了刺耳的警笛。他心想，基金经理可不会忘记他们把 2 亿美元放在哪里。对于一家基金管理公司来说，尤其是对于一家自诩公司管理专业且卓越的公司来说，承认把本该用在贫困国家建造医院的数亿美元放错了地方，这实在是太可怕了。

会议结束后，安德鲁向医疗保健基金所有投资者使用的集体电子邮箱发送了一条信息，但他的邮件被退回了。管理该账户的 Abraaj 关闭了它，以阻止投资者之间相互通信。

安德鲁将 Abraaj 寄给他的迪拜商业银行证明转发给了 CDC、IFC 以及 Proparco 的相关人员。安德鲁告诉他们："鉴于我听到了两种不同的口径，我认为有必要与你们分享这份证明。我们现在必须确认现金的投资去向。"

Abraaj 的拉杰·摩尔加利艾给投资者发邮件说，将很快告知他们的钱在何处。

安德鲁回答说："我们需要尽快看到（记住 2 亿美元以上的资

金放在哪里并不难）。"

又过了两天,巴德尔丁告诉投资者,是他搞错了。他们的钱确实安全地存放在迪拜商业银行,而不是他在会议上所说的标准银行。

巴德尔丁在一封电子邮件中说:"公司从有限合伙人那里提取了 5.448 亿美元,其中 3.189 亿美元已投入使用。因此,可用现金为 2.259 亿美元。"

然而投资者不再信任 Abraaj,希望拿回他们的钱。问题是,Abraaj 没有钱。Proparco 的官员汤姆·罗斯唐介入进来。他代表 Proparco、盖茨基金会和 IFC 给 Abraaj 发去了电子邮件。他要求 Abraaj 提供该基金的最新银行对账单,并表示未使用的资金应该退还。塞夫在给他、他的老板和其他投资者的回信中,狠狠地驳斥了这个法国人。

塞夫写道:"你的邮件并不恰当。Abraaj 已经就此事直接与 IFC、CDC 和盖茨基金会进行了沟通。"

罗斯唐表示了歉意。

"我未被告知此事,"他回答说,"因此,如果贵公司即将提供我们所要求的所有信息,我对我所造成的麻烦和混乱表示歉意。"

阿里夫将包括法国人的道歉信在内的一堆电子邮件转发给了 IFC。这促使后者也做出了让步。

"我们代表 IFC 对这种沟通方式表示歉意,"IFC 中东地区负责人穆阿亚德·马赫卢夫写道,"我们对此非常抱歉。"

安德鲁回复了电子邮件上的所有人,包括 Abraaj 的高管和投资者。

他写道:"我想重申汤姆在电子邮件中提出的问题,以及返还未使用资金的要求。"

阿里夫把这封被他形容为咄咄逼人、令人不快的邮件转发给安德鲁在盖茨基金会的上司克里斯托弗·埃利亚斯。阿里夫指出，Proparco 和 IFC 已经就此向他道歉，但安德鲁没有。

阿里夫写道："我很难过。一两个月前，安德鲁·法纳姆先生曾要求我们提供资金证明，以证明我们在银行账户中有未使用的资金。尽管这一要求让我们颇感尴尬（我们以前从未遇到过这种情况），但作为审计程序的一部分，我们还是提供了银行审计证明。可一两个月后，对方在没有任何变化的情况下再次要求提供证明。坦率地说，这是在侮辱我们。"

"恕我直言，我、我们都不是经营普通基金的普通基金经理。我希望你不介意我用直白的英语来阐述我的观点，这样你才能清楚地明白我的看法。"

克里斯托弗·埃利亚斯找来安德鲁，问他发生了什么事。安德鲁解释说，是阿里夫在冒犯他，而不是他在冒犯阿里夫。

安德鲁确信阿里夫在欺诈。否则，他为什么会对几个合情合理的问题做出如此过激的反应呢？

在 IFC，首席执行官菲利普·勒胡埃鲁接到了阿里夫的电话。阿里夫要求对方的下属停止提问。谈话结束后，菲利普打电话给负责将 IFC 的资金投资于私募基金的玛丽亚·科兹洛斯基，问她发生了什么事。玛丽亚解释说，阿里夫对这些简单直接的问题的愤怒反应，让她怀疑事情大有蹊跷。菲利普让她去仔细调查，不要被阿里夫的投诉吓倒。

视线再回到盖茨基金会，更多的高管聚集在一起讨论应对方案。

第十六章 盛极一时 273

阿里夫自称是慈善家,是"裸捐誓言"的签署者,也是比尔·盖茨建设更美好世界的重要合作伙伴。他真的是一个骗子和小偷吗?安德鲁的高管们一致认为,他应该加大对阿里夫施加的压力,将问题查个水落石出。安德鲁遂要求 Abraaj 提供更多信息。

"请提供从 2016 年 11 月 24 日到 2017 年 11 月 30 日,所有出资所在银行的全部实际对账单,上面应显示所有交易记录,"他写道,"需要明确的是,我们要求的是实际的银行对账单,而不是其他格式的摘要。"[12]

阿里夫让塞夫对安德鲁的最新要求保密。

"让我们先不要转发给内部的任何人。"阿里夫告诉他。

塞夫则用一个拖延时间的诡计搪塞了安德鲁。

塞夫说:"我刚从内罗毕抵达伦敦。我知道迪拜在下周二之前都会因为宗教节日而歇业,因此大多数人都会利用这个机会放假一周。一旦员工们回来上班,我们就会处理这个请求。"

然后,阿里夫向阿希什、瓦卡尔和拉菲克提出了一个解决方案。

他问:"可以让阿拉伯航空公司在周一借给我们 1 亿美元,将钱存入一个指定账户,为期一周。我们能做到吗?"[13]

他们确实做到了。

阿里夫故技重施,又从航空公司借了 1.4 亿美元,这笔钱于 2017 年 12 月 5 日进入医疗保健基金的银行账户。[14] 这笔借款在账户中停留了不到 10 天,足以让 12 月 7 日的银行对账单显示基金中有 1.7 亿美元。阿里夫命令工作人员向安德鲁和其他投资者发送一份新的银行对账单,以证明一切正常。但这份 12 月 7 日的对账单让投资者更加担心了,安德鲁要求的是一整年的对账单,而不是

12月某一天的。

安德鲁和其他投资者随即委托美国法务会计师事务所Ankura调查真相。塞夫试图安抚安德鲁。他解释说，医疗保健基金是像公司而不是基金一样运作的，在这种情况下，长期保留现金余额是正常的。[15]

阿里夫现在唯一的选择就是将所有失踪的钱退还给医疗保健基金投资者，并希望他们不再过问此事。他需要找到2亿美元来支付这笔款项。2017年12月，阿里夫向富有的阿联酋投资者哈米德·贾法尔求助。哈米德是Abraaj的早期投资者，他那上过伊顿公学的儿子巴德尔是Abraaj董事会的成员。

哈米德同意借出3.5亿美元，期限为两个月。哈米德坚持要为这笔贷款预收1 800万美元的高额费用，但他有信心阿里夫会偿还这笔钱。他非常信任阿里夫，所以协议是口头盖章的，没有文件。

2017年12月，阿里夫还向瑞士亿万富翁托马斯·施密德海因和印度亿万富翁普拉卡什·洛希亚出售了1亿美元的Abraaj股份。施密德海因是Abraaj董事会的成员，而阿里夫曾投资洛希亚的一家公司。

阿里夫用筹集到的部分资金退还了医疗保健基金投资者的钱，但投资者仍然要刨根问底。现在才还钱已经太晚了。美国、英国和法国政府的资金失踪了，官员们想知道这些钱都用在了什么地方。

阿里夫改变了对安德鲁的策略。他多次给安德鲁打电话，试图用阿谀奉承来赢得他的好感。他说自己10年来一直密切关注安德鲁的职业生涯，并告诉安德鲁，当盖茨基金会提拔他领导影响力投资项目时，他并不感到惊讶。他希望安德鲁取消Ankura的法务会计展开的调查，并敦促他改派毕马威会计师事务所或其他大型会计师事务所进行审计。

少数几个清楚这一危机形势的 Abraaj 员工则如坐针毡。

"这就是欺诈。简单直白。"2017 年 12 月，一位高管如此告诉穆斯塔法。[16]

"甚至更糟。"穆斯塔法回答道。

阿里夫仍继续在各种会议上抛头露面，以筹集 60 亿美元的资金。他飞往纽约会见了更多的潜在投资者，并一如既往地谎话连篇。Abraaj 的投资业绩总是优于同业，Abraaj 很少在交易中亏损，Abraaj 的公司治理无可挑剔。

为了维持业绩突出的假象，阿里夫坚持认为，Abraaj 对投资的虚假估值应该保留到募资完成为止。马克·布儒瓦也赞同说，降低估值会影响募资。[17]

马克说："直截了当地说，如果我们进行这些减记，并在我们通常的年终计划中宣布，我确实认为这将对后期投资者产生负面影响，并可能使其中一些投资者退出。"

塞夫表示同意。他说，保持高估值能让他们有更好的机会为该基金募集更多资金。

第十七章

别和骗子套近乎

2018年1月底，亿万富翁和政客们再次踏上了一年一度的资本家朝圣之旅，前往瑞士山区小镇达沃斯。特朗普总统在这一年首次出席了会议。十多年来，阿里夫几乎每年一月都会出席，与3 000名与会者打成一片。

每当夜幕降临，大雪纷飞之时，加拿大艺人巴里·科尔森都会在欧罗巴酒店的钢琴酒吧里弹奏钢琴，演唱热门歌曲。科尔森是达沃斯的深夜传奇，他有一群由政客和高管组成的热情粉丝。他们一起唱歌，在桌子上跳舞，当然，前提是酒吧里的任何记者都不会报道他们的滑稽行为。阿里夫总是去看科尔森的演出。他会坐在歌手身后的窗台上，边喝威士忌边听他唱歌。这一年，科尔森注意到，阿里夫在走上通往钢琴酒吧的楼梯时停顿了一下。他似乎没有了往日的自信。科尔森觉得阿里夫很不错，他是达沃斯迄今为止给小费最多的人。但这次阿里夫没有走进酒吧。他在外面候着。科尔森听到了一个传言——Abraaj后院起火了。

・・・

达沃斯会议开始前的那个星期四,在伦敦一个寒冷的早晨,威尔·劳奇 7 点钟就醒了。如果不是瞥了一眼手机上的电子邮件,他可能会继续睡下去。一条信息引起了他的注意。这封邮件是在凌晨 4 点 51 分收到的,发件人身份不详,电子邮件地址是 wbabraaj@mail.com。

邮件中说:"塞夫·韦蒂韦特皮莱已辞职,他是 Abraaj 集团的执行合伙人和欧瑞斯资本的创始人。"

在谷歌上快速搜索 Abraaj,就能找到一篇关于这家私募股权公司为新基金向投资者募集 60 亿美元的文章。《纽约时报》和《财富》杂志上也不乏对其创始人阿里夫·纳克维的溢美之词。他似乎是一个非常重要的人物。有关 Abraaj 募资的新闻,使这一传闻中有关塞夫离职的动向变得更加值得关注,因为高管通常不会在私募股权公司募资期间离职。他们的离职会让那些与他们在工作上关系密切的投资者感到不安。

威尔给塞夫发邮件问他是否要离职。

"我没有离开 Abraaj,"塞夫迅速回复道,"我已经听到了很多次这种说法,并告诉每个人我不会离开。"

威尔给这个神秘的消息来源发了电子邮件,几小时后他就收到了回复。

我是 Abraaj 的一名员工,我无法接受 Abraaj 目前一边为新的基金向投资者募集 60 亿美元资金,一边却假装公司的合伙人仍在那里工作的做法。此外，IFC、盖茨基金会、CDC 和 Proparco 都正在调查 Abraaj 10 亿美元全球医疗保健基金可能存在的欺诈行为。

如果消息属实，这无疑是个大新闻。但此时此刻，问题比答案更多。这条信息是否准确？发信人真的在 Abraaj 工作吗？联系我们的动机是什么？

互联网上各种关于 Abraaj 的正面新闻报道可谓铺天盖地，YouTube 上随处可见阿里夫的身影。他出现在彭博社、CNN 和 CNBC 的新闻片段中，还出现在与理查德·布兰森、戴维·邦德曼和其他亿万富翁的辩论中。想到这样一个人竟然参与了欺诈，简直是太疯狂了。大型私募股权公司有时会在不成功的交易中亏损，但很少被指控公然盗窃。

神秘消息人士当天晚些时候又发了一封电子邮件。这条信息包含的细节看起来很具体，如果说这些都是编造出来的，那未免太奇怪了。

> 2016 年底，公司从投资者那里提取了 2 亿美元用于基金投资，但这笔钱实际上用在了 Abraaj 的营运资金、调整资产负债表杠杆率和承诺上。

私募股权公司像这样从基金里拿钱是说不通的，因为这些公司会向投资者收取高昂的费用来支付员工工资。威尔又给这位神秘线人发了一封邮件，然后在紧张的期待中等待着回信。第二天一大早，一封洋洋洒洒数千字、语法错误百出但细节详尽的电子邮件发来了。这简直就是记者梦寐以求的东西。

"随着问题越来越大，阿里夫需要找到更多的钱来填补窟窿，他不得不在短期内从这些基金中挪用越来越多的资金。现在纸已经包不住火了，所以许多合伙人开始辞职。"这名消息人士在邮件中说。

"祝你写出一篇好新闻。一句话，Abraaj 根本没有内部治理，这导致灾难的螺旋式升级。因为阿里夫·纳克维大权独揽，没有人能够对问题有全面的了解。"

"现在他们正试图找到一条出路，但为时已晚，"消息人士说，"关键问题是，在基金最终关账之前，掩盖者能否设法向新的六期基金投资者隐瞒此事。"

威尔请对方接电话。这一次，对方的回复就没那么有用了。这个人不愿置评，并表示他还给《纽约时报》的记者发了电子邮件。现在，一场率先发布新闻的竞赛开始了。我们报社需要向其他人核实对方提供的信息，因为对方拒绝透露真实姓名。

那天是星期五，伊斯兰国家的休息日，但 Abraaj 在迪拜的发言人米塔丽·阿塔尔仍在回复电子邮件。米塔丽是一名印度人，是记者们在 Abraaj 的第一联系人。她是阿里夫改善世界使命的忠实信徒。她小心翼翼地控制着记者与高管们的谈话内容，允许开展采访的条件通常很严格。但在收到威尔的电子邮件后，米塔丽立即为他安排了第二天与马特·麦圭尔的通话。马特是一位美国人，曾在世界银行工作，后加入 Abraaj。

这位 Abraaj 高管在电话中表现得非常友好。他提到了一位他在世界银行工作时认识的《华尔街日报》记者和另一位他曾经指导过的记者。威尔并不认识这两位记者，因为他刚加入《华尔街日报》不久。而关于 Abraaj 是否因滥用医疗保健基金的资金而受到调查的问题，威尔得到了一个坚决否定的回答。

马特说："在 Abraaj，绝对没有资金在任何地方消失。如果我们真的以这种方式运作，就不会有如今的规模和声誉。我可不会在没有做大量尽职调查的情况下，就辞去美国参议院认可的铁饭碗，飞越半个地球来这儿上班。这不是那种乱来的地方。"

马特说，Abraaj 如有偷窃行为，绝不可能不被发现，因为它受到 7 个司法辖区的监管。这根本不可能发生。

米塔丽说，这个问题很无礼。

于是谈话到此结束。

达沃斯会议开幕前的那个周末，在迪拜工作的不止米塔丽和马特。阿里夫正在与穆斯塔法和塞夫开会密谋欺诈。他们仍一心想为 Abraaj 虚假夸大的投资组合估值提供支撑。阿里夫告诉他们，这些估值坦率来说完全是错误的。他一边低声笑着，一边解释他希望接下来发生的事情。[1]60 亿美元的募资完成后，估值将逐步降低。

他笑着说："但在此之前，我们不可能这样做。因为如果在此之前这样做，就等于在赛跑前砍掉自己的双腿对不对？这很蠢，不是吗？"

"所以，每次我收到你或其他人的电子邮件，说'这个估值是站不住脚的'，我就会这样做，"他比了个手势并说道，"你知道吗，说到底，有些事情我们必须坚持下去，直到时机成熟。"

本书另一位作者西蒙·克拉克多年来一直与阿里夫和 Abraaj 的其他高管保持联系，最近还与基托聊了他在公司的新工作。当威尔告诉西蒙有关匿名消息的事情时，西蒙给基托发了一封电子邮件，询问医疗保健基金的 2 亿美元是否以某种方式被滥用。西蒙的邮件发送给基托时，基托正准备前往达沃斯。基托说，过去两周他一直在亚洲和美国各地与 Abraaj 的投资者会面，他并未发觉任何不当行为。

"没有一个人提出你所说的那种担忧，"基托说，"我认为你得到的信息与事实不符。让我来了解一下到底发生了什么以及为什么会有这种传言。"

基托安排了第二天的电话访谈。他希望马特和医疗保健基金负责人卡瓦尔也能参加通话。他们正准备前往达沃斯。基托在通话前发送的一封电子邮件中说，富而德律师事务所的律师正在为 Abraaj 提供咨询。

"不用说，在富而德律师事务所看来，Abraaj 是完全合规的。"基托说。

富而德律师事务所的律师根据客户提供的文件以及 Abraaj 高管与他们的谈话撰写了笔录，证实该公司没有任何过错。基托认为，富而德是 Abraaj 声誉的公正可靠的保证人。

Abraaj 和富而德之间关系密切。富而德驻中东的管理合伙人佩尔韦兹·阿赫塔尔曾在 Abraaj 工作。他在一封电子邮件中向 Abraaj 的法律总顾问安德鲁·切瓦塔尔转发了证明 Abraaj 对其基金管理合规的文件。佩尔韦兹还是和平基金会在英国的董事会成员，他曾受邀参加阿里夫儿子在罗马举办的婚礼。

基托强调，他个人致力于造福穷人，并使 Abraaj 的投资者获利。他把这些投资者称为 LP，即有限合伙人。

"我们确实在艰难的市场中，让数百万人的生活变得更好了，"他写道，"我们一直保持会面的 LP，同样也为参与到这一创举中感到兴奋。这并不容易——我们正在拉各斯、卡拉奇和拉合尔等艰苦地区建造医院。

"作为一只游走于各种危险局势边缘的影响力基金，其历程并不总是一帆风顺的。我们的 LP 都很成熟，明白我们是在从无到有创造一些东西。他们对我们的要求是清晰、透明和专注。

"我知道，我们应要求退还了尚未使用的资金。"

基托的最后一句话还是露了破绽。这意味着一位 Abraaj 高管承认公司已将资金返还给医疗保健基金投资者。这是对匿名消息人士所讲述的故事的首次证实。

基托在周日下午的电话中透露了更多细节。他说，由于巴基斯坦和尼日利亚的医院项目延误，Abraaj 医疗保健基金中有数百万美元未使用。卡瓦尔说，这些延误对拯救数千人生命的计划来说只是小小的挫折。通话就此结束。

• • •

在达沃斯，阿里夫优先与他最重要的联系人交谈。他私下会见了即将被任命为德意志银行首席执行官的克里斯蒂安·泽温。德意志银行是 Abraaj 最大的股东之一。阿里夫平时的随行人员都不得参与这一密会。

他还与《华尔街日报》出版商、道琼斯公司首席执行官威廉·刘易斯以及《华尔街日报》欧洲版主编索罗尔德·巴克进行了交谈。阿里夫将此次会面描述为一次讨论广告宣传以及 Abraaj 如何与《华尔街日报》在新兴市场合作的机会。但在他们的谈话中，另一个动机变得清晰起来。阿里夫希望我们停止调查。一位与会人员说："他真的想让西蒙和威尔知难而退，他已经挑明说了。他极力想让《华尔街日报》的高层们否决他们的计划。"该人士称，刘易斯听了阿里夫的话，但没有上钩。

周四午餐前后，阿里夫在达沃斯参加了一场关于全球医疗保健的电视辩论。他与比尔·盖茨和其他三人同台。阿里夫很紧张。讨论开始前，他在休息室转了一圈，与其他发言人寒暄了几句，包括比尔·盖茨，可后者似乎倾向于与他保持距离。

他们随即步入达沃斯的聚光灯之下。阿里夫坐在中间，比尔·盖茨坐在最左边。阿里夫在台上魅力十足。他称赞比尔·盖茨激励 Abraaj 用 10 亿美元基金，给巴基斯坦、尼日利亚、肯尼亚和印度带来了人们负担得起的医疗保健服务。

"比尔在这一愿景中发挥了重要的作用。"阿里夫说。[2]

比尔·盖茨在座位上颇不自在地摇晃着身体，紧抿着嘴唇。每当阿里夫试图与他进行眼神交流或对话时，比尔·盖茨都会把目光投向另一边。

"这一切都源于与他的一次讨论。"阿里夫继续说道。

阿里夫声称，Abraaj 的医院已经开始赢利。这是阿里夫摆出的典型乐观姿态。阿里夫没有透露 Abraaj 和坐在他旁边的那位亿万富翁有了大麻烦。而比尔·盖茨也板着脸，没有透露任何信息。比尔·盖茨的团队已经向他全面介绍了 Abraaj 的真实情况。

比尔·盖茨几乎成功地避开了阿里夫试图与他的互动。但当长达一小时的辩论接近尾声时，比尔·盖茨赞扬了美国和欧洲的医疗监管机构——美国食品药品监督管理局（FDA）和欧洲药品管理局（简称 EMA）。

比尔·盖茨说："即使是发展中国家，也希望其药品能获得这些标准监管机构的批准。其药品除非获得 FDA 或 EMA（两大黄金标准监管机构）的批准，否则就不能进入市场。"

听到这里，阿里夫疑惑地盯着比尔·盖茨。比尔·盖茨触发了阿里夫对西方傲慢态度的敏锐感知。

"比尔，我能补充一点不同的意见吗？"阿里夫说，"也许我有点粗浅了，但是，你知道，这些黄金标准监管机构，以及那些在美国和欧洲获得批准的药品，本质上有一个很大的缺陷。"

阿里夫说，美国和欧洲的监管机构存在偏见，因为其主要在白人身上测试药品，而后者的基因并不能代表全人类。这是阿里夫·纳克维的一个经典策略，他利用了自己从学生时代起就做辩手而获得的丰富经验——提出一个很高明的观点，将他的辩论对手逼入守势。阿里夫的观点让比尔·盖茨的发言显得有些自以为是，甚至有点殖民主义的味道。

"事实是，我们都不尽相同。"阿里夫说。医疗保健行业需要更多关于非洲人和亚洲人的数据，以研发更适合他们的药物。这就是阿里夫和他的医疗保健基金的用武之地。他还说，他们将通过收集这些数据来做出巨大贡献。

比尔·盖茨不得不同意阿里夫的观点。

"是的,这些监管机构已经开始关注这一问题。"比尔·盖茨说。他还说,美国或欧洲的监管机构一旦批准了一种药品,就可以为全世界所用,这种情况确实不应该。

当讨论结束时,阿里夫走向讲台另一边的比尔·盖茨,但这位美国亿万富翁仍然不想和他说话。这位微软创始人的团队径直把他从后台走廊接走了。

...

当阿里夫在达沃斯与比尔·盖茨激辩时,神秘线人向伦敦的威尔发送了更多信息。

"请参阅附件中的 Abraaj 医疗保健基金报告。"这名消息人士在一封电子邮件中写道。

报告显示,Abraaj 旗下的大多数医院都在亏损,而非阿里夫在达沃斯所宣称的已开始盈利。报告还证明了消息人士的重要指控之一,即 Abraaj 长期把持医疗保健基金中超过 2 亿美元的投资者现金。

我们还需要更多证据,因为消息人士拒绝透露身份。又经过一周的电话沟通,有关人士证实,投资者正在调查 Abraaj 资金管理不善的问题,但没有人愿意公开谈论此事。我们被告知,包括盖茨基金会在内的医疗保健基金投资者已委托一家法律会计师事务所 Ankura 调查他们的资金去向。现在,我们已经掌握了足够的信息来撰写一篇文章。

达沃斯会议告一段落后，阿里夫飞往伦敦。他告诉自己的高层团队放下手头的工作，到 Abraaj 的梅费尔办公室与他会合，为扼杀我们的这篇新闻报道做最后的努力。芬斯伯里公关公司的顾问们也经常到访 Abraaj。该公关公司由罗兰·拉德经营，他是时任英国内政大臣安珀·拉德的弟弟。

我们反复对文章进行事实核查，以确保它的准确性。报社的律师也对文章进行了审查。我们又给了 Abraaj 一次发言机会。在一次气氛紧张的谈话中，马特承认 Abraaj 和一些投资者之间存在问题。他说，公司已要求毕马威对该医疗保健基金的账目进行审计。

伦敦时间 2018 年 2 月 2 日晚上 7 点 10 分，我们发表了一篇关于盖茨基金会和其他投资者聘请审计人员追踪资金去向的文章。Abraaj 精心塑造的公众形象终于出现了裂痕。[3]《纽约时报》很快也发表了一篇文章。[4] 这些新闻报道通过网络传遍全球。Abraaj 随即被一片质疑声淹没，数以百计的投资者和贷款人给阿里夫打电话，要求他做出解释。

阿里夫驳斥这些报道是假新闻，但要说《华尔街日报》和《纽约时报》都搞错了，恐怕让人难以置信。银行收回了贷款，取消了向 Abraaj 提供更多贷款的计划。阿里夫已经走投无路了。

《华尔街日报》文章发表后的第二天是一个周六，阿里夫仍在伦敦。在办公室与 CDC 高管会面时，阿里夫压力很大，情绪激动，他试图向投资者保证自己没有做错任何事。CDC 的高管们对事态的演变深感不安，因为他们在 Abraaj 的许多基金中都有投资，而盖茨基金会只投资了两只基金，所以这关系到他们的切身利益。如果 Abraaj 基金崩盘，CDC 将面临比盖茨基金会更大的问题。

消息很快传到远在迪拜以西万里之遥的奥林匹亚市的华盛顿州投资委员会。华盛顿州养老基金董事戴维·尼伦伯格读到这则消息后顿时坐立不安。该基金代表教师、警察、法官和消防员管理着超过 1 300 亿美元的资金。尼伦伯格向同事们发送了一封紧急电子邮件。

在出现欺诈行为时，投资者必须迅速采取行动，聘请专业的法律顾问和调查人员，必须以最强硬的态度给欺诈者造成最大程度的声誉损害，最大程度地削减他们的净资产，并通过将他们送进监狱来剥夺他们的自由。

就像你不会与恐怖分子谈判一样，你也不该和骗子套近乎。他们唯一懂的语言就是武力。我们甚至不知道如何用他们的方式思考，他们的思维方式与我们不同。

如果真有祸事发生，或者我们认为可能发生，那就让我们立即查个水落石出，并采取一切适当的保护措施。

马克·布儒瓦写信给华盛顿州投资委员会和其他投资者，向他们允诺，让他们不必惊慌。

"你们可能已经看到了一些媒体报道，"马克写道，"这些报道包含一些错误的指控，我们已断然予以驳斥。从投资者那里提取的所有资金都被批准用于基金投资。其中一些资金的使用没有预期中那么快，主要原因是在建设新医院方面出现了不可预见的监管延误。"[5]

⋯

阿里夫向他的员工保证公司没有犯罪行为。他在伦敦与基托、马特、卡瓦尔和塞夫等人聚在一起讨论该怎么办。基托对所发生的一切完全不知所措。

"我们在讨论的到底是怎么一回事？"基托说。

毕马威的一份报告为阿里夫带来了一线希望。Abraaj 声称该报告证明了 Abraaj 在使用医疗保健基金资金方面不存在不当行为。但这份报告并未公开发布。相反，Abraaj 发布了一篇新闻稿，称毕马威发现 Abraaj 的行为"符合商定的程序"。[6]

毕马威根本就不是一个公正的裁判，因为它与 Abraaj 的关系过于密切。它审计了该公司及其大部分基金，还有 Abraaj 投资的公司，包括阿拉伯航空。毕马威的迪拜负责人是阿里夫的密友。Abraaj 的首席财务官阿希什·戴夫还曾在毕马威工作。

2 月的一个早晨，基托走出 Abraaj 的伦敦办公室，与卡瓦尔一起散步。他们想讨论一下正在发生的事情。他们漫步经过梅费尔的豪华商店和咖啡馆。他们不想让任何人听到他们的谈话。卡瓦尔有消息要告诉基托：阿里夫告诉了他，自己是如何利用阿拉伯航空的贷款来填补医疗保健基金的窟窿的。阿里夫不认为如此贷款有任何问题，但基托认为大有问题。航空公司的贷款怎么会出现在医院建设基金里？这简直是疯了。更糟糕的是，毕马威的报告甚至没有提到阿拉伯航空曾贷款给该基金。关于阿拉伯航空的信息非常具有爆炸性，基托和卡瓦尔都不敢明说，而是用一个暗语来指代这家航空公司："鸽子"。

"阿拉伯航空的贷款令人极为震惊,"基托说,"这是一个巨大的打击。"

Ankura 代表医疗保健基金的投资者继续进行调查,并派出两名专家,于 2018 年 2 月从美国飞往迪拜进行审计。让-米歇尔·费拉特此前曾帮助追查大屠杀的犹太受害者在瑞士的财产,并揭露了联合国伊拉克石油换粮食计划中的巨额贿赂和回扣,而科林·安德森则是数据驱动型审计方面的专家。

Abraaj 并未允许让-米歇尔和科林在其总部工作——这样的拒绝对审计员来说并非惯例——而是交给他们一箱文件,让他们在哈布托尔宫酒店工作,并派专人陪同。他们的工作是跟踪医疗保健基金银行账户的资金进出情况,但箱子里的文件并不完整。让-米歇尔和科林一再要求 Abraaj 提供所有的银行对账单,并且不接受拒绝。经过几天与 Abraaj 行政人员剑拔弩张的对话后,他们终于收到了银行对账单,上面显示发生了极不寻常的事情。巨额资金从阿拉伯航空汇入医疗保健基金,而这家航空公司显然没有理由参与其中。至此 Abraaj 已原形毕露,游戏结束了。

阿里夫的世界开始土崩瓦解。2018 年 2 月,他给哈米德·贾法尔的作为 3.5 亿美元贷款担保的支票在阿联酋跳票。在阿联酋,跳票属于刑事犯罪,因此必须尽快解决这一危机,否则阿里夫可能会直接入狱。为了筹集一些现金,阿里夫在香港佳士得拍卖行变卖了 6 件 Abraaj 持有的艺术品。

阿里夫还通过法国南部的一家中介公司以 2 000 万美元的价格出售了他的豪华游艇"拉斯塔"号。

迪拜金融服务管理局开始向 Abraaj 问责。汉领资本告诉迪拜监管机构，Abraaj 四期基金和医疗保健基金的资金可能被挪用。

阿里夫试图减少损失。[7] 他于 2018 年 2 月 23 日宣布了一项计划，希望该计划能帮助他重新赢得投资者的信任。他将 Abraaj 分拆为两家不同的公司：Abraaj 投资管理公司和 Abraaj 控股公司。

Abraaj 投资管理公司负责私募基金的运营，将由奥马尔·洛迪和塞尔丘克·约奥乔卢担任联席首席执行官。阿里夫承诺不再参与经营这部分业务。Abraaj 控股公司将继续作为这些基金的投资者，而阿里夫将领导该公司，但这种拆分并没有让任何人放下心来。华盛顿州投资委员会的首席信息官加里·布鲁贝克命令他的团队停止与 Abraaj 的合作。

在 2018 年夏季梵蒂冈影响力投资峰会的邀请名单中，Abraaj 被除名。

在迪拜，新分拆出的基金管理业务的高管们开始调查公司的账目和记录以获取信息。拉菲克警告阿里夫，新的审计员将于 2018 年 3 月 1 日下午 3 时来到总部。[8] 拉菲克对总部一箱箱的文件感到焦虑不安，这些文件中包含了向阿里夫转移现金的敏感信息。

"我会让我的司机去取箱子，"阿里夫告诉拉菲克，"有多少个箱子？"

"9 个。"拉菲克回答。

阿里夫说："好的，请确保司机从会计部门附近的入口搬出箱子，而不是从接待处。他有一个手推车，一次可以装很多东西，记住要让手推车装满了。"

箱子被搬走的第二天，奥马尔和塞尔丘克就告诉投资者，60 亿美元的募资计划取消了。[9]

随之而来的是一片混乱。

阿里夫在 Abraaj 的整个发展过程中都拥有不可动摇的权威，但现在他的控制权已不复存在。如果不能通过新基金赚取 9 000 万美元的年度管理费，Abraaj 将无法生存。基于即将收取这些管理费的预期，Abraaj 甚至向法国兴业银行借了 1.5 亿美元。[10]

阿里夫最亲密的同事们试图掩盖推脱他们在这一不法勾当中的作为。阿希什在 2018 年 3 月告诉路透社，他早在 6 个月前就已从 Abraaj 辞职。[11] 塞夫还告诉记者和律师，他几个月前就辞职了，从而与该公司即将上演的崩溃撇清关系。

一些尽责的员工选择留下来，努力维持公司。Abraaj 在叙利亚的首席运营官比谢尔·巴拉兹卷起袖子，开始协调公司与迪拜金融服务管理局之间的讨论。

比谢尔脾气火爆。他受到许多员工的尊敬，也许他是唯一一个敢站出来反对阿里夫的高管。阿里夫曾向比谢尔保证，公司的问题不过是医疗保健基金中的一些资金有所混淆而已。基于这一保证，比谢尔准备留下来，但他不想卷入重大的财务丑闻。他此前曾在迪拜担任一家政府投资基金的首席财务官，但该基金陷入了财务困境，他不想重蹈覆辙。阿里夫曾向比谢尔坚称，他和他的公司坚持最严格的管理标准，从而说服比谢尔加入 Abraaj。

比谢尔在应对困局方面经验丰富。1972 年他出生于大马士革，1991 年经过注册进入黎巴嫩著名的贝鲁特美国大学就读。但该大学遭到了恐怖分子的炸弹袭击，致使他的父母坚持让他转到大马士革大学。比谢尔因为不能离开叙利亚而感到失望，所以他将更多的精力投入派对和足球运动中，而不是学习。

他的父母对他的态度感到沮丧，于是把他介绍给他们在安达信公司的会计师，为他找了一份暑期工作。面试时，比谢尔留着长发，穿着牛仔裤、印有齐柏林飞艇乐队的 T 恤，戴着他从出生起就没摘过的金链子和乌克兰祖母送给他的一个护身符，金链子上挂了一个刻着《古兰经》经文的徽章，这是他的姑姑送给他的礼物。

在大马士革的安达信公司，比谢尔开始热爱会计这份工作。他一边读书一边在那里工作。每年他都会故意让数学考试不及格，以推迟毕业，从而避免服兵役。到 2000 年，9 年过去了，他仍未毕业，但他想在安达信继续发展自己的事业。为此，他需要通过一项特殊考试，成为一名注册会计师。问题是，在大多数地方，只有毕业后才能参加这个考试，但蒙大拿州却不一样。于是，比谢尔飞往美国北部偏远的蒙大拿州参加考试。

2000 年，叙利亚军队已盯上比谢尔，而他终于从大学毕业，并让安达信将他调到沙特阿拉伯，因为居住在国外的叙利亚人可以通过支付一定费用来避免服兵役。比谢尔的事业在叙利亚以外的地方蒸蒸日上，他从安达信跳槽到海湾地区的多家投资公司。他一度代表他任职的迪拜投资公司加入 Abraaj 的董事会。

2016 年，比谢尔全职加入 Abraaj 后，阿里夫提醒他，多年前他还是董事会成员时，曾质疑阿里夫对 Abraaj 的过度掌控。这让比谢尔惊讶于阿里夫"骆驼般的记忆力"——这是中东人对"过目不忘"的一种形象的说法。

"这是真的吗？"比谢尔说他曾向瓦卡尔询问过《华尔街日报》在 2018 年 2 月曝光的有争议的内容。

据比谢尔称，瓦卡尔回应说，写这篇文章的记者是因为 Abraaj

的成功而嫉恨这家公司。但瓦卡尔否认他说过这样的话。

不久之后，比谢尔了解到，Abraaj 四期基金和医疗保健基金中确实有资金被挪走。他对此感到非常不安，因为阿里夫曾向他保证，Abraaj 公司除了医疗保健基金之外不会再有任何问题。

当阿里夫将 Abraaj 一分为二时，比谢尔被任命为基金管理业务的首席财务官。为了实现两家新公司的分离，比谢尔封锁了 Abraaj 位于迪拜国际金融中心三层和四层办公室之间的一条通道。三层是基金管理公司的总部。四层则是 Abraaj 控股公司的总部，阿里夫仍在那里。比谢尔关闭楼梯通道的决定大大触怒了阿里夫。

当 Abraaj 的第三只基金——基础设施和增长资本基金——出现管理不善时，阿里夫在一次会议上将问题归咎于瓦卡尔、拉菲克和阿希什。比谢尔和其他高管也参加了这次会议。这只基金的问题在于，其拥有的阿拉伯航空公司股份被当作 Abraaj 公司贷款的担保资产质押了出去，而没有将收益分给基金投资者，他们才应是真正的受益人。现在这笔钱不见了。阿里夫在会议上羞辱了瓦卡尔，并声称他本人与这个新问题毫无瓜葛。

比谢尔说，会议后的第二天，他和瓦卡尔一起去迪拜四季酒店楼顶的露娜天空酒吧喝酒。聊着聊着，瓦卡尔突然哭了起来。

"你怎么能接受那样的羞辱？"比谢尔问道。

据比谢尔称，瓦卡尔回答说："他是个恶霸。"而瓦卡尔虽承认他经常和比谢尔一起去露娜天空酒吧，但对这段对话的真实性表示异议。

此时，比谢尔对阿里夫已经完全失去了信心。几天后，当阿里夫来到他的办公室请求他帮助解决法律问题时，他拒绝了。他说，因为阿里夫要求他做的事情是不对的。阿里夫告诉比谢尔，他已经变了，不再恭恭敬敬，而且几天前阿里夫进房间时他也没有站起来。

"我没想到你这么不懂通融。"阿里夫边说边开始哭泣。

"我需要带着3样东西离开，"他说，"财富、尊严和名誉。"

比谢尔说："如果你觉着你可以带着这3样东西从这个烂摊子全身而退，那你就是在痴心妄想。"

"我们有相同的出身。"阿里夫回应道。他恳请比谢尔从他的视角看待问题。

比谢尔说他要去开会。他起身去了卫生间，阿里夫跟了出来，和他一起站在小便池旁。

"我可不会独自背锅，"阿里夫说，"我要把所有人都拉下水，所有人都将一无所有。"

"祝你好运。"比谢尔答道。

"我不得不孤军奋战，"阿里夫抱怨道，"穆斯塔法在哪？塞夫在哪？"

比谢尔继续调查 Abraaj 的财务状况。他要求拉菲克提供财务报告和银行对账单。拉菲克就比谢尔和其他会计师要求提供信息一事警告了阿里夫。这些文件会暴露阿里夫是如何从公司榨取资金的，因此拉菲克试图篡改这些文件，来掩盖资金转移的事实。

"余额显示在你的名下，"拉菲克告诉阿里夫关于一份财务报表的情况，"我将把这笔应收账款转移到 Abraaj 控股公司名下，因此你的余额将为零。"[12]

但是，通过银行对账单仍然可以看到向阿里夫个人及其名下公司转账的记录。

• • •

在伦敦，基托正面临着一场财务挑战，因为 Abraaj 停止支付他的薪水，而这部分钱是他每年数十万美元薪酬福利计划的一部分。在伦敦一个阴雨绵绵的下午，基托行色匆匆地走进梅费尔区的康诺特酒店。他原定与西蒙在酒店大堂会面，但迟到了。原因是他为了筹集资金在佳士得拍卖行洽谈出售他的印度艺术收藏品而耽搁了时间。

在喝咖啡时，基托表示 Abraaj 没有透明度可言，治理也是一个问题。基托说，Abraaj 上一任董事长在 3 年前去世，之后没有人接替该职位，因此该公司甚至没有一位董事长来追究阿里夫的责任。

交谈完后，西蒙陪着基托快步穿过伯克利广场，来到新邦德街的一家珠宝店，拿了一块他之前送修的手表。然后，他们走到海德公园下面的一个带大门的停车场，基托的车已经在那里清洗过了。最后，荷兰人基托开车返回了自己位于肯辛顿的家。

西蒙则步行前往最近的地铁站。他欣赏并尊重基托，因为他为解决世界上的经济不平等问题做出了真诚的努力。但 Abraaj 集团和它声称要帮助的穷人之间的鸿沟从未如此之大。像基托这样的 Abraaj 高管所身处的"梅费尔世界"可谓纸醉金迷，与生活在肯尼亚、巴基斯坦和其他发展中国家的大多数人贫困的现实生活相比简直判若云泥。大多数巴基斯坦人永远不会走进像梅费尔区的康诺特酒店这样的地方，基托和西蒙刚刚在那里见过面。在酒店住一晚的费用是 4 455 美元。对大多数巴基斯坦人来说，这需要 3 年的时间才能赚到。

· · ·

在迪拜，Abraaj 的狂欢几近结束。2018 年 3 月，Abraaj 的最后一次投资者大会——过往曾有蒂娜·特纳、约翰·克里和融化在热沙中的"冰吧"助兴的盛会——被取消了。但 Abraaj 的最后一次年度艺术奖颁奖礼仍坚持举办。约旦裔艺术家劳伦斯·阿布·哈姆丹以一幅关于叙利亚受刑囚犯的政治题材作品赢得了最后的 10 万美元大奖。[13]

达沃斯最受欢迎的音乐家巴里·科尔森专程飞到迪拜，在这一艺术盛会上表演。阿里夫告诉他，他有机会在年度演出中登台。

当科尔森在温暖的阿拉伯夜色中引吭歌唱时，宾客们交头接耳，私下议论着 Abraaj 能否生存下去以及阿里夫是否会现身。阿里夫出人意料地出现了，迪拜的上流人士们顿时愣住了。科尔森想，那一刻就像当年的蛮荒西部，当强盗进来时，一切都戛然而止。人们放下手中的香槟酒杯和小点心。艺术品目录被收了起来。科尔森继续演奏。

回到加拿大后，科尔森发现他为阿里夫演唱了最后一首歌，但他却拿不到报酬。当他打电话询问未付账单时，一位高管告诉他，Abraaj 已经没钱了。他收到了一份长长的债权人名单，他的名字排在最下面。债权人按欠款金额排序。被拖欠数亿美元的哈米德·贾法尔名列榜首。科尔森看到名单时想，阿里夫已经注定难逃此劫了。

阿里夫仍目空一切，他相信没有人会追究他对Abraaj倒闭的责任。他的这份信心来自他自称的与迪拜金融服务管理局的监管人员之间的一次谈话。

"没有人会展开调查，"阿里夫在电话中告诉马克·布儒瓦，"他们只是说，'你看，我们也面临压力，所以我们需要问些走过场的问题'。"[14]

"噢！"马克惊讶地回答。

"没有一个人会倒霉，也没有一个人会受损，"阿里夫说，"我一直都是这么说的。"

"噢！"马克重复道。

第十八章

王国之钥

保罗·莫里斯睡觉时床边放着一把刀。贾尔斯·蒙哥马利-斯旺则会在开车前检查车底是否有炸弹。这两名Abraaj员工决心查明公司发生了什么。在2018年2月阅读了《华尔街日报》的文章后，他们不再相信公司的领导层。高管们的解释和矢口否认都无法令人信服。

保罗是Abraaj的会计师，贾尔斯负责信息技术。当Abraaj分成两家公司、60亿美元的募资被取消时，他们都考虑过辞职，但最终还是决定留下来。因为他们还有工作要做，而且这关系到投资者数十亿美元的资金。

"我不能就这么一走了之。"保罗下定了决心。

调查Abraaj是有风险的。两名英国人必须小心翼翼，有时他们甚至担心自己的生命安全。阿里夫仍然位高权重。他仍然是国际刑警组织"更安全的世界"基金会的理事和联合国全球契约组织的理事，而且没有迹象表明迪拜当局想要起诉他。受到政府严密监控的当地报纸仍在刊登支持阿里夫的文章。

保罗和贾尔斯与比谢尔和马特一起努力整顿 Abraaj。马特在 Abraaj 一分为二后被任命为基金管理业务的首席运营官。

"Abraaj 金库"的守护者，即公司的隐秘财务核心人员，仍然是开展任何调查的主要障碍。拉菲克和他忠实的下属仍然把持着财务部门，不愿与其他任何人分享信息，尤其是银行对账单和财务报告。阿里夫本不应该再插手 Abraaj 的基金管理业务，但实际上他仍与公司藕断丝连，对拉菲克和其他忠实的员工发号施令。

2018年4月4日，比谢尔给拉菲克发去电子邮件，要求他提供所急需的信息。拉菲克将比谢尔的电子邮件转发给了阿里夫。

"仅供参考——请参阅以下比谢尔的电子邮件。他要求获得 Oracle 的访问权限，以便能够查看 MCMHL 的会计条目，"拉菲克在给阿里夫的信中写道，"我会和比谢尔谈谈，好弄清楚他为什么要发这封邮件。"

MCMHL 是"Menasa Capital Management Holdings Ltd."（Menasa 资本管理控股有限公司）的缩写，该公司是阿里夫控制的开曼群岛公司之一，曾从 Abraaj 拿走数百万美元。而 Oracle 是一个数据库系统，它可以让比谢尔了解到公司一直以来向阿里夫非法付款的情况。

"将 MCMHL 从 Oracle 中移除，"阿里夫回复拉菲克，"只允许他访问现有及将来的数据，而不允许他回溯历史数据。"

当比谢尔向阿里夫索要查阅财务资料的权限时，阿里夫拒绝了。阿里夫在一次电话会议上告诉他，不要再为过去担心。阿里夫说，公司将开设一个新的银行账户。这样，比谢尔就无法查看旧账户的付款记录了。阿里夫告诉他，Abraaj 的问题不在于它的账户，而在于向记者泄密。

在电话会议上，阿里夫将自己比作好莱坞电影《红潮风暴》中的潜艇指挥官。由吉恩·哈克曼饰演的指挥官在一次危险的任务中受到艇员们的挑战，结果出了严重的差错。在经历了一场叛变之后，指挥官与他的艇员达成和解，光荣退役。

对于在这次电话会议中旁听的保罗来说，Abraaj 公司正在上演的这出大戏，有着与好莱坞影片截然不同的情节。"这是一个犯罪现场，而且犯罪还在继续，"他想，"会计部门里满是他们想要隐藏的信息。"

比谢尔和马特并不清楚 Abraaj 基金管理业务新任联席首席执行官奥马尔和塞尔丘克优先考量的是什么。他们是否想彻查不法行为，并立即向监管机构报告任何存在的问题？

奥马尔的态度很快就变得清晰起来。

保罗当时正在调查阿里夫是如何对 Abraaj 的资产进行估值的。北非 Abraaj 负责人艾哈迈德·巴德尔丁向保罗展示了一些电子邮件，表明他因受到高管的施压，以他并不认同的方式夸大了估值。在此之后，保罗准备了一份报告。他将艾哈迈德提供的证据通过电子邮件发送给 Abraaj 的首席合规官彼得·布雷迪。彼得给奥马尔、塞尔丘克、比谢尔和马特都发了电子邮件，通知他们他将把这些信息发送给迪拜金融服务管理局。马特告诉彼得，将这些信息发送给监管机构没有问题。

奥马尔很快做出了回应。他说，在任何情况下都不应该将这些信息发送给监管机构。不过，彼得在一封电子邮件中告诉奥马尔为时已晚,他已经发送了信息。几个小时后,奥马尔打电话给彼得,对他大吼大叫了将近一个小时。奥马尔就此已经表明自己的立场。

有一条路可以绕过守卫着"Abraaj金库"的拉菲克。Abraaj的机密也存储在该公司的信息技术系统中。这个系统包含了所有员工的电子邮件、财务报告和银行对账单,但保罗和贾尔斯都没有访问该系统的全部权限。虽然贾尔斯负责管理该系统,但他没有被授权查看该系统的所有内容。倒是贾尔斯的团队成员之一,一个名叫查尔斯·乔纳森的人,有权进入系统。信息技术系统的访问代码由比谢尔和查尔斯·乔纳森保管。贾尔斯请求比谢尔允许他监控Abraaj的电子邮件系统,以此作为数据收集的一部分。

"我批准你的请求,"比谢尔在2018年4月8日给贾尔斯的电子邮件中写道,"我已抄送给马特。"

第二天,一名Abraaj的员工找到了贾尔斯,他说,阿里夫急于联系当时正在印度休假的查尔斯·乔纳森。另一名员工则问贾尔斯,该公司的电脑是否属于Abraaj控股公司,也就是阿里夫仍然控制着的公司。

两周后,贾尔斯再次与比谢尔和马特取得联系,并带来了重要消息。电脑使用记录显示,查尔斯·乔纳森在2018年2月5日晚上11点05分访问了马特的电子邮箱,删除了其中附有毕马威关于医疗保健基金报告的电子邮件。贾尔斯和保罗质问乔纳森为什么删除这些电子邮件,乔纳森说是拉菲克让他这么做的。乔纳森承认他是代表阿里夫的得力助手拉菲克行事的,如此一来,比谢尔授予贾尔斯完全访问IT系统权限的举措便至关重要。

贾尔斯和保罗现在已手握"王国之钥"。信息技术系统就是一个信息宝库。银行对账单显示,多年来,资金在 Abraaj 公司账户和阿里夫的私人账户间非法流动。阿里夫和奥马尔在一系列保存完好的电子邮件中讨论了贿赂巴基斯坦官员的问题。他们每揪出一条线索,每揭开一处盖子,问题就变得更加触目惊心,财务漏洞也越来越大。

当阿里夫发现贾尔斯和保罗可以完全访问信息技术系统时,他立马打电话给奥马尔,威胁要杀死所有员工。惊慌失措的奥马尔打电话给比谢尔,向他转述了阿里夫的怒火。

• • •

阿里夫仍在负隅顽抗,拼命捍卫他的帝国残境。当放贷人要求偿还贷款时,他用借口拖延时间。他委托总部位于纽约的咨询公司华利安诺基为 Abraaj 投资管理公司寻找买家。[1] 许多公司都表示有兴趣收购该公司全部或部分业务。

阿里夫和法耶扎于 2008 年成立的私人家族慈善机构和平基金会如今已陷入停摆,因为没有更多的钱了。一批原本就读于威尔士精英私立寄宿学校大西洋学院的巴基斯坦青少年的奖学金突然被取消。这所学校的学生发起了一场成功的紧急筹款活动,帮助巴基斯坦学生支付学费。阿里夫和法耶扎的名字仍然用金漆写在大西洋学院礼堂的一块捐赠者名单上。位列他们之上的是高盛前高管安德烈亚·韦拉,他因卷入马来西亚金融丑闻而被美联储禁止从事银行业工作。该丑闻导致马来西亚总理纳吉布·拉扎克下台。[2]

在卡拉奇,曾穿梭在闷热难耐的街道上拯救生命的和平基金会的救护车，被移交给了其他慈善机构。

  Abraaj 的投资者仍然每天都要求公司解释他们的资金去向。医疗保健基金的投资者希望 Abraaj 放弃控制权，允许另一家私募股权公司管理他们的资金。

  员工们把 Abraaj 迪拜总部的气氛比作罗马末日。之前习惯了在阿里夫无所不在的监视下长时间辛苦工作的员工们现在则无所事事。他们在露台上聊天，用工作电脑看奈飞上的电影，在附近的酒吧喝酒，开玩笑说每天都可能是在公司的最后一天。然后这一天真的来了。在这一天，数十名员工被同时解雇。员工们将这一天称为"血色婚礼"，源自美剧《权力的游戏》中出现的婚礼大屠杀场面。

  有些人哭了。其他人则很高兴能逃离这艘正在下沉的船。对他们中的大多数人来说，失去工作意味着必须离开迪拜。这些来自世界各地的高管之前之所以纷纷涌入该公司，是受到高薪和社会使命感的驱使。他们的工作签证与 Abraaj 绑定，因此现在他们必须走人了，否则就有被驱逐出境的危险。

  Abraaj 陷入了混乱，但只有一小部分欺诈行为被公开。阿里夫坚称自己并无过错，并继续回避记者的追问。在 2018 年 3 月一次漫长的电话采访中，他极尽哄骗之能以搪塞我们。他回避了是否有更多基金发生资金丢失的问题，并淡化了与盖茨基金会存在争议的说法。他说，Abraaj 与投资者双方只是对于彼此协议中是否允许他暂时从医疗保健基金中转移资金这一点存在意见分歧而已。

  阿里夫说："他们完全有权以某种方式解释它，而我们也认为我们有权以我们所希望的方式解释它。如果你事后问我，我们会采取不同的做法吗？有可能。"

在与我们的通话中，阿里夫愿意承认自己做过的最糟糕的事就是在冗长的回答中显得"有点啰唆"。他向我们保证他谦恭有礼。

"我很喜欢一再告诉人们，今天的孔雀是明天的鸡毛掸子。"

令人沮丧的是，我们很难证明匿名消息人士对阿里夫的指控。该消息人士向我们发送了资金规模达 16 亿美元的 Abraaj 四期基金的财务报表，并称该基金以及医疗保健基金的资金被挪用，而阿里夫断然否认了这一说法。我们必须找到更多证据。

一位投资者向我们透露，阿里夫召集了一次会议，以讨论这只 16 亿美元的基金。会议将于 2018 年 5 月底在伦敦五星级酒店朗廷酒店的宴会厅举行。在一个阳光明媚的周三清晨，我们沿着摄政街来到这家位于英国广播公司总部对面的大酒店。

朗廷酒店宽敞的宴会厅一天的租金是 2 万英镑，这可是大多数肯尼亚人需要 14 年才能挣到的一笔钱。我们礼貌地询问酒店工作人员是否可以进入宴会厅，他们彬彬有礼地拒绝了我们。从门外往里瞥上一眼，我们发现宴会厅大得离谱，受邀的人却寥寥无几。我们买了咖啡，坐在宴会厅外的大堂里等待。

Abraaj 的高管和投资者鱼贯而入。马克·布儒瓦穿着他标志性的细条纹西装走过。他停下来和我们简短地聊了几句。他说，他正在竭尽全力帮助投资者。他谈到了他对 Abraaj 社会使命以及他支持的乌干达孤儿院的不变信念。我们要求与阿里夫谈谈，马克说他会尽力帮我们牵线看看。他说可以随时打电话联系，可之后他再也没有回过电话。午餐时间，塞尔丘克快速从我们身边走过，他直视前方，目不转睛。

一名我们认识的投资者离开了宴会厅，向酒店出口走去。他默默地做了个手势，示意我们跟上他。他感冒了，正在找药店买药。他穿过摄政街，走进博姿药房的一家分店。我们和他一起走进去，在牙膏、肥皂和洗发水的货架前驻足交谈。他看起来有些茫然，一方面是因为感冒，另一方面也是因为阿里夫刚刚向他和宴会厅里其他投资者说的话。[3]

"Abraaj 用我们的钱为它的业务提供资金，"他一边从被堵住的鼻子里擤着鼻涕一边说，"并且现在还欠着基金的钱。"

阿里夫告诉包括美国银行和汉领资本在内的投资者，他把他们的 2 亿多美元花在了 Abraaj 的开支上，而不是按规定收购公司。阿里夫告诉他们，这些信息是严格保密的；任何泄露细节的人都会违反保密协议，Abraaj 将起诉他们。这位投资者离开了药店，返回了酒店。我们则继续在药店里待了一会儿，以免被人看到我们和他在一起，然后我们打了几个电话。Abraaj 的一名高管证实了这位投资者的说法。

会议一直持续到下午，而我们则发表了一篇关于 Abraaj 滥用第二只基金中投资者资金的文章。

会议于下午 5 点左右结束。这是我们与阿里夫面对面交谈的机会。但他仍避而不见，从酒店后面的一个庭院离开了。我们试图与更多的投资者交谈。来自汉领资本的塔朗·卡蒂拉从酒店前门出来，在我们的追问声中沿着街道一溜小跑。美国银行的一位女士傲慢地拒绝置评。她声称此次会议是保密的，说着便跳上一辆黑色出租车，消失在傍晚的车流中。他们不愿多说，但这并不重要。Abraaj 对第二只基金巧取豪夺的消息已经公之于众。当晚 10 点 48 分，西蒙在一封主题为"如何了解 Abraaj"的电子邮件中向阿里夫提出了 13

个问题。邮件开头写道：

亲爱的阿里夫：

我今天一整天都坐在朗廷酒店的大堂里，希望我们能见上一面。遗憾的是未能如愿。

我很想再见你一面，和你谈谈。这个星期剩下的时间你会在伦敦吗？

Abraaj 集团严重缺乏透明度，而你一直直言不讳地倡导商业透明的必要性。

然而，公众——似乎也包括投资者——并不真正了解 Abraaj 是如何运作的。

它有多少债务？股东是谁？贷款人是谁？它与投资者用他们的资金和信任帮助创建的 Abraaj 私募基金之间的关系究竟如何？

12 个小时后，阿里夫做出了答复：

我希望你之前能直接给我发电子邮件，这样我昨天就可以和你见面了！我很快就会回来，但为了让见面更有意义，我需要说明以下几点。

你所写的大部分内容，在背景和事实方面都是不准确的，就算我想向你概述情况，那也是无用的，西蒙。

我们并没有试图向你隐瞒你所寻求的细节，但如果你的心态是先入为主的，那又有什么意义呢？

你们昨天刊登了一篇文章，又在断章取义。有人是出于自己的目的，而你们却在助纣为虐。文中的数据，所谓的事实和背景都是错误的。

Abraaj 集团或 Abraaj 控股公司并不缺乏透明度，但它是一家私营公司，我们也确实满足了所有投资者对所有信息和报告的需求。鉴于与我们往来的投资者和其他利益相关者的数量和素养，你真的认为我们可以在没有透明度的情况下开展业务吗？

如果我认为你致力于冷静和公正地看待问题，我当然会与你接触和沟通！面对面的会谈能取得很多收获，特别是在你对新兴市场和影响力投资持积极心态的情况下。有很多好事正在发生，但你却闭口不谈。

致以最诚挚的问候。

两个小时后，西蒙做出了答复：

亲爱的阿里夫：
感谢你的回复和解释。

我在上一封邮件中向你提出了13个问题。你一个都没有答复。

请不要认为回答我的问题毫无意义。我真的很想了解发生了什么，而且我抱持一个开放的心态。我期待着你的答复，并希望能尽快见到你。

万事如意。

4天后，阿里夫从伊斯兰堡回信了。他说他正在巴基斯坦处理卡拉奇电力延宕已久的出售事宜：

> 我确实觉得你有先入为主的倾向；你有来自许多方面的"数据"，其中有些人可能并不像你一样冷静客观！
>
> 鉴于此次交易对解决 Abraaj 的许多问题至关重要，在周四前我会在伊斯兰堡，无法与你谈话。这是本届政府的最后一个工作周（他们需要做很多工作来澄清和解决之前的问题，并获得完成此次交易所需要的许可）。
>
> 会面显然需要我们一起花上一整天。周五还是周六？在哪儿？
>
> 致以最诚挚的问候。

西蒙第二天一早就回复了。

> 亲爱的阿里夫：
> 谢谢你的回复。是的，我很高兴在星期五或星期六见到你。在英国的任何地方，只要你方便，我都愿意前往。可以吗？
> 万事如意。

第二天，《华尔街日报》记者尼古拉斯·帕拉西发表了一篇关于科威特养老基金试图迫使 Abraaj 在开曼群岛大法院进入破产程序的文章。[4] Abraaj 欠这家社会保障机构 1 亿美元。这篇文章引起了阿里夫的愤怒回应，他在文章发表后的第二天再次发送了电子邮件。

第十八章　王国之钥　313

西蒙，很抱歉迟迟没有回复你，但你也猜到了，我一直在忙于各种讨论。

你一直在报道"正在进行的工作"，这给我们带来了不确定性，但我想你必须做好你的工作，我也一样！问题是，我在这里做的事情是在创造价值，需要我全神贯注，而你们报道的新闻却拖慢了事情的进展。

你能不能让我缓几天再报道，或者在上帝给我们的24个小时之外再增加10个小时？！

很抱歉，我曾提议我们可以在周五或者周六见面，现在看来是无望了。

回头再说吧。

这是我们从阿里夫那里收到的最后一封电子邮件。他随后请西姆金斯律师事务所为他代言。这家伦敦律师事务所专门做媒体和娱乐界名人的代理。西姆金斯律师事务所说，担心我们会写一些关于阿里夫的不当或非法行为的文章，而这种不实的报道可能会对他造成严重伤害。雇用律师来阻止或拖延记者的报道是亿万富翁的惯用伎俩。这些律师确实拖住了我们，并为阿里夫赢得了更多时间。

· · ·

Abraaj已濒临破产。一家花费数年时间建立起来的公司在几个月内就轰然倒塌了。在动用了几乎所有的金融机构和他拥有的富豪人脉筹集资金无果后，阿里夫开始向更远的关系寻求帮助。万般无奈之下，他想到了最不可能的援助来源。

美国最有权势、最有政治后台的两家私募股权公司正在考虑竞购 Abraaj。托马斯·巴拉克的柯罗尼资本和斯蒂芬·范伯格的博龙资产管理公司正在对该公司进行评估。收购 Abraaj 的业务可以让他们在非洲、亚洲和拉丁美洲的新兴市场站稳脚跟。具有讽刺意味的是，他们对收购 Abraaj 的兴趣恰恰证实了阿里夫的观点，即新兴市场代表着未来。

巴拉克是唐纳德·特朗普的亲密盟友，曾组织过他的总统就职典礼。他在中东也有广泛的人脉。巴拉克出生于一个有着黎巴嫩血统的家庭，他曾为沙特王室工作。他的公司专门从事全球房地产投资。

博龙是纽约的一家私募股权公司，以希腊神话中看守地狱之门的三头犬"Cerberus"命名。该公司因收购陷入困境的企业并使其扭亏为盈而声名鹊起。与柯罗尼资本的巴拉克一样，博龙的亿万富翁创始人范伯格也与特朗普过从甚密。他曾担任总统情报咨询委员会主席，这个委员会负责监督美国间谍。

博龙出价 1.25 亿美元收购 Abraaj。[5] 其中大部分资金用于偿还 Abraaj 四期基金的投资者。但在交易完成之前，一位债权人试图迫使 Abraaj 破产。此人正是富有的阿联酋投资者哈米德·贾法尔，他在 Abraaj 倒闭前几个月借给后者 3.5 亿美元。他将贷款转给了一家基金管理公司，该公司向开曼群岛提交了清算 Abraaj 的申请。[6]

此举迫使阿里夫请求开曼群岛法院监督 Abraaj 的重组。法官任命德勤和普华永道会计师事务所的清算人调查 Abraaj 的情况，并出售其资产以筹集资金，偿还逾 10 亿美元的债务。[7] 这一清算人的任命促使阿里夫给员工和顾问发出了一封煽情的告别邮件。

Abraaj 亲爱的朋友们，

我从没想过，这项事业最终会遍及全球。

我们创造了就业机会，建设了软硬件基础设施，扩展了维持人们生命的服务，并惠及众多个人和家庭。

他说，他为通过就业指导并提供慈善帮助的人感到骄傲，包括最近为需要做心脏手术的阿富汗儿童筹款的人。

这些行动没有得到 Abraaj 内部的一致支持，但却是我们文化中的一个元素。我对此深感自豪，且从来不曾妥协。在我们的发展历程中，成千上万不幸者的生活被我们改变。

他以最微妙的措辞暗示了 Abraaj 破产的原因。

今年早些时候，我们发现公司的内部治理和运营程序存在漏洞，此后，我们继续在极具挑战性的环境中开展业务。你可以想象，在过去的 4 个月中，关于 Abraaj 的负面报道（其中很多都是断章取义）极大地损害了公司的价值，并在不同程度上破坏了公司的业务。此外，众多因素（其中许多是私人的）都被以公开资料的方式曝光，这只会增加我们的损失。

他坚称，在他追求一个更美好世界的过程中，他没有触犯任何法律。

尽管有各种针对我们公司和我个人的流言蜚语，但据我所知,我们没有任何蓄意的不当行为。

我和我的同事们很荣幸能与你们和你们的组织合作,努力让这个世界变得更加美好。

博龙取消了报价,阿里夫已是众叛亲离。Abraaj 新上任的董事长肖恩·克利里、巴德尔·贾法尔和托马斯·施密德海因辞去了 Abraaj 控股公司董事会的职务。奥马尔和塞尔丘克辞去了 Abraaj 投资管理公司的职务,加入了比谢尔和马特的行列,后两人已先一步挂印而去。

来自德勤和普华永道的清算人重启了与众多私募股权公司关于出售 Abraaj 的谈判。柯罗尼、博龙、TPG 和英联都对此很感兴趣。阿里夫仍希望在这些谈判中发挥作用。

柯罗尼和博龙提交了新的、更低的报价。清算人接受了柯罗尼的报价。但 Abraaj 基金的投资者对此表示反对,世界银行尤其不满。随着谈判的拖延,柯罗尼退出了。

2018 年 7 月,博龙第二次出价收购 Abraaj。这一次,博龙提出希望得到接手 Abraaj 基金的报酬,不过会拿出 2 500 万美元,以便在短期内维持企业的运营。

一个新的竞标者加入战团,她就是奥巴马政府时期的商务部长佩妮·普利兹克。她是创立希尔顿连锁酒店的美国富豪家族的后裔,芝加哥人,与奥巴马相识多年,曾在 2008 年奥巴马总统竞选时领导财务团队。她与奥巴马的老朋友瓦希德·哈米德联手竞购 Abraaj。他们与奥巴马一派的其他金融家密切合作,包括奥巴马的私人密友马蒂·内斯比特和奥巴马基金会的捐赠人迈克尔·萨克斯。该团体看重瓦希德的新兴市场经验及其对 Abraaj 的了解，并计划将此与他们自身的政治人脉和金融专业知识结合起来。

他们需要 Abraaj 投资者的支持才能取得成功。普利兹克联系了华盛顿州投资委员会一位名叫特蕾莎·惠特马什的高管，她曾在当年早些时候的达沃斯会议上见过后者。她请求惠特马什将自己引荐给 Abraaj 的投资者。

"特蕾莎，我希望你度过了一个不错的夏天，"普利兹克在 2018 年 8 月的一封电子邮件中写道，"再次为和你在达沃斯相聚的时光表达感谢。"

普利兹克说，她成立了一个投标小组，其成员"在政府最高层和私人部门有着重要门路，正如你所知道的，这对释放新兴市场的增长机会至关重要"。

随后，他们与 Abraaj 的投资者进行了更多次的讨价还价，但还是未能达成协议。

所有收购 Abraaj 的竞标都失败了，因此清算人决定将其分拆出售。阿里夫孤注一掷，想买回自己创办的公司，但遭到拒绝。[8]

· · ·

2018 年 8 月，迪拜酷热难耐，人们纷纷逃离这座城市，但 Abraaj 仍有一些员工每天到办公室协助清算人进行调查。关于多年来在公司内蔓延的欺诈和盗窃行为，人们有了非同寻常的发现。

西蒙和一些调查员谈过。他们非常谨慎，不愿透露身份或被人发现。在一次通话中,电话串线,西蒙可以听到有人在电话里交谈。他惊恐地意识到,他刚才听到的是他和电话里那人对话的开头。通话被录音了,现在又被回放给他听。西蒙挂了电话,然后再次给这名消息人士打了电话。后者却出人意料地轻松。他说,政府会对进出阿联酋的电话进行录音,这种回放问题以前也发生过。

该消息人士同意出示 Abraaj 的一些电子邮件和银行对账单。经过几个月的电话沟通,他同意在离伦敦塔几步之遥的一家咖啡馆见面。我们终于有机会证实 Abraaj 内部的真实情况了。

消息人士在电话中说,他将交出大量信息。在两个小时的会面中,消息人士展示了笔记本电脑上的几十封电子邮件和银行对账单。西蒙请求对方允许他拍摄一些文件。消息人士同意了,并表示他会想办法以电子方式传递更多信息。但这后来并没有实现,因为对方担心这会留下电子痕迹,从而被追踪。会面结束后,西蒙手里紧紧攥着证据,快步穿过伦敦桥回到了新闻编辑室。

事实证明,这些电子邮件和银行对账单的照片就足够了。电子邮件显示,阿里夫和奥马尔在讨论向政府官员行贿,资金从 Abraaj 转移到了阿里夫的儿子和吉兹兰手中。它们还透露了拉菲克经历的绝望时刻,因为阿里夫命令他将现金转出公司。

另一名调查员在电话中解释了电子邮件和银行对账单的重要性。财务部——或调查员所称的"Abraaj 金库"——把 Abraaj 的所有资金当作一大堆现金来进行管理,而对于资金的来源并没有做任何真正的区分。来自盖茨基金会、美国政府、英国政府和美国银行的现金,与银行贷款和其他资金彼此混同。然后,这些钱被支付给阿里夫以及他的家人、朋友和员工,并在阿里夫需要时用于投资和支付其他费用。这意味着美国政府为资助贫穷国家的医院而提供的资金，可能被用于资助阿里夫的慈善机构或向政客行贿。

财务每个月都会给阿里夫发一张电子表格，显示所有进出 Abraaj 的资金。他对待 Abraaj 的资金就像对待自己的钱一样。这个系统让他即便不是亿万富翁，也能过得如同亿万富翁。

· · ·

彼得、保罗和贾尔斯认为需要采取更多措施来保护 Abraaj 的投资者，并希望与全球其他金融监管机构取得联系。彼得于 2018 年 9 月向迪拜金融服务管理局发送电子邮件，向该监管机构通报了他与其他监管机构共享信息的计划。该机构告诉彼得，是否要联系其他监管机构，应由他自己决定。于是彼得向纽约、伦敦和新加坡的监管机构发送了有关 Abraaj 财务欺诈的信息。

大约在那个时候，彼得有一天没有出现在 Abraaj 的办公室里，保罗本以为他会在那里。保罗有一段时间联系不上彼得，开始担心起来。保罗准备去迪拜巴沙警察局报告彼得失踪了。不过在他到达警局之前，彼得又联系上了他。彼得说，他从未感到受威胁，保罗没有必要如此提心吊胆。

· · ·

在伦敦，我们准备在《华尔街日报》上发表我们的调查报告，此前我们仔细研究了电子邮件和银行对账单，并对 Abraaj 债权人的名单条分缕析了一番，发现阿里夫招募的顾问大军中包括管理学大师弗利普·弗利彭和纽约调查员丹尼尔·纳德罗。[9]Abraaj 甚至还欠一家名为"Shred It"的公司的钱，这是一家提供文件销毁设备的公司。巴基斯坦那边高层官员的律师称，他们与阿里夫或 Abraaj 没有任何财务往来。我们的调查报告于 2018 年 10 月 16 日发布。调查显示，至少有 6.6 亿美元的投资者资金在他们不知情的情况下被转移到 Abraaj 的秘密银行账户中。之后，又有 2 亿多美元从这些账户流向阿里夫及其亲信的账户。阿里夫否认存在不当行为。

似乎世界上没有任何主管部门有意愿或有权力追究阿里夫的责任。2018 年 11 月，阿里夫在与债权人的电话会议上怒斥 Abraaj 清算人的无能。[10]他批评他们甩卖艺术品，仅卖出了 470 万美元，这是其估价的四分之一。他将清算人未能出售 Abraaj 的基金管理业务描述为价值破坏，而他则置身事外，对所发生的一切不承担任何责任。

2018 年 11 月，一位新的匿名消息人士通过电子邮件与我们联系，提供了有关阿里夫最新荒唐行为的消息。当时，阿里夫正在巴基斯坦为新任总理伊姆兰·汗提供建议。伊姆兰·汗是前国际板球明星。4 个月前，他在承诺杜绝该国猖獗的腐败后当选。然而非但没有调查阿里夫在 Abraaj 的不法行为，反而向他寻求有关如何管理国家经济的建议。阿里夫是伊姆兰·汗政治抱负的资助者。伊姆兰·汗的前妻雷哈姆在自传中写道，在 2013 年伊姆兰·汗那次失败的总理竞选中，阿里夫为其支付了三分之二的竞选费用。[11]

据巴基斯坦联邦调查机构负责人巴希尔·梅蒙称，伊姆兰·汗告诉他，阿里夫是他的好朋友，曾为他的政治竞选活动提供资金。

梅蒙告诉我们，伊姆兰·汗还就梅蒙对卡拉奇电力的调查结果向他抱怨了几句。调查发现该电力公司欠一家国有天然气公司数亿美元。梅蒙说，他已将调查结果告知巴基斯坦私有化委员会和金融监管机构。据梅蒙称，伊姆兰·汗告诉梅蒙，他的调查毁了卡拉奇电力，因为这推迟了将该公司出售给上海电力的进程。

"我为什么要对此负责？"这名警察说，他向新任总理讲，"我怎么能毁了它呢？"

在即将退休的几周前，在为国家鞠躬尽瘁30多年后，梅蒙被毫不客气地从联邦调查机构负责人这一高位上调离。他辞职以示抗议。总理的发言人拒绝就梅蒙一事置评。

通过电子邮件与我们取得联系的新消息人士称，阿里夫正在与伊姆兰·汗及其财政部长阿萨德·乌马尔合作创建一只主权财富基金。该基金名为 Sarmaya，将控制巴基斯坦的国有企业，有关方面正考虑让阿里夫和 Abraaj 的其他前雇员担任该基金的高管——这些职位将赋予他们在巴基斯坦巨大的影响力。

当我们致电询问阿里夫和政界人士正在开展哪些工作时，政府发言人给出了简短的答复。

"伊姆兰·汗总理和阿萨德·乌马尔部长都是公众领袖，国内外的商业领袖都可以接触到他们。"

阿里夫越来越频繁地与伊姆兰·汗一起出现在公共场合。

"他经常在伊斯兰堡与高级政府官员一起参加会议，"消息人士说，"他试图通过获得某种政府豁免权来逃避审查或避免卷入欺诈案件。"

"伊姆兰·汗那么做不是因为腐败，而是因为轻信了阿里夫。"

阿里夫让他相信，自己所遭受的指控是一场西方的政治迫害。西方针对的是一个没有做错任何事，只是因功成名就而遭受嫉恨的棕色皮肤男孩。"

"再说一次。在造成更大的损害之前，真相必须大白于天下。"

第十九章

航班惊魂

16年前，阿里夫创立了迪拜最具标志性的公司之一。而16年后，这个曾让他发家致富的阿拉伯城市不再欢迎他。他在阿联酋山庄的豪宅已经积满灰尘，年久失修。

从2018年年中开始，阿里夫不得不远离迪拜，因为他的前盟友哈米德·贾法尔对他提出了价值数百万美元支票跳票的刑事指控，这让他面临被捕的风险。[1]2018年下半年，一起诉讼达成庭外和解。迪拜传言阿里夫已将他在阿联酋山庄的房子转让给了哈米德。2019年年初，阿里夫仍面临牢狱之灾的威胁，因为阿拉伯航空开始对他提起法律诉讼，原因是该航空公司在Abraaj的数亿美元投资蒙受了损失。

阿里夫穿梭于英国和巴基斯坦之间，而法耶扎和他们的儿子则住在伦敦的公寓里。他的电话不再总是响个不停。阿里夫会坐在那里盯着手机，等待着银行家和政客们的电话，但他们现在很少打电话了，因为他已是个累赘。这位手段高超的"棋手"已经沦为一盘不再由他掌控的棋局中的一枚弃子。

阿里夫仍试图在他的国家达成这笔交易。如果未付账单和监管问题能够得到解决，交易仍然有望完成。阿里夫认为，这笔交易可以挽回他的部分财富和声誉。Abraaj 的清算人也并不反对阿里夫继续为出售卡拉奇电力而奔忙。

阿里夫坚称自己没有违法。然而，他在出行时还是采取了预防措施。他在伦敦和巴基斯坦之间直飞，或途经卡塔尔转机，以避免在迪拜停留，因为在那里他可能会被捕。在搭乘飞机之前，他会查看国际刑警组织的国际犯罪嫌疑人红色通缉名单。令他略感欣慰的是，他的名字从未在名单中出现过。

· · ·

2019 年 4 月 10 日星期三，探员马修·本尼迪克特站在伦敦希思罗机场，等待从伊斯兰堡出发的商业航班抵达。当飞机沿着跑道滑行到旅客登机口时，这位来自伦敦警察厅引渡部门的警探立即准备采取行动。

当阿里夫走下飞机时，本尼迪克特逮捕了他，并宣读了他的权利。阿里夫对自己被捕感到惊讶不已。他告诉警探，他检查过国际刑警组织是否对他发出了红色通缉令，结果是并没有，所以他才放心登机。然而，本尼迪克特说逮捕阿里夫并不需要红色通缉令。纽约南区法院已经签发了逮捕令，指控他犯有欺诈罪。美国执法官员请求英国方面逮捕他，并将他引渡到纽约受审。[2]

阿里夫递给本尼迪克特一个旅行包，里面有 4 本证件。其中两本来自巴基斯坦，第三本来自位于加勒比海沿岸的圣基茨和尼维斯联邦，第四本是国际刑警组织的通行证。阿里夫让这位警官记下了7个电话号码。其中一个是巴基斯坦总理伊姆兰·汗的，还有一个是国际刑警组织的。

警察驱车将阿里夫送到伦敦南部的旺兹沃思监狱。这是一座维多利亚时代的简陋古堡，关押着1 600名囚犯，最近才通上电。[3]

第二天早上，纽约警察突袭了Abraaj的另一名高管。穆斯塔法当时正带着他的儿子在美国参观大学。这个埃及人在四季酒店被捕后被带离。他的目的地是大都会惩教中心。这座监狱曾关押过墨西哥毒枭、绰号"矮子"的华金·古兹曼，不久后还将关押已被定罪性侵犯的杰弗里·爱泼斯坦。当穆斯塔法知道自己的去处时，他想死的心都有了。

在伦敦，阿里夫第一次从狱中来到威斯敏斯特地方法院出庭，并提出缴纳25万英镑的保释金。他希望在等待引渡期间住在南肯辛顿的家中，由法官审判决定是否将他送往美国。在阿里夫一案中代表美国政府的英国律师告诉法官，如果获准保释，被告很可能会逃离英国，因为阿里夫非常富有，在世界各地结交了众多权贵。他们声称，如果他逃到巴基斯坦，美国执法部门将很难再抓住他。法官拒绝了保释申请，并将阿里夫送回了旺兹沃思监狱。[4]

阿里夫和穆斯塔法被捕的消息让世界各地的Abraaj前高管们人人自危。

"每个人都吓得要死，"在迪拜的一名前高管表示，"我必须回到家人身边。他们想在我被捕之前再见我一面。"

一时间流言四起。前雇员们说，拉菲克已经逃到阿富汗的托拉博拉山洞,也就是 2001 年"9·11"恐怖袭击后本·拉登的藏身之处。

阿里夫和穆斯塔法被捕几天后,西蒙前往伦敦市中心,准备与塞夫在梅费尔区的布朗酒店共进早餐。尽管 Abraaj 在附近的办公室已经关闭,但这家酒店仍然是 Abraaj 前高管们最常去的会面地点。可塞夫在早上 7 点 35 分突然发来一条信息,取消了会面。

"我今天不打算去伦敦了,因为我需要带我妻子去赴另一个约会。很抱歉这么晚才通知你,我会再跟你约新的时间。"此后,他再也没有约过西蒙。[5]

此刻在伦敦西北部一条绿树成荫的街道上,一名警察刚刚敲开塞夫宅邸的前门。塞夫已经出门了,他的妻子梅纳卡去开的门。她打电话给她丈夫,说他被通缉了。快到上午 8 点的时候,塞夫走进伦敦警察局自首。他不想让任何人知道他被捕的事,甚至试图对他的两个孩子保密。

· · ·

为了避免被引渡到美国受审,阿里夫准备了金钱所能买到的最好的法律辩护。他聘请了雨果·基思,这是一位经验丰富的律师,曾与前首相戴维·卡梅伦的兄弟亚历山大·卡梅伦在同一家律师事务所工作。雨果的同行形容他八面玲珑、聪明绝顶。他曾代表英国女王伊丽莎白二世参加戴安娜王妃的死因调查,并成功地为一名被指控参与培训"9·11"恐怖袭击分子的阿尔及利亚飞行员辩护。

2019 年 4 月 18 日上午,雨果在威斯敏斯特地方法院为阿里夫辩护。法官艾玛·阿巴思诺特正忙于处理一连串的引渡案件。罗马尼亚人、波兰人、法国人、意大利人和拉脱维亚人亲自出庭，或通过视频连线在监狱中出庭，他们面对着欺诈、盗窃、袭击等各种指控。随着一个又一个案件的审理，全球司法正义的车轮正缓缓转动。

"下一个案子。"阿巴思诺特法官叫道。

"他这就上来。"一名书记员回应道。

在法庭下面的一间牢房里，阿里夫站起来，走了出去，登上了通往被告席的楼梯。一名女狱警紧随其后。厚厚的玻璃板将阿里夫与法官隔开。

阿里夫穿着休闲的蓝色牛仔裤、T恤衫和深色飞行员夹克。他向后梳着的头发仍像年轻时一样浓密，但已布满银丝。他看起来比过去很长一段时间都更瘦。小型公众旁听席上一时间安静下来，原本记者们一直在与法耶扎、她的两个儿子、儿媳以及6位朋友和顾问争抢座位。

法耶扎很平静。她身着深色裤装，围着丝巾，优雅地站在那里，轻轻地前后摇晃。她的左鼻孔上穿了一个小金钉。阿里夫微笑着向她挥手。她也挥了挥手，右手手指微微弯曲。

在简短的听证会上，阿里夫没有发言。法官很快安排了下周的另一次听证会。雨果表示将提供大笔保释金。

接下来出庭的是塞夫，他在旺兹沃思监狱通过视频连线出现在法庭上。

"你能把……韦……韦蒂……韦特……皮莱先生带来吗？"法庭书记员费力地念着斯里兰卡人的姓氏。

塞夫身穿一件酒红色运动衫，双臂交叉坐在一间墙壁呈淡蓝色的小房间里。当法官对他讲话时,他站了起来,在屏幕上露出了灰色的运动裤。

阿巴思诺特法官仔细研究了 Abraaj 案件的细节。

塞夫的律师说:"据说韦蒂韦特皮莱先生曾是合伙人、影响力投资主管和全球投资委员会成员。"

"什么主管?"法官问。

"影响力投资主管。"律师回答。

"影响力投资。"法官重复道,似乎对这个词的含义很感兴趣。

塞夫的律师解释说,影响力投资致力于在创造利润的同时改善社会和环境,而 Abraaj 是这一领域的专业权威机构。律师说,塞夫是当地社区的支柱,在 Abraaj 没有参与任何不当行动。律师补充说,塞夫对阿里夫独断专行的管理风格亦感到不满。

为了说服法官保释塞夫,律师补充说,塞夫是英国公民,在英国拥有养老院和房产。他的儿子就读于牛津大学,曾是一所精英私立学校的学生会主席。他的女儿是学校高年级组的模范。孩子们不知道他们的父亲已身陷囹圄。

"他们俩很快都会面临重要的考试。"这名律师说。

塞夫提出缴纳存放在顾资银行账户中的 50 万英镑,以作为保释金,那也是伊丽莎白女王二世所用的银行。

代表美国政府的律师雷切尔·卡皮拉说,塞夫在 Abraaj 的层级仅比阿里夫低一级,在欺诈案中扮演了重要角色。

"这些显然是非常严重的罪行。"雷切尔说。

阿巴思诺特法官假定塞夫没有从欺诈中获得个人利益,而且与所在社区关系密切,批准他以 100 万英镑的保释金保释。法官命令他佩戴电子监视器,并每天向警察局报告。

一周后,阿里夫和他的律师再次出庭。此案是在一名巴西人被控走私毒品、一名印度珠宝商被控洗钱和一名罗马尼亚人被控袭击之后开庭审理的。阿里夫一门心思想把自己从旺兹沃思监狱中保释出来。不过他的一些前同事担心他会潜逃。

阿里·谢哈比在 WhatsApp 的一条消息中写道:"阿里夫几乎肯定会弃保潜逃,并使用最复杂巧妙的方法来做到这一点。他会意识到这是他唯一的希望,他会找到最好的计划实施者,即使他需要沿着泰晤士河游下去!"

为了阐明自己的观点,阿里还发送了一条消息,并附上一篇新闻报道,标题为《逃亡中的杀手可能用断线钳切断了他的脚踝监视器》。

"'纳维克'先生现在可以上来了。"一位书记员叫道,还把他的名字念错了。

阿里夫再次走进被告席。这一次,他身着深色西装,打着领带,穿着浅蓝色衬衫,衣着十分得体。

"我们非常担心他会逃到巴基斯坦,"雷切尔·卡皮拉说,"我们也很担心,到时候再把他抓回来就不可能了。"

阿里夫提出将保释金提高到150万英镑。雷切尔说,这笔钱太少了。

雷切尔说:"他所拥有的财富如此庞大,即使10倍于此,对他来说也不过是九牛一毛罢了。"她估计阿里夫的个人财富在4亿~10亿美元。

"他被指控在一场欺骗投资者数百万乃至上亿美元的欺诈案中扮演了主要角色。Abraaj 为一只专项医疗保健基金筹集了10亿美元。据说该基金专注于对医院和诊所进行影响力投资。"雷切尔说道。

"与医疗保健有关吗?"法官问。

"是的。"雷切尔回答。

这位律师解释说,2016年至2018年间,Abraaj在为一只新基金筹集60亿美元的资金。Abraaj向投资者提供了虚假夸大的投资估值信息,从而隐瞒了投资者做出投资决策所需要的准确信息。Abraaj按管理资产的一定比例收取管理费,因此夸大估值会给阿里夫和Abraaj的其他高管带来更多收入。雷切尔说,Abraaj夸大了5亿多美元的资产,而阿里夫是这一欺诈行为的幕后推手。

"他到美国募资,与Abraaj内部的其他人用电子邮件交流时讨论有必要抬高Abraaj基金所持头寸的估值,不顾Abraaj部分基层员工的抵制。"雷切尔说。

阿里夫的两个儿子都穿着笔挺的深色西装,听到这番话后不以为然地摇了摇头。大儿子阿赫桑留着黑色的背头,很像父亲的风格,较瘦的小儿子法里斯则留着平头。

雷切尔说,投资者一再得到关于资金去向的虚假保证。她说,阿里夫是Abraaj银行账户的唯一A级签署人,这意味着通过他的授权才能转移大笔资金。涉及不法行为的证据包括讨论掩盖真相的录音和电子邮件。雷切尔告诉法官,Abraaj的高管向投资者、会计师和监管机构提供了伪造的银行账户。美国政府调查人员已秘密跟踪资金线索达数月之久。雷切尔强调,阿里夫在巴基斯坦有势力强大的朋友,他们可能会帮助他逃跑。

"他在那里拥有一处大院,"她说,"他与巴基斯坦现任政治领导者有着密切的联系。"

律师暗示法官阿里夫最近曾乘坐私人飞机前往巴基斯坦,并敦促法官不要批准他的保释申请。

"没有任何保释条件可以降低这种风险。"雷切尔总结道。她随即坐了下来。雨果站出来，试图推翻这个案子。

他对法官说："我需要质疑反对保释的全部依据。公开报道称纳克维的身家在 5 亿~10 亿美元，这简直是无稽之谈。这可能指的是几年前 Abraaj 处于巅峰时期的情况，但今时已不同往日了。

"发言中提到了一架私人飞机，而这张机票显示纳克维先生于 4 月 5 日乘坐巴基斯坦国际航空的飞机离开英国。司法部就是喜欢杯弓蛇影。"

"我手里有登机牌，"雨果挥舞着一张巴基斯坦国际航空公司航班的纸牌说道，"这恐怕是一个可怕的例证，说明有关案件的一些基本事实可以被片面扭曲，使情况看起来似乎比真实情况糟糕得多。"

雨果说，阿里夫品行端正，没有犯罪记录。他是一位信誉卓著的首席执行官，但却因各种指控而名声扫地。该律师说，以阿里夫的品格、声誉和慈善捐款行为，很难想象他会违反法庭的指令。毕竟，阿里夫曾是伦敦政治经济学院的荣誉研究员、联合国全球契约组织的理事、国际刑警组织"更安全的世界"基金会的理事以及奥斯陆商业促和平奖的获得者。

"他绝对值得法庭信任。他根本就不应该被关押。"雨果说。

阿里夫与英国关系密切。雨果说，他已在伦敦定居 20 多年，与妻子、小儿子以及 84 岁的母亲住在一起。他的大儿子和怀孕的妻子就住在隔壁。律师结束辩论时，阿里夫的小儿子紧紧握住母亲的手。雨果又说，阿里夫才是真正的受害者。

雨果说："美国媒体——其中一些人今天也在场——对所谓的

挪用美国投资者资金的指控小题大做。他曾多次前往巴基斯坦,试图促成卡拉奇电力的交易。他本可以留在那里的,但他回来了。"

雨果说,Abraaj没有任何不当行为。

"公司管理的基金非常成功。"他说。

阿里夫犯的任何错误都是无心之失。

雨果说:"集团层面的支出超过了基金管理费用,即收入,这导致了现金短缺。银行向该集团提供了资金,但在媒体报道后都撤回了。集团遭到了挤兑,这加速了它最终走向破产的步伐。"

雨果说,阿里夫在离开Abraaj之前已经偿还了欠公司的钱。

"要说有什么问题,那就是别人欠他钱。"

"司法部是一叶障目,"雨果说,"关于他谋取个人利益的指控是错误的。"

阿里夫被捕时交出的那叠护照也得到了解释。两本巴基斯坦护照中有一本已经过期。[6] 阿里夫和他的家人拥有圣基茨和尼维斯联邦的护照,这使他们能够访问更多的国家。持有圣基茨和尼维斯联邦的护照可免签进入156个国家,数量几乎是持巴基斯坦护照的5倍。国际刑警组织的通行证则是阿里夫在加入国际刑警组织时收到的。

"至于获得资金的渠道,我这位博学的朋友刚才说,阿里夫拥有巨额的财富,"雨果说,他所说的"朋友"指的自是雷切尔,"而实际上他的4个银行账户已经关闭。世界上所有的银行都读过关于他的报道,没有一家银行会让钱经他的手或通过他的账户。"

阿巴思诺特法官问雨果,Abraaj有哪些基层员工对估值欺诈行为进行了反对。阿里夫摇了摇头。

"反对保释的理由根本就不成立,"雨果说,"你甚至可以在大陪审团面前起诉一个火腿三明治。"他指的是授权逮捕阿里夫的美国陪审团。

雨果坐了下来。

阿巴思诺特法官说："雨果·基思先生提出的理由非常有说服力。"但这还是不够有说服力。她拒绝了 150 万英镑的保释金。"我担心他会去巴基斯坦。我可不想牵扯进一堆麻烦事里。"

随后几天，法官却改变了主意。也许是证明了金钱比律师更有说服力，她在 2019 年 5 月 1 日接受了 1 500 万英镑的保释金，这是英国历史上最大的一笔保释金。大多数巴基斯坦人要花 14 800 年才能赚到这笔钱。法官下令在阿里夫的脚踝上安装电子脚镣，并对他实行 24 小时的禁足，让他住在南肯辛顿的公寓里。美国政府立即向高等法院提出上诉。

两天后，阿里夫的家人、律师和记者来到位于舰队街的哥特式皇家司法院。那里有维多利亚时代的石砌走廊和木板房，就在阿里夫 40 年前就读的伦敦政治经济学院的拐角处。阿里夫仍被关押在旺兹沃思监狱，律师们正在为"美利坚合众国政府诉阿里夫·纳克维"一案的最后一场保释战做准备。

身穿红色长袍的法官迈克尔·苏佩斯通说："仍然存在严重的欺诈指控，如果被证实，嫌犯将被判处长期监禁。"

雷切尔戴着传统的白色假发，穿着黑色长袍，向法官递交了她在前一夜收到的一封信。这封信来自 Abraaj 的清算人之一德勤。信中说，在 Abraaj 倒闭之前，阿里夫至少多拿了 2.5 亿美元。这些款项被汇往离岸公司，包括开曼群岛的 Silverline 公司，以掩盖转账行为。

雷切尔说："被告仍然拥有数亿美元的资产，他通过各种公司实体和个人信托持有这些资产。据说，纳克维保存资产的实体位于多个严格实施银行保密法的司法管辖区。"

雨果也戴着白色假发，穿着黑色长袍。他坚称所有对他的当事人的指控都是虚假的。他列举了阿里夫的奖学金计划和社区项目，包括资助伦敦北部一座清真寺的社区中心。该清真寺就在阿里夫父母的住处附近，直到阿里夫的父亲于2009年去世后，他母亲才搬离那里。为了证明阿里夫在获得保释后不会逃跑，雨果还说阿里夫想被葬在英国。

雨果说："他与英国的关系如此深厚，他的父亲、叔叔和其他家庭成员都葬在沃特福德的卡彭德斯公园公墓。"阿里夫为自己和其他家庭成员购买了墓地，以确保他最后的安息之地将与他的父亲同在英国的土地之上。雨果说，让阿里夫获得保释才是公平的。毕竟，塞夫和穆斯塔法已分别以100万英镑和1 000万美元获得保释。

雷切尔则强调了阿里夫为破坏美国政府的诉讼而采取的极端手段。

她说："本案的一个奇怪之处在于，被告不仅对违法行为的事实提出异议——这本就是需要审判的问题——甚至还否认针对他的某些指控。事实表明，投资者的大量资金被挪作私用，而纳克维先生正是这一阴谋的策划者。"

为了说明阿里夫的不当行为，她当庭朗读了他写给拉菲克的一封电子邮件。

"深呼吸，微笑，说'Alhamdolilah'，然后继续。给阿赫桑在英国的账户汇去30万美元，给吉兹兰的公司Modist的账户汇去30万美元。两个人都没钱了，明天就需要现金。"

她也读了拉菲克的回信。

"正如您所知，我在管理Abraaj现金方面也面临巨大压力。现金严重短缺，目前我没有资金支付 6 月的工资等基本款项。您应该对这种情况知根知底。请帮助我。"

没有证据表明 Abraaj 的其他人曾下令偷钱。

阿里夫正是"关键人"。

雷切尔说："他说他只是按照合同约定的权利收取款项，这个表述在民事和刑事上都是有争议的。"

阿里夫的 3 个朋友，包括他的同学贾韦德·艾哈迈德，向法庭提供了 65 万英镑作为保证金。如果阿里夫逃跑，他们将失去这笔钱。可雷切尔说，这笔钱并不能保证阿里夫不会逃跑，因为阿里夫有大量现金，必要时可以补偿朋友们的损失。

雨果辩称，阿里夫从 Abraaj 那里拿到的钱是他的合法财产。他批评雷切尔把阿里夫在巴基斯坦拥有的一栋房子说成是"大院"。他认为雷切尔用这个词是为了让人联想到本·拉登，后者就是在巴基斯坦的一个大院中被击毙的。

法官询问阿里夫的身家是多少。

"他是一个非常富有的人，但手头没有流动资金？"

"是的。"雨果回答。

"有了信托，你不知道他的资产的流动性有多大。"法官说。信托为他提供了隐秘的离岸银行账户。

"他是世界知名的首席执行官，"雨果说，"他有资格获得法院的信任。他与本辖区关系密切。他在这里接受教育，他的大部分家庭成员都在这里。"

当法官离开房间考虑如何决定时，法庭审判人员全体起立。

大约一个小时后，法官回到法庭，驳回了美国政府的上诉，并批准阿里夫以 1 500 万英镑保释。

但阿里夫的胜利稍纵即逝。

不到一个月后，美国检方公布了一份更详细的起诉书。[7] 如果所有指控成立，阿里夫将面临长达 291 年的监禁。[8] 他被指控像黑帮一样将 Abraaj 作为一个犯罪组织来经营。拉菲克、瓦卡尔和阿希什也被起诉，并将与阿里夫、塞夫和穆斯塔法一同受审。

· · ·

2019 年 6 月，穆斯塔法在纽约对 7 项欺诈和勒索指控认罪。[9] 他的律师保罗·谢赫曼说，这个埃及人是个好人，他曾试图挽救阿里夫所造成的疯狂局面。穆斯塔法向法官做了陈述。

"简单来说，本应彼此分离的资金被混在一起，而且投资者没有被告知真相。

"2008 年成立的 Abraaj 四期基金的情况尤其如此，该基金的投资者中包括美国投资者。

"2016 年，Abraaj 开始为 Abraaj 六期基金募集资金。我们从多个实体和个人那里募集了大约 30 亿美元，其中包括几个美国投资者。我们在曼哈顿与潜在投资者会面，并向美国境内人士发送电子邮件。在募集这些资金的过程中，我们对潜在投资者谎称 Abraaj 的财务状况良好。

"我们为公司描绘了一幅欣欣向荣的美好图景，而事实上，公司正在经历上述严重的资产流动性问题。我们还严重夸大了 Abraaj 的业绩：我们让潜在投资者相信，我们之前的几笔投资比实际情况更加成功。为此，我核准了明知虚高的估值，并在纳克维的怂恿下，阻止了公司其他人降低估值的企图。

"在与潜在投资者会面时，当 Abraaj 的业绩被夸大、财务状况被虚报时，我站在一旁缄默不言。我受到投资者和潜在投资者的尊重。我的在场使那些我明知不实的言论变得更加可信。

"法官大人，起诉书指控的是团伙犯罪和共谋罪。但 Abraaj 的领导人之间并没有就实施非法行为达成正式协议。我们中的一些人曾对阿里夫的不当行为进行了反击。但是，我们往往屈服于他。我们知道，在这一共同行动的过程中，我们向投资者和潜在投资者——我们对他们负有坦诚告知的义务——提供了不那么坦诚的公司信息。

"我当时便知道，我参与的行为是错误的。当事态在 2014 年恶化时，我本该及时抽身而退。我考虑过，但没有这么做。我对 Abraaj 投入的心血让我失去了判断力，我最终偏离了真实的自我。为此，我感到羞愧。我原本希望，如果我留下来，还可以帮助投资者获得他们被允诺和有权获得的东西。但这个希望从未实现。我对所发生的一切负有责任。我对自己参与其中的悔恨之深，是任何人都无法想象的。"

· · · ·

2019 年平安夜，阿里夫给以前的同事和顾问发了一条短信：

祝你们节日平安，并对未来致以最美好的祝愿。愿真主保佑你们和你们的家人，让他的恩典永远沐浴你们之身，保佑

第十九章 航班惊魂 341

你们平安无事。如果我曾给你们带来任何悲伤或痛苦,请原谅我;在过去的一年里,我真正理解了谦卑的含义,以及人与人之间联系的重要性;当一切都变得漆黑暗淡时,真主总会设法给你们希望和怜悯,其中最重要的莫过于善意的话语、爱和宽恕。祝你们平安快乐,我向你们致以最美好的祝愿和问候,阿里夫·纳克维。

...

2020年4月,即阿里夫被捕一年后,他大部分时间仍被禁足于南肯辛顿的公寓里。他只被允许外出见律师,每天下午在海德公园散步两小时,周五去附近的清真寺。他曾对一位心理医生说,他经常做可怕的噩梦,以至于害怕入睡。他觉得自己受到了羞辱,在经济和情感上都崩溃了。他一直在服用抗抑郁药物,精神状态也每况愈下。[10]

他以前的朋友和生意伙伴谢瑞什还住在附近,但他们从未谋面。谢瑞什的新公司取得了巨大成功,他买下了"Kalizma"号游艇,这是一艘优雅的老式游艇,曾为电影明星理查德·伯顿和伊丽莎白·泰勒所有。据说伯顿曾在游艇上向泰勒赠送了一颗69克拉的钻石。谢瑞什是从陷入困境的印度亿万富翁维贾伊·马尔雅手中买下的这艘游艇。马尔雅也住在英国,他正在对抗将他引渡回印度的程序,因为他在印度面临欺诈指控。

2020年6月,阿里夫的律师回到威斯敏斯特地方法院接受引渡审判。由于疫情期间法院系统进行了改革,阿里夫无须出席。他被允许在自己的公寓里通过视频连线参加庭审。但第一法庭的视频连线无法正常工作,于是雨果用手机与他的当事人进行了视频通话。屏幕中显示出阿里夫的面容。他的脸颊和下巴上布满了白色的胡茬,白色的头发一反常态地从中间分开,垂在前额上。

雨果对阿里夫说:"根据法律,法庭必须看到你,你也必须能够看到发生了什么。"

阿巴思诺特法官走了进来。雨果把电话支在法庭的一堆书上,这样阿里夫就能看到法官,法官也能从屏幕上看到阿里夫。

雨果说:"我们已经与纳克维先生开始 FaceTime 视频通话了。"

几天前,塞夫出庭并同意引渡。检察官预计他将认罪。他的律师拒绝发表评论。

阿里夫仍在抗拒引渡。雨果说,他的当事人因疑似感染新冠病毒而住院治疗,身体状况很差。他认为不应将阿里夫送往纽约,原因有两点。首先,阿里夫可以在伦敦因涉嫌犯罪而受审;其次,纽约监狱的条件非常恶劣,阿里夫可能会在那里受到审前羁押,这将侵犯阿里夫的人权,并加大他自杀的风险。

"他坚信自己是清白无辜的,"雨果对阿巴思诺特法官说,"他肯定有试图自杀的危险。"

雨果说,阿里夫患有严重的抑郁症、冠心病、高血压、高胆固醇、糖尿病、胃炎、窦性心动过速、睡眠呼吸暂停、荨麻疹和神经炎症。他在旺兹沃思监狱服刑期间留下的精神创伤仍未消除,全靠法耶扎的密切照护才活了下来。

曼哈顿大都会惩教中心(穆斯塔法曾被关押于此,杰弗里·爱泼斯坦已死在这里)的前典狱长莫琳·贝尔德作为证人被传唤。贝尔德说，监狱人满为患，人手不足，霉菌遍布四周，犯罪团伙横行，十分危险。那是一座古拉格集中营。

贝尔德女士还说："这处设施太过令人作呕，就像第三世界国家的监狱。"

有自杀倾向的囚犯被安置在小单间里，牢房里有水泥床，四周有窗户，这样看守就能看到他们。他们穿着防自杀罩衫，它就像带尼龙搭扣的毯子。他们的饭菜装在配有塑料餐具的纸袋里，这样他们就不会借机弄伤自己。

"工作人员的注意力会转移到其他任何正在发生的事情上，因此即使他们知道纳克维先生的状况，也很容易因为琐事缠身而将他遗忘，"贝尔德女士说，"以他目前的状况，发生不测的风险非常高。"

而另一所可选监狱——布鲁克林区的大都会拘留中心——也同样糟糕。据阿里夫的律师说，一名联邦法官将那里的条件描述为第三世界。

美国检方表示，他们不会反对阿里夫在纽约获得保释，这样他就可以避免在审判前被关押在任何一座监狱，但雨果说他们的保证还不够。

他说："保释的提议根本不足以降低羁押的实际风险。"

雨果不让阿里夫陷入纽约的"第三世界监狱"的努力终于有了回报。美国检方松了口，同意在审前拘留时不把阿里夫送到曼哈顿或布鲁克林监狱。他们说，他们会提议换一所监狱。

"那就换成关塔那摩吧，"听证会结束时，雨果不满地对雷切尔说，"那我们就真的有一个可以再吵 10 年的问题了。"

当阿里夫和他的律师在伦敦与引渡程序抗争时，Abraaj 倒闭带来的冲击余波仍在全球金融体系中蔓延。2020 年夏天，Abraaj 的清算人传唤了 16 家银行，以寻找失踪的资金。[11] 阿里夫在 3 700 笔交易中总共从 Abraaj 拿走了 7.8 亿美元，还有 3.85 亿美元下落不明。数千万美元流向了开曼群岛的 Silverline。传票显示，阿里夫是 Silverline 的唯一股东。该公司的董事包括拉菲克、一名名为阿西姆·哈米德的员工和一名名为亚历山德罗·塞拉诺的瑞士银行家。塞拉诺负责管理阿里夫的私人事务。

清算人要求银行提供信息，说明阿里夫将失踪的巨款汇往何处。他们请求协助的银行都是世界上金融重镇中极负盛名的机构，这也证实了阿里夫已经成为一个高度全球化的局内人。美国的美国银行、纽约梅隆银行、花旗集团、高盛集团、摩根大通、富国银行，英国的巴克莱银行、汇丰银行和渣打银行，加拿大的丰业银行，阿联酋的马什里克银行，瑞士联合银行、德意志银行和德国商业银行，以及法国巴黎银行和法国兴业银行都收到了提供信息的请求。它们被要求检查向阿里夫的儿子、妻子法耶扎、妹妹法齐娅、堂兄弟沙希德和奥维斯以及妹夫瓦卡尔转移现金的情况。

新的诉讼仍在不断涌现。Abraaj 清算人起诉了价值 10 亿美元的医疗保健基金，要求从盖茨基金会和其他投资者那里追回 1.09 亿美元。2017 年 12 月，阿里夫曾用哈米德·贾法尔的贷款为医疗保健基金补充资金，清算人希望拿回这笔钱偿还债权人。哈米德·贾法尔还起诉了 Abraaj 和医疗保健基金，试图拿回自己的部分资金。

2020 年 7 月，律师们再次回到伦敦法庭。美国检方提出，如果需要审前拘留，阿里夫可以留在哈得孙河对岸新泽西州的埃塞克斯郡惩教所。Abraaj 的前雇员惊讶地发现，阿里夫仍在为自己的利益而战，这次他要挑选自己的美国监狱。

一位前雇员说："也许只有有钱人才能享受这种待遇。这是对正义的嘲弄。我完全支持谨慎对待引渡程序，但这一幕越来越荒谬了。"

· · ·

2021 年 1 月 28 日，阿巴思诺特法官再次传唤阿里夫出庭，宣布她的判决。阿里夫身着深色西装和黑色高领毛衣站在她面前，双手握拳，眼睛紧盯着地板。他的儿子们坐在法庭后面。法耶扎不在。法官批准了对他的引渡，并表示他可以上诉。阿里夫举手发言。

阿里夫说："我只是想感谢你在整个审判过程中表现出的同情心，无论结果如何。"

离开法庭后，他发了一条信息，并提出上诉。

阿里夫写道："一切都按照真主的意愿和时间发生，我完全相信，真主总会为我选择最好的道路。"[12]

尾　声

"好吧，我不干了！"2019年5月，华盛顿州投资委员会的律师苏珊娜·马格写信给我们，"这是我上交钥匙卡和工作牌前的最后一封邮件。"

苏珊娜在为公众服务多年后即将卸任。一直是她在处理我们的信息公开请求，我们就华盛顿州养老基金在Abraaj的投资提交了问题并希望她解答。但事实证明，她的离职是短暂的，不到6周后，她又回到了工作岗位。华盛顿州投资委员会重新聘用了她，让她继续处理案件，包括翻阅成千上万个有关Abraaj的电子邮件和文件，并对其进行编辑。她花了整整一年的时间，将一页又一页的文本用粗黑线盖住，以掩盖有关养老基金投资的商业敏感信息。

苏珊娜在寻找文件时已尽可能地友好热心了，这些文件可能会揭示华盛顿州是如何以及为何将属于该州教师和消防员的2.5亿美元授权给一个被指控实施大规模国际欺诈的男子管理的。当她完成工作时，我们感兴趣的信息已经所剩无几。我们是在浪费时间，因为我们在提出信息公开请求后得到的有用信息寥寥无几，整个处理过程却要花费养老基金数千美元。

华盛顿州投资委员会已是我们接触过的最透明的机构之一。得克萨斯州教师退休系统表示愿意披露有关 Abraaj 的文件，条件是我们为此支付 75 463 美元。我们拒绝了。

我们试图搜集信息，但每次都碰壁折返。回想 2018 年底，在伦敦举行的新兴市场私募股权协会会议上，我们曾获得过一次难得的机会，可以向 Abraaj 事件的重要参与者提问。塞夫当时已是 Abraaj 的前合伙人，为列支敦士登王室创建的一家投资基金公司工作。他与尼克·奥多诺霍一起登台，后者曾经是摩根大通的影响力投资银行家，后来转到英国政府的 CDC 工作。美国政府的 OPIC 顾问弗兰克·邓利维与塞夫和尼克坐在一起。他们在一个多小时的时间里一直在谈论新兴市场的投资，却对几个月前刚刚倒闭的 Abraaj 只字未提。

西蒙在讨论结束后的公开问答环节中说："这个房间里有一头'大象'，它的名字叫 Abraaj。尼克，你是投资者；弗兰克，你是放贷人；塞夫，你曾是高级合伙人。在 Abraaj 发生了什么？我们从中得到了什么教训？如何避免这种情况再次发生？如何改善这个行业？"

塞夫和尼克沉默不语。

弗兰克则说："无可奉告。"

CDC 是为了在不损失英国纳税人资金的前提下行善成立的，但它拒绝我们的信息公开请求。CDC 说："不公开这些信息的公共利益大于公开这些信息的公共利益。"

被特朗普总统更名的美国国际开发金融公司也没有回应我们提出的信息公开请求。

公共机构本应是公共资金的可靠管理者，但它们的沉默却令人恼火。我们承认，私营公司不太可能配合我们索取信息的请求，但我们认为，管理纳税人资金和养老金的公共机构肯定有义务与其所代表的公众分享信息。可事实显然并非如此。

阿里夫通过促进全球共同利益的堂皇承诺，从 CDC、OPIC、世界银行和其他公共机构获得了资金。他地宣扬要帮助穷人，发誓要以透明的方式行事，但现在他的计划以一场灾难告终，他和他的投资者都对此讳莫如深。

银行家、亿万富翁和投资者在阿里夫的辉煌时期都对他赞誉有加，但很快就弃他如敝屣。汉领资本拒绝回答问题，该公司曾负责将美国公共机构的数亿美元资金引入 Abraaj。在 Abraaj 如日中天之时，汉领资本的埃里克·赫希曾在《福布斯》等媒体上对阿里夫大唱赞歌。

汉领资本的发言人凯特·麦根说："我们无法评论。我们不对具体的基金或公司发表评论。"

包括哈佛学者简·纳尔逊、瑞士亿万富翁托马斯·施密德海因和伦敦国际战略研究所所长约翰·奇普曼在内的 Abraaj 董事均拒绝谈论 Abraaj。

Abraaj 前董事长肖恩·克利里告诉我们："事实更有可能因法院下令或监管机构开展的适当调查而浮出水面，而不是从记者们的无端猜测中凭空出现。这么说并不意味着对媒体有任何不尊重。"

乔希·勒纳撰写的有关 Abraaj 的正面学术案例研究报告已从哈佛大学网站上删除。勒纳在 2008—2010 年曾是 Abraaj 咨询委员会的成员，并在 2017 年之前一直是该公司的付费顾问。他告诉我们，他在撰写分析 Abraaj 业绩的报告时犯了一个"无心之过"，而这份报告认可了该公司对其投资的估值方式。

美国以外的监管机构无所作为,直到为时已晚。在美国法院对阿里夫发出逮捕令几个月后,迪拜金融服务管理局对破产的Abraaj处以创纪录的3.15亿美元罚款,理由是该公司欺骗投资者并从事未经授权的活动。可Abraaj没有钱支付这笔罚款。

Abraaj的大部分公司和基金都在开曼群岛注册成立,可那里的监管机构对整个事件不闻不问。开曼群岛金融管理局表示,它不负责监管Abraaj及其基金。

多年来审计Abraaj及其基金的毕马威会计师事务所在2018年宣布对这起丑闻展开调查,但未再提及此事。Abraaj投资者于2020年在迪拜对毕马威提起诉讼。经过我们反复提醒,毕马威在25天后才回复我们最后的请求。它将我们的问题转给了一家公关公司,后者则拒绝代表其发表评论。

"布朗夫曼先生现在不方便与您交谈。"这位亿万富翁的助手写道。这位富豪曾形容阿里夫是一位"绅士中的绅士"。

公关公司曾获得大笔资金,并通过夸大阿里夫和Abraaj的优点并掩盖其缺点来塑造其形象。公关公司拒绝对此公开置评,但阿里夫的一名前顾问表示,人们之所以相信他,是因为他太有魅力了。

· · ·

Abraaj存在的真正目的就是向高管们支付高额的薪水和奖金,而阿里夫让世界变得更美好的承诺,现在看起来就像是痴人说梦。阿里夫说要帮助世界上的穷人,但这些穷人并没有机会从中受益,因为他们并不是真正的优先考虑对象，穷人对公司的经营方式或选择实施的事项根本无从置喙。阿里夫滥用以穷人名义筹集的资金，为的只是给自己和同事牟利。

当然，阿里夫通过他的演讲使公众注意到了世界上巨大的财富不平等，这是其他财阀和私募大亨不愿为之的。他还高瞻远瞩地指出发展中国家有着等待发掘的真正的投资机会。但是，他的堂皇之言只是为了掩盖他的奸诈行径，他还不如从未提及穷人的困境，因为他导致的信任丧失和背叛感已然损害了他所大力倡导的事业。

如果阿里夫把他数以百万计的美元带到卡拉奇的任何一栋高楼顶上，然后把它们抛向天空，任阿拉伯海吹来的风把这些钞票肆意吹散到城市各处，穷人也许还会受益更多。

阿里夫的陨落是一个悲剧。正如他的老搭档阿里·谢哈比在2002年对他说的那样，他的过人才华和充沛精力中夹杂着一些严重的缺陷。他想消除人们对巴基斯坦和其他发展中国家腐败现象的成见，但他的行为最终可能反而强化了这种成见。根据美国学者2011年的设想，到2020年，他本可以领导巴基斯坦——他那充满活力而又混乱不堪的母国——走向光明和繁荣的未来。然而，他却因被控经营犯罪企业而面临291年的牢狱之灾。

2011年参与撰写《巴基斯坦2020年展望报告》的约翰斯·霍普金斯大学高级国际问题研究学院教授丹尼尔·马基说："这一切似乎没有按计划进行。你知道，有些人在某些时候就是金玉其外。"

"我想，我们是识人不明，"纽约大学全球事务中心教授、上述报告的负责人迈克尔·奥本海默则说，"我们押错了注。"

那么，西方学者、亿万富翁、政客和记者们是如何犯下如此大错的呢？毕竟，阿里夫之所以能够迅速起势，完全是因为他们对他的提携。阿里夫蛊惑他们相信他所谓的通过资本主义改善世界的主张。而这正是比尔·盖茨、埃德加·布朗夫曼、约翰·克里、查尔斯王子、克劳斯·施瓦布、美国银行、麦肯锡、毕马威、汉领资本以及其他全球精英都愿意相信的故事。世界银行以及美国、英国和法国的政府资助的不仅是阿里夫和Abraaj，他们还资助了一个他们一厢情愿想要实现的想法。可事与愿违的是，他们向我们展示的却是自以为是和利己主义蒙蔽了他们的双眼，让他们对重大金融风险视而不见，而且一直以来都是如此。

我们可以把一切都归咎于贪婪。

但还有别的结论吗？这是一个重要的问题，因为更多的亿万富翁和首席执行官正在提出与阿里夫相同的主张——他们可以在赚取金钱的同时让世界变得更美好。也许他们是真诚的，也许他们会说到做到，也许他们不会。

2019年8月19日，由美国顶级大公司的181位首席执行官组成的强大团体——商业圆桌会议推翻了一项已有数十年历史的政策声明，该声明将公司的宗旨定义为股东回报最大化，而他们的新宗旨则是"为了所有利益相关者——客户、员工、供应商、社区和股东——的利益"。对于听过阿里夫演讲的人来说，这些公司在声明中的用语太过耳熟，因为早在14年前，阿里夫就已宣称，他致力于让Abraaj遵循"所有利益相关者的共同价值"这一宗旨。这就是他在2013年获得奥斯陆商业促和平奖的原因，也是杰夫·斯科尔在2014年让他与理查德·布兰森同台的原因。

当亿万富翁和首席执行官们承诺行善，成立基金会，加入国际刑警组织和联合国机构的董事会，与政府、大学和学校合作以实现宏伟的计划时，当所有这些行为变得越发时髦的时候，应该记住的是，还有其他系统在公平公正地管理人类事务，以平等的方式重视每个人，无论他们有多少钱。

政府理应通过向公司和个人征税来增加收入，并将这些资金用于提供教育和医疗等公共服务。如果人们不喜欢政府在支配税收方面做出的决定，他们可以在下一次选举中选出新政府。

那些宣称自己能比政府做得更好的亿万富翁和首席执行官的声音当然应该被倾听，但他们不应有权聘请费用高昂的律师，通过威胁来让那些质疑他们或与他们意见相左的人保持沉默。

亿万富翁和首席执行官们通常都有自己的私心。他们成功游说政府减税，并声称他们能比政府做得更好，这在一定程度上也是让政府保持低税率的一个原因。自20世纪50年代以来，美国的公司税率已经降低了一半，而一些国家则很难提高税收——2019年，巴基斯坦2.16亿公民中只有不到2%的人缴纳了所得税。[1]

毕马威这样的会计师事务所本应监督财务报表的完整性，但它们也向公司和富人提供尽量减少税款的建议。离岸避税港，如Abraaj公司的注册地开曼群岛，也有助于富人避税。美国亿万富翁还可以通过向自己选择的慈善事业进行捐款来减少税负。

因此，当亿万富翁和首席执行官们在达沃斯与政界人士会面，并公开谈论如何改善世界时，我们可以合理地假设，改善世界不一定是他们心中唯一所想。这也不是阿里夫脑海中唯一所想。要解决这个问题，关于经济和消除贫困的全球性辩论就必须将那些每天靠几美元生活的人也纳入其中。有关贫困和全球经济的会议却没有穷人参与，就像一屋子男人在那里讨论如何改善性别平等一样，毫无诚意可言。

我们的私人养老金和国家养老金正在流入价值 4 万亿美元的私募行业，这些钱被用来收购世界各地的公司，从纽约、伦敦到伊斯坦布尔、阿克拉和卡拉奇。私募行业的保密性已超过其应有的限度。如果会计师事务所和监管机构都不能让私募股权公司走上正轨，那么就必须有更多的人去关注它们如何运作，以及它们是否信守承诺。土耳其乳制品公司 Yörsan 已申请破产；加纳乳制品公司 Fan Milk 情况较好，已被达能兼并；卡拉奇电力在 2020 年以前一直萎靡不振，未能找到新的买主。

Abraaj 的医疗保健基金由 TPG 接管。这家美国私募股权公司也聘请了约翰·克里担任顾问。但 TPG 也遇到了自己的问题。与阿里夫一样，比尔·麦格拉申也是金融业的明星，他与 U2 乐队的波诺和杰夫·斯科尔共同创立了 TPG 的 Rise 影响力投资基金。和基托一样，比尔·麦格拉申在 2019 年 1 月选择在伦敦的康诺特酒店与我们会面，谈论他的工作——帮助那些远离梅费尔区豪华场所的穷人。与我们见面时，比尔·麦格拉申正准备前往达沃斯，在那里他与波诺一起发表了演讲。几周后，比尔·麦格拉申因美国大学招生丑闻被捕。美国司法部指控他贿赂官员以让自己的儿子进入南加利福尼亚大学，迫使他离开了 TPG。另一位影响力投资明星也惹上了官司。

截至 2020 年，在德勤和普华永道的 Abraaj 清算人，以及他们在威嘉律师事务所等公司（顺便说一句，这些公司也曾为阿里夫工作过）聘请的律师共收取了 6 000 多万美元的费用。[2] 清算人每小时的收费高达 945 美元，这比大多数埃塞俄比亚人一年的收入还多。

如何建设一个公平公正的世界并为之提供资金？这不仅仅是商界、金融界，以及在达沃斯与各国领导人共进晚餐的关键人所面临的问题。

最重要的是，这也是你我所面临的问题。

致　谢

如果没有身居世界各地、深受 Abraaj 事件影响但又不能公开发声的几十个人的信任与合作，我们不可能写出本书。他们希望将这个故事公之于众，我们非常感谢他们与我们分享的证词和证据。

我们在弗莱彻出版社的经纪人埃里克·卢普弗提出了这本书的构想，并建议我们写这本书。他的远见和支持可谓至关重要。哈珀柯林斯出版社的编辑霍利斯·海姆布赫和企鹅兰登书屋的编辑莉迪亚·亚迪意识到这个故事的重要性，并就如何讲述这个故事提供了明智的指导。我们还要感谢弗莱彻出版社的格兰妮·福克斯；哈珀柯林斯的温迪·黄、尼古拉斯·戴维斯、彭妮·马克拉斯、尼基·巴利道夫和安德鲁·雅各布斯；企鹅兰登书屋的西莉亚·布祖克、露西·米德尔顿、利奥·唐兰和凯拉·富勒。

本书源自我们在《华尔街日报》从事的新闻工作，当时我们的许多同事帮助揭露了 Abraaj 的丑闻。其中最重要的是尼古拉斯·帕拉西，我们的调查搭档，他在迪拜当地具备的专业知识和他发布的报道极其重要。我们还要感谢阿努杰·甘加哈、艾德·巴拉德、迈克尔·阿蒙、劳拉·克罗伊策、劳拉·库珀、帕敏德·巴赫拉、乔治·唐斯、约维·胡安、理查德·布德罗、雅各布·戈尔德施泰因、丽莎·卡利斯、亚历克斯·弗兰戈斯和查尔斯·弗洛尔。

我们也要感谢亲朋好友的支持和建议。

威尔在此感谢科林、朱莉娅、克莱姆、哈里和尼克。他还要感谢泰勒夫妇、盖伊·麦克唐纳和赞德·弗雷泽，以及赫利克斯路10号和海岸警卫队别墅4号的住户提供的指导。

西蒙在此感谢彼得·凯尼格、卡罗琳·克拉克、克劳迪娅·切里纳、维维安·维尼奥尔斯、弗朗西斯·罗宾逊和泽布·兰姆的有益建议。感谢安布拉·克拉克、奥利弗·克拉克和扎希拉·贾瑟尔所做的一切。

注　释

序　幕

1. Abraaj Group, "Scaling Impact Investing: Keynote— Arif Naqvi, Founder & Group Chief Executive, The Abraaj Group," published on October 9, 2017, YouTube video, www.youtube.com/watch？ v=tJ_EL3qkyYc&t=53s.
2. United Nations News, September 25, 2015, news.un.org/en/story/2015/09/509712-future-demands-us-critical-and-global-decisions-pope-francis-tells-un-general.
3. UNCTAD World Investment Report 2014, 11. unctad.org/system/files/official-document/wir2014_en.pdf.
4. Abraaj Private Equity Fund VI Private Placement Memorandum, March 3, 2017.
5. Abraaj Group, "Scaling Impact Investing: Keynote—Arif Naqvi, Founder & Group Chief Executive, The Abraaj Group," published on October 9, 2017, YouTube video, www.youtube.com/watch？ v=tJ_EL3qkyYc&t=53s.
6. *United States Securities and Exchange Commission vs. Abraaj Investment Management Limited and Arif Naqvi*, United States District Court, Southern District of New York, Case 1：19-cv-03244-AJN, August 16, 2019, 39.
7. Klestadt Winters Jureller Southard & Stevems LLP, "Application of Abraaj Investment Management Limited：For an Order to Obtain Discovery for Use in Foreign Proceedings Pursuant to 28 USC 1782," United States District Court, Southern District of New York, Case 1：20-mc-00229, June 12, 2020.
8. "Doing Well by Doing Good？ Private Equity Investing in Emerging Markets,"

published by the London School of Economics, 2013, www.mixcloud.com/lse/doing-well-by-doing-good-private-equity-investing-in-emerging-markets-audio/.

9　United States of America vs. Arif Naqvi, Waqar Siddique, Rafique Lakhani, Mustafa Abdel-Wadood, Ashish Dave and Sivendran Vettivetpillai, S6 19 Cr. 233 Superseding Indictment, United States District Court, Southern District of New York, 2019.

10　Business for Peace Foundation, May 14, 2013, businessforpeace.no/award/previous-hounorees/2013-honourees/.

11　Pakistan 2020, Center for Global Affairs, New York University, 2011.

12　Simon Clark, Nicolas Parasie, and William Louch, "Private-Equity Firm Abraaj Raised Billions Pledging to Do Good—Then It Fell Apart," *Wall Street Journal*, October 16, 2018, www.wsj.com/articles/private-equity-firm-abraaj-raised-billions-pledging-to-do-good-then-it-fell-apart-1539706575.

13　Simon Clark, William Louch, and Nicolas Parasie, "Abraaj Founder Accused of Fraud as U.S. Seeks Extradition," *Wall Street Journal*, April 12, 2019,www.wsj.com/articles/abraaj-founder-accused-of-fraud-as-u-s-seeks-extradition-1155508677.

14　*United States vs. Arif Naqvi et al*., Superseding Indictment, S6 19 Cr. 233, 2019.

15　Simon Clark and William Louch, "Abraaj Liquidators Sue Fund Backed by Gates Foundation," *Wall Street Journal*, July 16, 2020, www.wsj.com/articles/abraaj-liquidators-sue-fund-backed-by-gates-foundation-11594922921.

16　Simon Clark and William Louch, "Abraaj Founder Naqvi to Avoid Jail Where Epstein Died," *Wall Street Journal*, July 1, 2020, www.wsj.com/articles/abraaj-founder-naqvi-to-avoid-jail-where-epstein-died-11593630940.

第一章

1　理查德·布兰森和阿里夫·纳克维与明迪·卢伯的对话, Skoll Foundation, published on April 24, 2014, YouTube video, 27：10, www.youtube.com/watch？v=M-rjVaPlZ4o.

2　Qaseem Saeed, "Karachi's Empress Market—a Legacy Built upon the Ashes of Mutiny," Geo.tv, November 2018, www.geo.tv/latest/220009-faded-glory-of-empress-empress-market-and-stains-on-history-history-of-empress.

3　World Bank Group, "Transforming Karachi into a Livable and Competitive Megacity," 2018, openknowledge.worldbank.org/bitstream/handle/10986/

29376/211211ov.pdf.

4 Laura Cooper and Simon Clark, "Egyptian Billionaire Sawiris Backs Bail for Abraaj's Abdel-Wadood," *Wall Street Journal*, May 9, 2019, www.wsj.com/articles/egyptian-billionaire-sawiris-backs-bail-for-abraajs-abdel-wadood-11557427009.

5 Staff reporter, "Pakistan: The Golden Boys," *Time*, June 15, 1959, content.time.com/time/magazine/article/0,9171,892658,00.html.

6. Arif Naqvi, "In Conversation with Arif Naqvi & Fadi Ghandour," Step Conference, published on June 9, 2016, YouTube video, www.youtube.com/watch?v=GdQ2WVavcx4&fbclid.

7 Paul Peachey, "British University Edits Out ex-Abraaj Boss Arif Naqvi from Recruitment Video," *National*, April 30, 2019, www.thenational.ae/business/british-university-edits-out-ex-abraaj-boss-arif-naqvi-from-recruitment-video-1.855703.

8 Arif Naqvi, "Arif Naqvi, Founder and Group Chief Executive, the Abraaj Group," Yale School of Management, published on September 24, 2014, YouTube video, www.youtube.com/watch?v=3OC6Y3NTLZo.

9 Imtiaz Hydari, *Leverage in the Desert: The Birth of Private Equity in the Middle East*, 2013, 31–38.

10 Imtiaz Hydari, *Leverage in the Desert: The Birth of Private Equity in the Middle East*, 2013, 51.

第二章

1 Imtiaz Hydari, *Leverage in the Desert: The Birth of Private Equity in the Middle East*, 2013, 72.

2 Neha Hirandani, "What It's Like to Belong to a Secretive Network of Ultra-rich Young Executives," *Quartz*, September 23, 2016, qz.com/655646/young-presidents-organization-inside-the-worlds-biggest-and-most-powerful-secret-network/.

3 Abraaj Group, "The Abraaj Group: Arif Naqvi 2011 Endeavour Gala Address," published on February 25, 2013, YouTube video, 06:06, www.youtube.com/watch?v=z6zY7w3GZdY.

4 Endeavor Global, "Fadi Ghandour—Endeavor's 2011 High-Impact Entrepreneur of the Year," published on November 16, 2011, YouTube video, www.youtube.

com/watch？v=Ww7BlnONmbk.

5 Melodena Stephens Balakrishnan, "Aramex PJSC: Carving a Competitive Advantage in the Global Logistics and Express Transportation Service Industry," Actions and insights—Middle East North Africa: East meets West, Emerald Group Publishing, Bingley, 2013, 15–67, doi.org/10.1108/EEMCS-03-2015-0036.

6 Fadi Ghandour, "How I Did It: The CEO of Aramex on Turning a Failed Sale into a Huge Opportunity," *Harvard Business Review*, March 2011, hbr.org/2011/03/how-i-did-it-the-ceo-of-aramex-on-turning-a-failed-sale-into-a-huge-opportunity.

7 Aramex International Ltd., Securities and Exchange Commission Form F-1, November 6, 1996, www.sec.gov/Archives/edgar/data/1026459/0000912057-96-024866.txt.

8 Aramex International Ltd., Securities and Exchange Commission Form 13E-3, November 6, 1996, www.sec.gov/Archives/edgar/1026459/000095013302000289/0000950133-02-000289-index.htm.

9 Aramex International Ltd, Securities and Exchange Commission Form 14D-9/A, January 29, 2002, www.sec.gov/Archives/edgar/data/1026459/000095013302000290/0000950133-02-000290-index.htm.

第三章

1 "买者自负"："*Caveat emptor*"（买者自负）是一个拉丁词，意思是让买家当心。

2 *The Public Institution for Social Security versus Mr. Fahad Maziad Rajaan al Rajaan & Others*, Royal Courts of Justice, November 2020, accessed via the British and Irish Legal Information Institute, bailii.org/ew/cases/EWHC/Comm/2020/2979.html#B1.

3 Abraaj Group, "The Abraaj Group Annual Review 2007," 40–47.

4 Fadi Ghandour, "How I Did It: The CEO of Aramex on Turning a Failed Sale into a Huge Opportunity," *Harvard Business Review*, March 2011, hbr.org/2011/03/how-i-did-it-the-ceo-of-aramex-on-turning-a-failed-sale-into-a-huge-opportunity.

5 Aramex, Aramex Annual Report 2005, www.aramex.com/content/uploads/100/55/27272/2005%20-%20Annual%20Report.pdf.

6 Abraaj Group press release, "Abraaj Capital Announces Closing of Largest Private Equity Fund," December 17, 2005, wam.ae/en/details/1395227551237

7 Thomas Friedman, *The World Is Flat: A Brief History of the Twenty-First Century*.

New York: Farrar, Straus and Giroux, 2005, 150–216.

8　Thomas Friedman, *The World Is Flat: A Brief History of the Twenty-First Century*. New York: Farrar, Straus and Giroux, 2005, 150–216.

第四章

1　Arif Naqvi, "Defining Future Trends: Entrepreneurship in the Arab World," September 2004.

2　Arif Naqvi, "Arif Naqvi of Abraaj Capital on Empowering Entrepreneurs and Fostering Innovation," SP Productions, published on February 16, 2016, YouTube video, 02: 24, www.youtube.com/watch？v=rqQ5wZXsZ84

3　Aman Foundation Annual Report 2013–2015, www.theamanfoundation.org/wp-content/uploads/2017/08/01-Aman-Foundation-AR-Complete-Latest-20th-oct.pdf.

4　"Unilever receives C K Prahalad Award for leadership in sustainability," Unilever, June 28, 2012, www.unilever.com/news/news-and-features/Feature-article/2012/12-06-28-Unilever-receives-C-K-Prahalad-Award-for-leadership-in-sustainability.html.

5　David Lanchner, "The Gulf's Buyout King," *Institutional Investor*, July 15, 2008, www.institutionalinvestor.com/article/b150q7hfdfq8mp/the-gulf39s-buyout-king.

6　Abraaj Group Annual Review 2007, 40–47.

7　Simon Clark, "Castles in the Sand," *Bloomberg Markets*, May 2008.

8　Dubai Financial Services Authority, "Decision Notice to Abraaj Capital Limited," Dubai Financial Services Authority.

第五章

1　Josh Lerner, Asim Ijaz Khwaja, and Ann Leamon, "Abraaj Capital and the Karachi Electric Supply Company," Harvard Business Publishing, Harvard, March 6, 2012.

2　Augustine Anthony and Ruma Paul, "Textiles on the Move: From Pakistan to Bangladesh," Reuters, August 30, 2011, uk.reuters.com /article/uk-pakistan-bangladesh-textiles/textiles-on-the-move-from-pakistan-to-bangladesh-idUKTRE77T11020110830.

3　Asra Q. Romani, "The Truth Left Behind," The Pearl Project, 2011, cloudfront-files-1.publicintegrity.org/documents/pdfs/The_Pearl_Project.pdf.

4 Peter Wonacott and Jay Solomon, "Pakistan's Bhutto Is Killed in Attack," *Wall Street Journal*, December 27, 2007, www.wsj.com/articles/SB119875550729752531.

5 Karachi Electric Annual Report 2007, www.ke.com.pk/investor-relation/financial-data/.

6 Karachi Electric Annual Report 2009, www.ke.com.pk/down load/financial-data/KESC-Annual-Report-2009.pdf.

7 Josh Lerner, Asim Ijaz Khwaja, and Ann Leamon, "Abraaj Capital and the Karachi Electric Supply Company," Harvard Business Publishing, Harvard, March 6, 2012, 2.

8 Josh Lerner, Asim Ijaz Khwaja, and Ann Leamon, "Abraaj Capital and the Karachi Electric Supply Company," Harvard Business Publishing, Harvard, March 6, 2012, 10–11.

9 "Abraaj Goes Public with Some of Its Juicy Secrets," *News Pakistan*, October 30, 2008, www.thenews.com.pk/archive/print/660404-abraaj-goes-public-with-some-of-its-juicy-secrets.

10 Wikileaks, "Encouraging Gulf Investment in Karachi's Power System," August 25, 2009, wikileaks.org/plusd/cables/09ISLAMABAD2022_a.html.

11 Wikileaks, "Tuning out Politics, Abraaj Capital Tries to Rebuild Karachi Electrical Supply Company," September 3, 2009, wikileaks.org/plusd/cables/09DUBAI367_a.html.

12 Peter Spiegel and Zahid Hussain, "U.S. Tries to Soothe Pakistan Worries on Aid," *Wall Street Journal*, October 15, 2009, www.wsj.com/articles/SB125548290488483937.

13 Nyla Aleem Ansari, "Downsize or Rightsize？KESC to K-Electric," Emerald Group Publishing, May 5, 2016, www.emerald.com/insight/content/doi/10.1108/EEMCS-01-2015-0014/full/html.

14 "Karachi Power Utility Reinstates Sacked Workers," BBC News, January 24, 2011, www.bbc.com/news/world-south-asia-12264297.

15 "KESC Workers on Hunger Strike unto Death," *News International*, April 30, 2011, www.thenews.com.pk/archive/print/298387.

16 Imdad Soomro, "Who Wants to Be a Millionaire with KESC？，" *Pakistan Today*, May 20, 2011, www.pakistantoday.com.pk/2011/05/20/who-wants-to-be-a-

millionaire-with-kesc/.

17 Karachi Electric, "Our History," www.ke.com.pk/our-company/our-journey/#：~: text=The%20Turnaround&text=Regaining%20Karachi's%20 Identity%3A%20 Massive%20efforts,17%20years%20in%202011%2D12.

第六章

1. President Barack Obama, "President Obama Speaks to the Muslim World from Cairo, Egypt," The White House, YouTube video published on June 4, 2009, 54：56, www.youtube.com/watch？ v=NaxZPiiKyMw.
2. Abraaj Capital, "Abraaj Acquires Riyada Ventures," November 25, 2009, www.privateequitywire.co.uk/2009/11/25/24801/abraaj-capital.
3. Arif M. Naqvi, "Abraaj's Arif Naqvi at the Presidential Summit on Entrepreneurship," www.youtube.com/watch？ v=V2YHQmOMKEo.
4. Melodena Stephens Balakrishnan and Ian Michael, "Abraaj Capital：Celebration of Entrepreneurship," Emerald Group Publishing Limited, vol. 1 no. 4, 2011, 1–21.
5. Jan Romany, "Naguib Sawiris Interviewed by Fadi Ghandour," published on April 23, 2015, YouTube video, 01：43, www.youtube.com/watch？ v=l1y EIWjMVhc.
6. Melodena Stephens Balakrishnan and Ian Michael, "Abraaj Capital：Celebration of Entrepreneurship," Emerald Group Publishing Limited, vol. 1 no. 4, 2011, 19.
7. Christopher Schroeder, "Dubai, a New Locus of Entrepreneurial Energy," *Washington Post*, November 26, 2010, www.washingtonpost.com/wp-dyn/content/article/2010/11/25/AR2010112502227.html.
8. Wikileaks, "Outcome of the Entrepreneurship Summit," November 29, 2011, wikileaks.org/clinton-emails/emailid/1057.
9. Judith McHale, "Remarks at the Global Technology Symposium," Menlo Park, California, March 24, 2011, 2009-2017.state.gov/r/remarks /2011/159141.htm.
10. Pakistan 2020, Center for Global Affairs, New York University, 2011.

第七章

1. Andrew Carnegie, "The Gospel of Wealth, and Other Timely Essays," Carnegie Corporation of New York, 2017, first published in 1889, www.carnegie.org/publications/the-gospel-of-wealth/.

2 Oxfam, "Time to Care," January 2020, oxfamilibrary.openrepos itory.com/bitstream/handle/10546/620928/bp-time-to-care-inequality-200120-en.pdf.

3 The World Bank, data.worldbank.org/indicator/NY.GDP.PCAP.CD？locations=PK.

4 Milton Friedman, "A Friedman Doctrine—The Social Responsibility of Business Is to Increase Its Profits," *New York Times*, September 13, 1970, www.nytimes.com/1970/09/13/archives/a-friedman-doctrine-the-social-responsibility-of-business-is-to.html.

5 Nick O'Donohoe, Christina Leijonhufvud, and Yasemin Saltuk, "Impact Investments: An Emerging Asset Class," JP Morgan Global Research, November 29, 2010, thegiin.org/assets/documents/Impact%20Investments %20an%20Emerging%20Asset%20Class2.pdf.

6 Catholic Relief Services, "2018 Impact Investing—Welcoming Remarks," published on September 6, 2018, YouTube video, https：// www.youtube.com/watch？v=cerAZXusft0.

7 Simon Clark interviewed Cardinal Turkson about impact investing in Vatican City in December 2018.

8 Jacqueline Novogratz, The Blue Sweater: *Bridging the Gap Between Rich and Poor in an Interconnected World*, Penguin Random House, 2010.

9 Acumen, "An Empathetic Evolution: The 2009 Acumen Fund Investor Gathering," November 21, 2009, acumen.org/blog/press-releases/an-empathetic-evolution-the-2009-acumen-fund-investor-gathering/.

10 CDC, "Our history," www.cdcgroup.com/en/about/our-history/.

11 Stefan Wagstyl, Kiran Stacey, and Simeon Kerr, "Abraaj Targets SMEs with Aureos Deal," *Financial Times*, February 20, 2012, www.ft.com/content/2e1c2fd6-5be9-11e1-bbc4-00144feabdc0.

12 Karachi Electric, "K-Electric Secures up to $250 Million in Financing from OPIC," October 22, 2015, www.ke.com.pk/k-electric-secures-upto-us-250-million-financing-opic/.

13 USAID, partnerships.usaid.gov/partnership/pakistan-private-investment-initiative-ppii-abraaj-capital.

14 Arif Sharif, "Abraaj's Arif Naqvi Appointed to UN Advisory Body Global Compact," Bloomberg News, May 1, 2012, www.bloomberg.com/news/

articles/2012-05-01/abraaj-s-arif-naqvi-appointed-to-un-advisory-body-global-compact.
15 Clinton Foundation, www.clintonfoundation.org/contributors？category=%24500%2C001+to+%241%2C000%2C000.
16 "Arif Naqvi Receives 2013 Oslo Business for Peace Award," published on May 16, 2013, YouTube video, 43：21, www.youtube.com/watch？v=9r_rsDFtees.
17 endeavor.org/team/linda-rottenberg/.
18 Endeavour Global, "2014 Endeavor Gala：Honoree Arif M. Naqvi's Remarks," published on November 12, 2014, YouTube video, 16：14, www.youtube.com/watch？v=YPorSJlhsWg.

第八章

1 Henley & Partners Passport Index, "Global Ranking 2020," www.henleypassportindex.com/passport.

第九章

1 Anne-Sylvaine Chassany and Daniel Dombey, "Dubai's Abraaj Buys Majority Stake in Turkey's Yörsan Group," *Financial Times*, January 21, 2014, www.ft.com/content/e0ede9c6-8282-11e3-8119-00144feab7de.
2 Abraaj Group, "Abraaj Private Equity Fund IV, Report of the General Partner for the Period Ended September 30, 2017."
3 Abraaj Group, "Abraaj Private Equity Fund IV, Report of the General Partner for the Period Ended September 30, 2017."
4 Svitlana Pyrkalo, "EBRD and Abraaj Acquire Majority Stake in Turkish Dairy Producer, Yörsan," European Bank for Reconstruction and Development, June 21, 2014.
5 "Abraaj Group Acquires Majority Stake in Turkish Dairy Business Yörsan Group," *Private Equity Wire*, January 21, 2014, www.private equitywire.co.uk/2014/01/21/196124/abraaj-group-acquires-majority-stake-turkish-dairy-business-yörsan-group.
6 "Şerafettin Yörük：'Abraaj Did Not Purchase, Yörsan Becomes a Partner！'" June 7, 2015, www.milliyet.com.tr/yerel-haberler/istanbul/serafettin-yoruk-the-abraaj-yorsan-i-satin-almadi-ortak-oldu-10870558.

7   Dion Nissenbaum, Adam Entous, and Emre Peker, "Turkish President Foiled Coup with Luck, Tech Savvy," *Wall Street Journal*, July 17, 2016, www.wsj.com/articles/coup-plotters-targeted-turkish-president-with-daring-helicopter-raid-1468786991.

8   Abraaj Group, "Abraaj Private Equity Fund IV, Report of the General Partner for the Period Ended September 30, 2017.".

9   Fan Milk Ghana, "Our History," 41.189.183.5/history.php.

10 Rob Minto, "Abraaj: A Fan of Milk," *Financial Times*, June 19, 2013, www.ft.com/content/a1b37a61-b61d-3138-8bfd-9c08f1efafac.

11 Joe Bavier and Matthew Mpoke Bigg, "Gold Price Drop Jolts West Africa from Mining Dreams," Reuters, October 25, 2013, www.reuters.com/article/us-africa-investment-gold-analysis/analysis-gold-price-drop-jolts-west-africa-from-mining-dreams-idUSBRE99O0S320131025.

12 Moses Mozart Dzawu and Robert Brand, "World's Worst Currency Drops as Ghana Pulls Back from IMF Aid," Bloomberg News, July 30, 2014, www.bloomberg.com/news/articles/2014-07-30/world-s-worst-currency-drops-as-ghana-pulls-back-from-imf-aid.

13 Carolyn Cui and Julie Wernau, "Naira Plunges After Nigeria Ends Dollar Peg," *Wall Street Journal*, June 20, 2016, www.wsj.com/articles/naira-plunges-after-nigeria-ends-dollar-peg-1466440618#:~:text=Nigeria's%20currency%20plummeted%20more%20than,some%20major%20oil%2Dproducing%20nations.&text=Nigeria%20introduced%20the%20fixed%2Dcurrency,effort %20to%20stabilize%20the%20naira.

14 Abraaj Group, "Abraaj Private Equity Fund IV, Report of the General Partner for the Period Ended September 30, 2017."

15 Josh Lerner, Asim Ijaz Khwaja, and Ann Leamon, "Abraaj Capital and the Karachi Electric Supply Company," Harvard Business Publishing, Harvard, March 6, 2012.

16 Abraaj Group, "The Abraaj Academy: A Talk with Professor Josh Lerner," published on February 25, 2013, YouTube video, 00:56, www.youtube.com/watch？v=xeryFvdGVIw.

17 Karl Shmavonian, "Arabia-Asia: Business Is Personal for Abraaj Capital's Omar Lodhi," *Forbes Asia*, October 2012, www.forbes.com/sites/forbesasia/2012/10/11/arabia-asia-business-is-personal-for-abraaj-capitals-omar-lodhi/.

第十章

1 Skoll Foundation, "Skoll World Forum 2014 Opening Plenary," published on April 9, 2014, YouTube video, www.youtube.com/watch？v=Ry9sVvfQIHg.

2 *United States of America vs. Arif Naqvi, Waqar Siddique, Rafique Lakhani, Mustafa Abdel-Wadood, Ashish Dave and Sivendran Vettivetpillai*, S6 19 Cr. 233 Superseding Indictment, United States District Court, Southern District of New York, 2019.12.

3 *United States of America vs Arif Naqvi, Waqar Siddique, Rafique Lakhani, Mustafa Abdel-Wadood, Ashish Dave and Sivendran Vettivetpilla*i, S6 19 Cr. 233 Superseding Indictment, United States District Court, Southern District of New York, 2019, 1–78.

4 *United States of America vs Arif Naqvi, Waqar Siddique, Rafique Lakhani, Mustafa Abdel-Wadood, Ashish Dave and Sivendran Vettivetpillai*, S6 19 Cr. 233 Superseding Indictment, United States District Court, Southern District of New York, 2019, 12–13.

5 World Economic Forum, "World Economic Forum on Latin America：Opening Pathways for Shared Progress," April 1–3, 2014.

6 World Economic Forum, "Panama 2014—Middle Class Matters," published on June 5, 2014, YouTube video, www.youtube.com/watch？v=l3_Zkn0QL18.

7 Skoll Foundation, "Skoll World Forum 2014 Opening Plenary," published on April 9, 2014, YouTube video, www.youtube.com/watch？v=Ry9sVvfQIHg.

8 Skoll Foundation, "Skoll World Forum 2014 Opening Plenary," published on April 9, 2014, YouTube video, www.youtube.com/watch？v=Ry9sVvfQIHg.

9 Dubai Financial Services Authority, "Decision Notice to Abraaj Investment Management Limited," July 29, 2019, 40.

10 *United States of America vs. Arif Naqvi, Waqar Siddique, Rafique Lakhani, Mustafa Abdel-Wadood, Ashish Dave and Sivendran Vettivetpillai*, S6 19 Cr. 233 Superseding Indictment, United States District Court, Southern District of New York, 2019, 14–15.

11 *United States of America vs. Arif Naqvi, Waqar Siddique, Rafique Lakhani, Mustafa Abdel-Wadood, Ashish Dave and Sivendran Vettivetpillai*, S6 19 Cr. 233 Superseding Indictment, United States District Court, Southern District of New York, 2019, 14–16.

12 Royal College of Art, "Abraaj RCA Innovation Scholarship Programme to Support Five Outstanding Students," September 16, 2014, www.rca.ac.uk/news-and-events/news/abraaj-rca-innovation-scholarship-programme/.

13 Jeffrey Garten, "Interview with Arif Naqvi," Yale School of Management, published on September 24, 2014, YouTube video, som.yale.edu /blog/interview-with-arif-naqvi.

14 Interpol Foundation, "INTERPOL Foundation for a Safer World Appoints Arif Naqvi, Founder of the Abraaj Group, to its Global Board of Trustees," November 19, 2014, www.zawya.com/mena/en/press-releases/story/INTERPOL_Foundation_for_a_Safer_World_Appoints_Arif_Naqvi_Founder_of_The_Abraaj_Group_to_its_Global_Board_of_Trustees_-ZAWYA20141119 131426/.

15 Nick Kostov and Sean McLain, "Carlos Ghosn Flees Trial in Japan for Lebanon," *Wall Street Journal*, December 31, 2019, www.wsj.com/articles/carlos-ghosn-arrives-in-lebanon-after-fleeing-japan-11577741238.

16 Abraaj Group, "Partnership Policing for the Future," published on April 3, 2017, YouTube video, 03：04.

17 *United States vs. Arif Naqvi et al.*, Superseding Indictment, S6 19 Cr. 233, 2019, 13.

18 Dubai Financial Services Authority, "Decision Notice to Abraaj Investment Management Limited," July 29, 2019, 23.

19 *United States Securities and Exchange Commission vs. Abraaj Investment Management Limited and Arif Naqvi*, United States District Court, Southern District of New York, No. 19-cv-3244, April 11, 2019.

20 根据世界银行的数据，2019 年巴基斯坦的人均 GDP 为 1284.70 美元，data.worldbank.org/indicator/NY.GDP.PCAP.CD？locations=PK.

21 *United States Securities and Exchange Commission vs. Abraaj Investment Management Limited and Arif Naqvi*, United States District Court, Southern District of New York, No. 19-cv-3244, April 11, 2019.

22 *United States Securities and Exchange Commission vs. Abraaj Investment Management Limited and Arif Naqvi*, United States District Court, Southern District of New York, Case 1：19-cv-03244-AJN, August 16, 2019, 12.

23 BNP Paribas Wealth Twitter account, June 25, 2015, twitter.com/bnpp_wealth/status/614127815663984640.

24 *United States Securities and Exchange Commission vs. Abraaj Investment*

Management Limited and Arif Naqvi, United States District Court, Southern District of New York, No. 19-cv-3244, April 11, 2019.

25 *United States Securities and Exchange Commission vs. Abraaj Investment Management Limited and Arif Naqvi*, United States District Court, Southern District of New York, Case 1：19-cv-03244-AJN, August 16, 2019, 38.

第十一章

1 Ban Ki-moon, "Remarks to the Gen-eral Assembly on the Occasion of the Visit by His Holiness Pope Francis," United Nations General Assembly, September 25, 2015, www.un.org/sg/en/content/sg/speeches/2015-09-25/remarks-general-assembly-occasion-visit-his-holiness-pope-francis.

2 United Nations Secretary General, "Remarks at Summit for the Adoption of the Post-2015 Development Agenda," United Nations General Assembly, September 25, 2015, www.un.org/sg/en/content/sg/speeches/2015-09-25/remarks-summit-adoption-post-2015-development-agenda.

3 United Nations Conference on Trade and Development, "Developing Countries Face $2.5 Trillion Annual Investment Gap in Key Sustainable Development Sectors, UNCTAD Report Estimates," June 24, 2014, unctad.org/en/pages/PressRelease.aspx？OriginalVersionID=194.

4 Speech by Pope Francis to the United Nations, September 25, 2015, www.vatican.va/content/francesco/en/speeches/2015/september/documents/papa-francesco_20150925_onu-visita.html.

5 Abraaj Group, "Abraaj Week 2017：Setting the Scene," published on March 28, 2017, YouTube video, www.youtube.com/watch？v=G8u0qvS U6nA.

6 Jordan Fabian, "Obama Golfs with Old Friends on Pre-Birthday Weekend," *The Hill*, August 1, 2015, thehill.com/homenews/administration/250003-obama-golfs-with-old-friends-on-pre-birthday-weekend.

7 World Economic Forum biography, Tarek Kabil, www.weforum.org/people/tarek-kabil-327c0e46-a34a-4b58-be76-d0784c8fafc3.

8 Elizabeth MacBride, "The Story Behind Abraaj Group's Stunning Rise in Global Private Equity," *Forbes*, November 4, 2015, www.forbes.com/sites/elizabethmacbride/2015/11/04/the-story-behind-abraajs-stun ning-rise/.

9 Pricewaterhouse Coopers, "Abraaj Holdings：First Report of the Joint Provisional

Liquidators to the Grand Court of the Cayman Islands," FSD Cause No: 95 of 2018, July 11, 2018, 21.

10 *United States Securities and Exchange Commission vs. Abraaj Investment Management Limited and Arif Naqvi*, United States District Court, Southern District of New York, Case 1: 19-cv-03244-AJN, August 16, 2019, 16.

11 *United States Securities and Exchange Commission vs. Abraaj Investment Management Limited and Arif Naqvi*, United States District Court, Southern District of New York, Case 1: 19-cv-03244-AJN, August 16, 2019, 17.

12 *United States Securities and Exchange Commission vs. Abraaj Investment Management Limited and Arif Naqvi*, United States District Court, Southern District of New York, Case 1: 19-cv-03244-AJN, August 16, 2019, 16–20.

13 David French, "Abraaj to Sell Pakistan K-Electric Stake to Shanghai Electric for $1.77 bln," Reuters, October 30, 2016, www.reuters.com/article/k-electric-ma-sh-elec-power/abraaj-to-sell-pakistan-k-electric-stake-to+-shanghai-electric-for-1-77-bln-idUSD5N1CO012.

14 Salman Masood, "Pakistani Taliban Blame Electric Company for Heat Wave Deaths," *New York Times*, June 26, 2015, www.nytimes.com/2015/06/27/world/asia/pakistani-taliban-blame-electric-company-for-heat-wave-deaths.html.

15 Angela Shah, "Arabia-Asia: Business Is Personal for Abraaj Capital's Omar Lodhi," *Forbes*, October 11, 2012, www.forbes.com/sites/forbesasia/2012/10/11/arabia-asia-business-is-personal-for-abraaj-capitals-omar-lodhi/.

16 *United States vs. Arif Naqvi et al.*, Superseding Indictment, S6 19 Cr. 233, 2019, 23–25.

17 Dubai Financial Services Authority, "Decision Notice to Abraaj Investment Management Limited," July 29, 2019, 20–30.

18 *United States Securities and Exchange Commission vs. Abraaj Investment Management Limited and Arif Naqvi*, United States District Court, Southern District of New York, Case 1: 19-cv-03244-AJN, August 16, 2019, 17–18.

19 *United States Securities and Exchange Commission vs. Abraaj Investment Management Limited and Arif Naqvi*, United States District Court, Southern District of New York, Case 1: 19-cv 03244-AJN, August 16, 2019.

20 *United States Securities and Exchange Commission vs. Abraaj Investment Management Limited and Arif Naqvi*, United States District Court, Southern

District of New York, Case 1: 19-cv 03244-AJN, August 16, 2019, 18.

21 Dubai Financial Services Authority, "Decision Notice to Abraaj Investment Management Limited," July 29, 2019, 26.

22 *United States Securities and Exchange Commission vs. Abraaj Investment Management Limited and Arif Naqvi*, United States District Court, Southern District of New York, Case 1: 19-cv 03244-AJN, August 16, 2019, 21.

23 *United States Securities and Exchange Commission vs. Abraaj Investment Management Limited and Arif Naqvi*, United States District Court, Southern District of New York, Case 1: 19-cv 03244-AJN, August 16, 2019.

24 "Pearl Initiative board of governs' meeting highlights five-year achievements," *Gulf Times*, March 9, 2016, www.gulf-times.com/story/483985/Pearl-Initiative-board-of-governors-meeting-highlights-five-year-achieve ments.

25 *United States Securities and Exchange Commission vs. Abraaj Investment Management Limited and Arif Naqvi*, United States District Court, Southern District of New York, Case 1: 19-cv 03244-AJN, August 16, 2019.

26 *United States Securities and Exchange Commission vs. Abraaj Investment Management Limited and Arif Naqvi*, United States District Court, Southern District of New York, Case 1: 19-cv 03244-AJN, August 16, 2019, 22–23.

27 Abraaj Group, "Navigating Global Growth Markets— Keynote by Arif Naqvi, the Abraaj Group," published on June 5, 2016, YouTube video, 38: 28, www.youtube.com/watch？v=MpYnoZc8Sf0.

28 *United States Securities and Exchange Commission vs. Abraaj Investment Management Limited and Arif Naqvi*, United States District Court, Southern District of New York, Case 1: 19-cv 03244-AJN, August 16, 2019.

29 *United States vs. Arif Naqvi et al.*, Superseding Indictment, S6 19 Cr. 233, 2019.

30 *United States Securities and Exchange Commission vs. Abraaj Investment Management Limited and Arif Naqvi*, United States District Court, Southern District of New York, Case 1: 19-cv 03244-AJN, August 16, 2019, 25–26.

31 *United States Securities and Exchange Commission vs. Abraaj Investment Management Limited and Arif Naqvi*, United States District Court, Southern District of New York, Case 1: 19-cv 03244-AJN, August 16, 2019.

第十二章

1　Bill Gates, "Giving the Mandela Lecture," Gates Notes, July 17, 2016, www.gatesnotes.com/Development/Nelson-Mandela-Annual-Lecture.

2　Joss Kent, as told to Charlotte Metcalf, "Bill Gates and Me," *The Spectator*, July 18, 2009.

3　Bill Gates, "Giving the Mandela Lecture," Gates Notes, July 17, 2016, www.gatesnotes.com/Development/Nelson-Mandela-Annual-Lecture.

4　Bill Gates, "Warren Buffett's Best Investment," Gates Notes, February 14, 2017, www.gatesnotes.com/2017-annual-letter.

5　Nicholas D. Kristof, "For Third World, Water Is Still a Deadly Drink," *New York Times*, January 9, 1997, www.nytimes.com/1997/01/09/world/for-third-world-water-is-still-a-deadly-drink.html.

6　Gates Foundation, "Who We Are," www.gatesfoundation.org/Who-We-Are/General-Information/History.

7　Bill Gates, "Giving the Mandela Lecture," Gates Notes, July 17, 2016, www.gatesnotes.com/Development/Nelson-Mandela-Annual-Lecture.

8　"Abraaj Growth Markets Health Fund Impact Report for 2017," Abraaj investor report, May 2018.

9　International Finance Corporation, "The Business of Health in Africa: Partnering with the Private Sector to Improve People's Lives," World Bank Group, 2008.

10　Oxfam International, "Blind Optimism: Challenging the Myths about Private Healthcare in Poor Countries," February 12, 2009, oi-files-d8-prod.s3.eu-west-2.amazonaws.com/s3fsublic/file_attachments/bp125_Blind%20 optimism%20paper_SUMMARY%20FINAL%20ENGLISH_3.pdf.

11　Aureos Capital, "Aureos Capital: Proposal to Manage the Equity Vehicle for Health in Africa," December 3, 2008.

12　A Middle Way," *The Economist*, November 16, 2013, www.economist.com/middle-east-and-africa/2013/11/16/a-middle-way.

13　Abu Dhabi Media Summit, "Bill Gates at Abu Dhabi Media Summit 2012," published on October 9, 2012, YouTube video, 38:58, www.youtube.com/watch？v=ruvFS2rNLfk.

14　"Gates Foundation, Aman Vow to Work Together," *Trade Arabia*, www.tradearabia.com/news/HEAL_223608.html.

15　John Burn-Murdoch and Katarina Stankovic, "Who Is Going to Davos 2013？Get the Full List of Attendees," *The Guardian*, January 22, 2013.

16　Abraaj Group, "Abraaj Growth Markets Health Fund," Private Placement Memorandum, July 31, 2016.

17　Khawar Mann LinkedIn profile, www.linkedin.com/in/khawar-mann/？originalSubdomain=ae.

18　McKinsey & Co, "Our people," www.mckinsey.com/our-people/aly-jeddy.

19　Randeep Ramesh, "Sir David Nicholson: The 'Stalinist' NHS Chief Who Showed Loyalty to Tory Boss," *The Guardian*, May 22, 2013, www.theguardian.com/society/2013/may/22/sir-david-nicholson-nhs-chief.

20　Rebecca Smith, "Mid Staffs: David Nicholson Apologises for Scandal as 'a Human Being and a CEO,'" *Daily Telegraph*, January 31, 2013, www.telegraph.co.uk/news/health/news/9837374/Mid-Staffs-David-Nicholson-apologises-for-scandal-as-a-human-being-and-as-CEO.html.

21　Abraaj Group, "Abraaj Growth Markets Health Fund," Private Placement Memorandum, July 31, 2016.

22　Bobby Kurian and Reeba Zachariah, "Temasek-TPG, Abraaj Vie for Care," The *Times of India*, October 8, 2015, timesofindia.indiatimes.com/business/india-business/Temasek-TPG-Abraaj-vie-for-Care/articleshow/49266091.cms.

23　Indulal PM, "Thomson Medical Emerges Top Bidder for Advent International's 72% Stake in CARE Hospitals," *Economic Times*, October 20, 2015,economictimes.indiatimes.com/industry/healthcare/biotech/healthcare/thomson-medical-emerges-top-bidder-for-advent-internationals-72-stake-in-care-hospitals/articleshow/49459866.cms.

24　Karen Rebelo and Zeba Siddiqui, "Dubai's Abraaj Group to Buy Majority Stake in India's Care Hospitals," Reuters, January 13, 2016, www.reuters.com/article/care-hospitals-ma-abraaj-group/update-1-dubais-abraaj-group-to-buy-majority-stake-in-indias-care-hospitals-idUSL3N14X34U20160113.

25　World Economic Forum, "Davos 2016—Press Conference: Health as a Global Challenge," published on January 20, 2016, YouTube video, 32:56, www.youtube.com/watch？v=N2OhdkODg_w.

26　*United States vs. Arif Naqvi et al.*, Superseding Indictment, S6 19 Cr. 233, 2019, 17–19.

第十三章

1 *United States vs. Arif Naqvi et al.*, Superseding Indictment, S6 19 Cr. 233, 2019, 24–25.

2 Syed Raza Hassan, "China's Shanghai Electric to Buy $1.77 Billion Stake in Pakistani Power Company," Reuters, October 30, 2016, www.reuters.com/article/pakistan-energy-china/chinas-shanghai-electric-to-buy-1-77-billion-stake-in-pakistani-power-company-idINKBN12U0IS.

3 *United States Securities and Exchange Commission vs. Abraaj Investment Management Limited and Arif Naqvi*, United States District Court, Southern District of New York, No. 19-cv-3244, April 11, 2019, 34.

4 *United States of America versus Arif Naqvi, Waqar Siddique, Rafique Lakhani, Mustafa Abdel-Wadood, Ashish Dave and Sivendran Vettivetpillai*, S6 19 Cr. 233Superseding Indictment, United States District Court, Southern District of New York, 2019, 18.

5 Dubai Financial Services Authority, "Decision Notice to Abraaj Investment Management Limited," 31.

6 Abraaj Group, "Eric Schantz @Medtronic & CEOs of Abraaj Partner Companies @Hepsiburada @CapaDeOzonoZ & @Kudu SA Talking Grow-ing Businesses in #GrowthMarkets," Twitter, December 14, 2016, twitter.com /abraajgroup/status/809133967672803330？s=20.

7 Abraaj Group, "E-commerce in Turkey：A Growth Opportunity," published on July 4, 2017, YouTube video, www.youtube.com/watch？v=ZuONatb57fk.

8 *United States Securities and Exchange Commission vs. Abraaj Investment Management Limited and Arif Naqvi*, United States District Court, Southern District of New York, No. 19-cv-3244, April 11, 2019, 8.

9 *United States Securities and Exchange Commission vs. Abraaj Investment Management Limited and Arif Naqvi*, United States District Court, Southern District of New York, No. 19-cv-3244, April 11, 2019, 9.

10 *United States Securities and Exchange Commission vs. Abraaj Investment Management Limited and Arif Naqvi*, United States District Court, Southern District of New York, No. 19-cv-3244, April 11, 2019, 9.

11 *The Economist*, "From Poverty to a Thriving Global Middle Class：A Conversation with Arif Naqvi," published on March 1, 2017, YouTube video, 23：55, www.

youtube.com/watch？v=v2Dpe4Hewlk&t=15s.

12　United States Securities and Exchange Commission vs. Abraaj Investment Management Limited and Arif Naqvi, United States District Court, Southern District of New York, Case 1：19-cv-03244-AJN, August 16, 2019, 35.

13　United States Securities and Exchange Commission vs. Abraaj Investment Management Limited and Arif Naqvi, United States District Court, Southern District of New York, Case 1：19-cv-03244-AJN, August 16, 2019, 28–29.

14　United States Securities and Exchange Commission vs. Abraaj Investment Management Limited and Arif Naqvi, United States District Court, Southern District of New York, Case 1：19-cv-03244-AJN, August 16, 2019, 36.

15　Abraaj Group, "Abraaj Growth Markets Health Fund：Report of the Manager," September 30, 2017, 11.

16　The Modist, "The First Global Online Destination for Lux-ury Modest Fashion Launches on International Women's Day," PR Newswire, March 8, 2017, www.prnewswire.com/in/news-releases/the-first-global-online-destination-for-luxury-modest-fashion-launches-on-international-womens-day-8th-march-2017-615649393.html.

17　SuperReturn TV, "Arif Naqvi：When Will This Rollercoaster Stop？" published on March 8, 2017, YouTube video, 22：51, www.youtube.com/watch？v=bjgfbFjCqio.

18　United States Securities and Exchange Commission vs. Abraaj Investment Management Limited and Arif Naqvi, United States District Court, Southern District of New York, Case 1：19-cv-03244-AJN, August 16, 2019, 37.

19　World Economic Forum, World Economic Forum on the Middle East and North Africa：Regional Agenda, May 19–21, 2017, www3.weforum.org/docs/WEF_MENA17_Meeting_Overview.pdf.

20　United States vs. Arif Naqvi et al., Superseding Indictment, S6 19 Cr. 233, 2019, 22.

21　Simon Clark, Nicolas Parasie, and William Louch, "Private- Equity Firm Abraaj Raised Billions Pledging to Do Good—Then It Fell Apart," Wall Street Journal, October 16, 2018, www.wsj.com/articles/private-equity-firm-abraaj-raised-billions-pledging-to-do-goodthen-it-fell-apart-1539706575.

22　United States Securities and Exchange Commission vs. Abraaj Investment

Management Limited and Arif Naqvi, United States District Court, Southern District of New York, Case 1：19-cv-03244-AJN, August 16, 2019, 38.

23　United States vs. Arif Naqvi et al., Superseding Indictment, S6 19 Cr. 233, 2019, 19.

24　United States Securities and Exchange Commission vs. Abraaj Investment Management Limited and Arif Naqvi, United States District Court, Southern District of New York, Case 1：19-cv-03244-AJN, August 16, 2019, 38.

25　United States Securities and Exchange Commission vs. Abraaj Investment Management Limited and Arif Naqvi, United States District Court, Southern District of New York, Case 1：19-cv-03244-AJN, August 16, 2019, 40–42.

26　United States Securities and Exchange Commission vs. Abraaj Investment Management Limited and Arif Naqvi, United States District Court, Southern District of New York, Case 1：19-cv-03244-AJN, August 16, 2019, 41–42.

27　United States of America versus Arif Naqvi, Waqar Siddique, Rafique Lakhani, Mustafa Abdel-Wadood, Ashish Dave and Sivendran Vettivetpillai, S6 19 Cr. 233 Superseding Indictment, United States District Court, Southern District of New York, 2019, 34.

第十四章

1　Afshin Molavi, "The Veteran McKinsey Pioneer Reflects on His Journey from Delhi to Dubai—and Now, East Jerusalem," emerge85, March 17, 2017, emerge85.io/Insights/the-veteran-mckinsey-pioneer-reflects-on-his-journey-from-delhi-to-dubai-and-now-east-jerusalem/.

2　"Remarks at the U.S. Institute of Peace's Passing the Baton 2017：America's Role in the World," January 10, 2017, https：//2009-2017.state.gov/secretary/remarks/2017/01/266778.htm.

3　The White House, "The Inaugural Address," January 20, 2017, www.whitehouse.gov/briefings-statements/the-inaugural-address/.

4　State Council Information Office, People's Republic of China, "Full Text：Xi Jinping's Keynote Speech at the World Economic Forum," April 6, 2017, www.china.org.cn/node_7247529/content_40569136.htm

5　SuperReturn TV, "Arif Naqvi：When Will This Rollercoaster Stop？" published on March 8, 2017, YouTube video, 22：51, www.youtube.com/watch？v=bjgfbFjCqio.

第十五章

1. *The Economist*, "From Poverty to a Thriving Global Middle Class: A Conversation with Arif Naqvi," published on March 1, 2017, YouTube video, 14:00, www.youtube.com/watch？v=v2Dpe4Hewlk.
2. Abraaj Group, "Abraaj Private Equity Fund VI Private Placement Memorandum," March 3, 2017.
3. Abraaj Group, "Abraaj Private Equity Fund VI Private Placement Memorandum," March 3, 2017, 23.
4. Abraaj Group, "Abraaj Private Equity Fund VI Private Placement Memorandum," March 3, 2017, 23.
5. U.S. Senate Committee on Foreign Relations, "Statement of Matthew McGuire, Nominee for United States Executive Director," May 14, 2014, www.foreign.senate.gov/imo/media/doc/McGuire_Testimony.pdf.
6. Milken Institute, "Framework for Investing in the Long Term," published on June 26, 2017, YouTube video, 1:01:45, www.youtube.com/watch？time_continue=3364&v=JTrHX7RjmKQ&feature=emb_title.
7. Salman Masood, "Nawaz Sharif, Pakistan's Prime Minister, Is Toppled by Corruption Case," *New York Times*, July 28, 2017, www.nytimes.com/2017/07/28/world/asia/pakistan-prime-minister-nawaz-sharif-removed.html.
8. Abraaj Group, Abraaj Private Equity Fund IV Investor Report, September 30, 2017.
9. Abraaj Group, Abraaj Private Equity Fund IV Investor Report, September 30, 2017.
10. United States vs. Arif Naqvi et al., Superseding Indictment, S6 19 Cr. 233, 2019, 36.
11. *United States vs. Arif Naqvi et al.*, Superseding Indictment, S6 19 Cr. 233, 2019, 37.
12. *United States vs. Arif Naqvi et al.*, Superseding Indictment, S6 19 Cr. 233, 2019, 38.

第十六章

1. Gates Foundation, "Who We Are: Andrew Farnum Biography," www.gatesfoundation.org/zh/Who-We-Are/General-Information/Leadership/Operations/Andrew-Farnum.
2. Abraaj healthcare fund investors, "The Partnership," letter to Weil, Gotshal & Manges, July 9, 2018, 194.

3　Milken Institute, "Investment Titans: Dispelling the Myth of Emerging Markets," published on September 26, 2017, YouTube video, 57:13, www.youtube.com/watch？v=-1l4RQhqZjg.

4　Abraaj healthcare fund investors, "The Partnership," letter to Weil, Gotshal & Manges, July 9, 2018, 194.

5　*United States vs. Arif Naqvi et al.*, Superseding Indictment, S6 19 Cr. 233, 2019, 29–30.

6　Arif Naqvi, keynote speech at the forum "Scaling Impact Investing," published on September 18, 2017, YouTube video, www.youtube.com/watch？v=tJ_EL3qkyYc&t=53s.

7　*United States Securities and Exchange Commission vs. Abraaj Investment Management Limited and Arif Naqvi*, United States District Court, Southern District of New York, Case 1: 19-cv-03244-AJN, August 16, 2019, 39.

8　Bloomberg, "Business Leaders, Sustainable Development Goals Good for Business," published on September 20, 2017, YouTube video, 26:48.

9　*United States vs. Arif Naqvi et al.*, Superseding Indictment, S6 19 Cr. 233, 2019, 28.

10　*United States vs. Arif Naqvi et al.*, Superseding Indictment, S6 19 Cr. 233, 2019, 20.

11　*United States vs. Arif Naqvi et al.*, Superseding Indictment, S6 19 Cr. 233, 2019, 33.

12　Abraaj healthcare fund investors, "The Partnership," letter to Weil, Gotshal & Manges, July 9, 2018, 195.

13　*United States vs. Arif Naqvi et al.*, Superseding Indictment, S6 19 Cr. 233, 2019, 31.

14　Dubai Financial Services Authority, "Decision Notice to Abraaj Investment Management Limited," 37.

15　*United States vs. Arif Naqvi et al.*, Superseding Indictment, S6 19 Cr. 233, 2019, 32.

16　*United States vs. Arif Naqvi et al.*, Superseding Indictment, S6 19 Cr. 233, 2019, 40.

17　*United States vs. Arif Naqvi et al.*, Superseding Indictment, S6 19 Cr. 233, 2019, 41.

第十七章

1　*United States vs. Arif Naqvi et al.*, Superseding Indictment, S6 19 Cr. 233, 2019, 43.

2　World Economic Forum, "A New Era for Global Health," published on January 26, 2018, YouTube video, 1:00:51, www.youtube.com/watch？v=tOlcV04C-KU.

3　William Louch, Ed Ballard, and Simon Clark, "Abraaj Investors Hire Auditor to Trace Money," *Wall Street Journal*, February 2, 2018, www.wsj.com/articles/abraaj-investors-hire-auditor-to-trace-money-1517598630

4　Landon Thomas, Jr., "Leading Private Equity Firm Accused of Misusing Funds," *New York Times*, February 2, 2018, www.nytimes.com/2018/02/02/business/abraaj-naqvi-world-bank.html.

5　Email obtained through Freedom of Information Act request to the Washington State Investment Board.

6　Reuters, "Abraaj Group Says KPMG Has Completed Audit of Healthcare Fund," February 7, 2018, uk.reuters.com/article/brief-abraaj-group-says-kpmg-has-complet/brief-abraaj-group-says-kpmg-has-completed-audit-of-healthcare-fund-idUKFWN1PX1FN.

7　William Louch, Simon Clark, and Nicolas Parasie, "Abraaj Halts Investment Activities at Fund-Management Business," *Wall Street Journal*, February 23, 2018, www.wsj.com/articles/abraaj-founder-steps-down-from-fund-management-business-1519390019.

8　*United States vs. Arif Naqvi et al.*, Superseding Indictment, S6 19 Cr. 233, 2019, 44–45.

9　Joshua Franklin, Saeed Azhar, and Hadeel Al Sayegh, "Embattled Abraaj Frees Private Equity Investors from Capital Commitments," Reuters, March 7, 2018, www.reuters.com/article/us-abraaj-funds/embattled-abraaj-frees-private-equity-investors-from-capital-commitments-idUSKCN1GJ0C0.

10　PricewaterhouseCoopers, "Abraaj Holdings: First Report of the Joint Provisional Liquidators to the Grand Court of the Cayman Islands," FSD Cause No: 95 of 2018, July 11, 2018, 27.

11　Hadeel Al Sayegh, Tom Arnold, and Stanley Carvalho, "CFO Says He Left Dubai-Based Private Equity Firm Abraaj," Reuters, March 12, 2018, www.reuters.com/article/us-abraaj-funds-executives-exclusive/exclusive-cfo-says-he-left-dubai-based-private-equity-firm-abraaj-idUSKCN1GO1NA.

12　*United States vs. Arif Naqvi et al.*, Superseding Indictment, S6 19 Cr. 233, 2019, 45.

13　Alex Greenberger, "Lawrence Abu Hamdan Wins 2018 Abraaj Group Art Prize," *Art News*, October 4, 2017, www.artnews.com/art-news/news/lawrence-abu-hamdan-wins-2018-abraaj-group-art-prize-9105/.

14　*United States vs. Arif Naqvi et al.*, Superseding Indictment, S6 19 Cr. 233, 2019, 45–46.

第十八章

1 Deloitte, "Abraaj Investment Management Limited: Joint Provisional Liquidators' First Report," July 11, 2018, 3.

2 "Federal Reserve Board announces it is permanently barring senior executive at Goldman Sachs from banking industry," Federal Reserve, February 4, 2020, federalreserve.gov/newsevents/pressreleases/enforcement 20200204a.htm.

3 Simon Clark, William Louch, and Nicolas Parasie, "Abraaj, Already Under Scrutiny, Tapped Another Client Fund to Finance Itself," *Wall Street Journal*, May 23, 2018, www.wsj.com/articles/abraaj-already-under-scrutiny-tapped-another-client-fund-to-finance-itself-1527089842.

4 Nicolas Parasie, "Kuwait Pension Fund Tries to Force Abraaj into Bankruptcy," *Wall Street Journal*, May 30, 2018, www.wsj.com/articles/kuwait-pension-fund-tries-to-force-abraaj-into-bankruptcy-1527717453.

5 Nicolas Parasie and William Louch, "Cerberus Bids $125 Million for Abraaj's Private-Equity Business," *Wall Street Journal*, June 5, 2018, www.wsj.com/articles/cerberus-bids-125-million-for-abraajs-private-equity-business-1528146632.

6 Nicolas Parasie and William Louch, "Abraaj Pushed to Restructure $1 Billion Debt," *Wall Street Journal*, June 11, 2018, www.wsj.com/articles/abraaj-pushed-to-restructure-1-billion-debt-1528749673.

7 Simon Clark, Nicolas Parasie, and William Louch, "Private- Equity Firm Abraaj Raised Billions Pledging to Do Good—Then It Fell Apart," *Wall Street Journal*, October 16, 2018, www.wsj.com/articles/private-equity-firm-abraaj-raised-billions-pledging-to-do-goodthen-it-fell-apart-1539706575.

8 Deloitte, "Abraaj Investment Management Limited: Joint Provisional Liquidators' Third Report," November 6, 2018, 7.

9 Simon Clark, Nicolas Parasie, and William Louch, "Private-Equity Firm Abraaj Raised Billions Pledging to Do Good—Then It Fell Apart," *Wall Street Journal*, October 16, 2018, www.wsj.com/articles/private-equity-firm-abraaj-raised-billions-pledging-to-do-goodthen-it-fell-apart-1539706575.

10 Arif Masood Naqvi, "Fourth Affidavit of Arif Masood Naqvi: In the Grand Court of the Cayman Islands Financial Services Division," Cause No. FSD 95 of 2018 (RMJ), November 14, 2018.

11　Reham Khan, *Reham Khan*, Harper Collins India, July 10, 2018.

第十九章

1　Nicolas Parasie, "Abraaj Founder Faces Arrest Warrant in U.A.E.," *Wall Street Journal*, June 25, 2018, www.wsj.com/articles/abraaj-founder-faces-arrest-warrant-in-u-a-e-1529956791.

2　Simon Clark, William Louch, and Nicolas Parasie, "Abraaj Founder Accused of Fraud as U.S. Seeks Extradition," *Wall Street Journal*, April 12, 2019, www.wsj.com/articles/abraaj-founder-accused-of-fraud-as-u-s-seeks-extradition-11555086776.

3　U.K. Government, "Wandsworth Prison," www.gov.uk/guidance/wandsworth-prison.

4　Simon Clark, "U.K. Judge Blocks Bail in Arif Naqvi Extradition Case," *Wall Street Journal*, April 26, 2019, www.wsj.com/articles/u-k-judge-blocks-bail-in-arif-naqvi-extradition-case-11556298117.

5　Simon Clark and William Louch, "Third Abraaj Executive Arrested," *Wall Street Journal*, April 18, 2019, www.wsj.com/articles/third-abraaj-executive-arrested-11555585989#:~:text=A%20third%20former%20Abraaj%20Group,equity%20firm%20in%20emerging%20markets.&text=Abraaj%20founder%20Arif%20Naqvi%20was,criminal%20case%20against%20the%20firm.

6　Henley & Partners Passport Index, "Global Ranking 2020," www.henleypassportindex.com/passport.

7　*United States vs. Arif Naqvi et al.*, Superseding Indictment, S6 19 Cr. 233, 2019.

8　Simon Clark and William Louch, "Abraaj Liquidators Sue Fund Backed by Gates Foundation," *Wall Street Journal*, July 16, 2020, www.wsj.com/articles/abraaj-liquidators-sue-fund-backed-by-gates-foundation-11594922921.

9　Laura Cooper and Simon Clark, "Ex-Abraaj Executive Pleads Guilty to Racketeering, Fraud," *Wall Street Journal*, June 28, 2019, www.wsj.com/articles/ex-abraaj-executive-pleads-guilty-to-racketeering-fraud-11561742457.

10　Emma Arbuthnot, *Judgment in the matter of a request for Extra- dition under Part 2 of the Extradition Act 2003 between The United States of America and Arif Masood Naqvi*, Westminster Magistrates' Court, London, January 28, 2021.

11　Klestadt Winters Jureller Southard & Stevens LLP, "Application of Abraaj Investment Management Limited：For an Order to Obtain Discovery for Use in

Foreign Proceedings Pursuant to 28 USC 1782," United States District Court, Southern District of New York, Case 1: 20-mc-00229, June 12, 2020.

12　Atika Rehman, "Footprints: Arif Naqvi-The Man Who Flew Too Close to The Sun," *Dawn*, February 1, 2021, www.dawn.com/news/1604796.

尾　声

1　"FBR Achieved 17% Revenue Growth Till January, 2020," Federal Board of Revenue, March 8, 2020, www.fbr.gov.pk/pr/fbr-achieved-17-revenue-growth-till-january-2/152289.

2　Abraaj Joint Official Liquidators' Second Report, September 11, 2020.